中国海洋大学一流大学建设专项经费资助

ZOU JIN TIAN YE

走进田野

——民俗文化调查札记

主　编　李　扬

副主编　纪玉洪　张建军

中国海洋大学出版社

·青岛·

图书在版编目(CIP)数据

走进田野:民俗文化调查札记 / 李扬主编. —青
岛:中国海洋大学出版社,2021.10
ISBN 978-7-5670-2961-3

Ⅰ.①走… Ⅱ.①李… Ⅲ.①风俗习惯－调查研究－
中国 Ⅳ.①K892

中国版本图书馆 CIP 数据核字(2021)第 206809 号

出版发行	中国海洋大学出版社			
社 址	青岛市香港东路 23 号		**邮政编码**	266071
出版人	杨立敏			
网 址	http://pub.ouc.edu.cn			
电子信箱	cbsebs@ouc.edu.cn			
订购电话	0532—82032573(传真)			
责任编辑	史 凡 赵孟欣		**电 话**	0532—85901984
印 制	青岛国彩印刷股份有限公司			
版 次	2021 年 10 月第 1 版			
印 次	2021 年 10 月第 1 次印刷			
成品尺寸	170 mm×230 mm			
印 张	18.75			
字 数	350 千			
印 数	1—1000			
定 价	98.00 元			

发现印装质量问题,请致电 0532—58700166,由印刷厂负责调换。

前　言

和大家聊聊编这本书的故事

张建军：

　　这本田野调查文集的缘起，要追溯到一次偶然的课堂交流。2015年上半年，师父——在海大，弟子们这样称呼导师李扬教授，这也是一个有来历的"传统"——在《中国民间文学史》研究生课程上，向"徒弟们"提到了自己在香港大学读博时，有阅读报纸的习惯，而且经常会把自己感兴趣的专栏文章顺手剪下来留存，天长日久，便积累了一摞又一摞的资料档案。这些被保存下来的"剪报"文章有两大特点：一是篇幅短小，师父称其为"豆腐块"文章；二是大多比较有意思，主题新颖，风格各异但不乏深刻见解。当时，师父还讲述了自己在求学、工作时参与田野调查的一些有趣"故事"。在民俗学的圈子里，田野故事本来就是一个令人着迷的话题，当这些故事又是从有"故事大王"之称的师父的口中绘声绘色说出来的时候，更添了几分新奇与有趣，大家听得津津有味。

　　后来，不知怎么的，师父让"剪报"和"田野"这两个本是"天各一方"的话题"千里姻缘一线牵"，最终冒出来一个想法——不如咱们也尝试着在报纸上开设一个有关民俗文化田野调查的专栏吧！当时，首选报纸就是《中国海洋大学报》，一来这是我们学校自己的报纸，近水楼台，适合开辟这样一个"阵地"。我们这个学科在海大开设本科、研究生的民俗学、民间文学课程也有快20年了，走进过田野，做过课程实践、SRDP（"本科生研究发展计划"）、"国家级大学生创新训练""三下乡"等项目的学生更是不计其数，他们写出过那么多田野调查报告，需要一个"阵地"来展示交流。二来如果能够把专栏做好的话，积涓成流，或许有朝一日也会成为别人手中的"剪报"，为民俗学界做一点小小的贡献。

李扬：

　　光有灵光一闪可不行，得有人挑担子干活。这个想法的具体落实，就派到了我的徒弟、当时的"学术活跃分子"张建军的头上。我很少叫他本名，多称呼其网名"大耳朵"。之所以让"大耳朵"来筹备和承担这项工作，主要的考虑大概有两个方面：一来他在负责中国民俗学会官网的编辑工作，结识的业内学者相对较多，利于宣传、约稿及相关工作的统筹；二来他曾给校报投过三两篇短文，并协助校报编辑部的纪玉洪老师审读过几篇稿子,或许,相较于其他人来说,更适合和校报一方沟通、促成此事。

说实话,刚刚"领命"的时候,他可能感到有些"头大"。当时,他和纪老师虽然认识,但不是特别熟悉,也不知道创办专栏的想法能否得到校报编辑部的支持。不过,初生牛犊不怕虎,2015 年 5 月 9 日,他向纪老师发送了一封邮件——《关于开辟"田野采风故事"专栏的设想》,在问候和寒暄之后,向纪老师具体说明了此设想的缘起,然后强调了田野研究在人文社科领域的重要性和我校学科发展的现实需要等。令人喜出望外的是,该设想很快得到了纪老师的肯定与回应,并决定该年度秋季学期伊始,在校报第 4 版"副刊"设立"田野采风"系列笔谈专栏。5 月 15 日,我和他共同商定了《"田野采风故事"专栏征文要求》,大家共同熬过了一个暑假,等待着金秋时节的到来。

2015 年 9 月 17 日,第 1908 期《中国海洋大学报》正式开辟"田野采风"系列笔谈专栏,同时刊布了"开栏的话":

> 正如文学与新闻传播学院李扬教授在《中国民间文学史》课程中所倡导的"加强田野调查理论和实践的培训,已经成为大学综合素质教育的必备技能之一"。鉴于此,校报编辑部经过与李扬教授工作团队的深入策划、酝酿,决定在副刊开辟"田野采风"系列笔谈专栏,通过刊登相关文章,以促进人文社会学科对于田野调查的重视和开展。此专栏刊发的文章,主要通过约稿的形式取得,所邀请的撰稿人多为高校和研究机构的学者以及硕、博士研究生。同时,中国海洋大学 SRDP 项目和"三下乡"活动的相关成果展示也将列入刊文的计划之内。当然也欢迎广大读者不吝赐稿(邮箱:1178718234@qq.com)。所刊登的文章在学术性和专业性的基础之上,力求兼具通俗性、可读性和故事性。专栏得到了中国民俗学会等的大力支持,在此表示感谢。①

诚如"开栏的话"所言,在专栏设立之初,大多数稿件主要由约稿形式取得,但随着该专栏在民俗学圈的"曝光度"越来越高,特别是 2017 年 6 月,中国民俗学网以《〈中国海洋大学报〉推出"田野采风"专栏系列文章》为题,设置了一个固定板块,对往期刊布的田野专文做了全文收录并保持随时更新,中国民俗学会的官方公众号"民俗学论坛"也定期更新发布"田野采风"系列笔谈专栏的文章,这为"田野采风"专栏又吸引来了大批投稿。

---

① 《开栏的话》,《中国海洋大学报》2015 年 9 月 17 日,第 1908 期。

在《关于开辟"田野采风故事"专栏的设想》的信中，他曾对纪老师说，"望能连载 20 到 30 篇文章"，但时至今日，专栏已经刊发了 63 篇田野专文。纪老师说，我希望咱们这个专栏能够做到"十年磨一剑"，如今转眼间已经过去了 6 年，这剑，似已渐次成形，显现光亮。

纪玉洪：

"把论文写在祖国大地上"，是新时代理论研究的生命力之所在。同样，如何引导大学生从幽闭的书斋中适时地抽出身来，挽起裤脚走进田野，在鲜活的社会生活中经风雨、求新知、长才干、厚情怀，也是高等教育的一个历久弥新的课题。对此，《中国海洋大学报》从其自身担当出发，在这方面做了一些有益的探索，但副刊上一直缺少一个叫得响的品牌栏目，直到"田野采风"系列笔谈专栏的开辟，才"让梦想照进现实"。

那是 2015 年 5 月 9 日，我的邮箱里收到了一封邮件：《关于开辟"田野采风故事"专栏的设想》，发件人是"大耳朵"。"大耳朵"是我非常喜爱的一位副刊作者，他是文学与新闻传播学院 2014 级的硕士研究生张建军，是民俗学研究专家李扬教授的高足。这之前，建军不仅写文章，还为编辑出过力，2015 年 3 月 31 日第 1887 期校报是月末版《厚重海大》，推出的专题是《乡音·乡情·乡愁》，建军不仅采写了一版头条《"乡愁"的实质是一种传统美德——专访中国民俗学会理事李扬教授》（这篇文章成为那期月末版的"压舱石"），还协助审修了版面上的其他文稿。那时，我们就聊到了关于"民俗调查"的话题。所以当我看到上面的邮件时，感到特别亲切，便急不可耐地下载下来。

打开邮件，一眼便知，李扬教授对此事很是重视，建军为此事做足了功课，邮件洋洋洒洒 1198 个字，既以情动人，更以理服人，论据充分，论证有力。文中写道：

> ……关于开辟"田野采风故事"栏目的设想，始于我的师父李扬教授在《中国民间文学史》课程中的提醒和倡议。他结合自己在香港大学读博时阅报的经历和海大学生培养的现行机制，认为"关于加强田野调查理论和实践的培训，已经成为大学综合素质教育的必备学术技能之一"。李扬教授的这一倡议，得到了课堂上学生们的一致欢迎和认可。只有亲近田野，走向民间，深入基层，才能将学问落到实处、做到好处。"课堂"与"实践"、"书斋"与"田野"，是学术培养必不可少的两个方面……基于此，李扬教授、团队成员和文新学院的部分师生，倡议海大校报能够开辟"田野采风故事"专栏。……文章内容主要涉及古今中外田野调查者的故事，以散

文、随笔等轻松的文学表达方式,将田野理论、方法等介绍给在校的师生。

一口气读完,令人拍案叫绝,这正中编辑部的下怀。很快我们便商定了专栏的名称为"'田野采风'系列笔谈",并确定了征集文稿的方式和要求。经过扎实的筹备,到了金色九月,"田野采风"在校报副刊正式开栏,刊发的"处女作"是北京师范大学一名博士生的文章《让你的身体熟悉这片土地》,当年共刊发文章 9 篇,因其"在学术性和专业性的基础上,力求兼具通俗性、可读性和故事性",栏目一经推出便深得读者喜爱,具有了蓬勃的生命力。后来随着社会媒体的广泛转发,特别是中国民俗学会官网的重点推介,读者和作者队伍日益壮大,在学界的影响力亦越来越大。于是早在 2018 年的时候,李扬教授就有了结集的构想。如今,集腋成裘,书稿即将付梓,期待着能给钟情民俗学的读者朋友带来一个小惊喜。

李扬:

"田野采风"开辟 6 年,作为此专栏的一个阶段性成果总结,集编出版,可谓水到渠成。本书所收文章,除了选录已在专栏发表的之外,还有部分未及刊发之稿。出于篇幅及其他原因,本书所涉内容,未能全面涵盖所有的民俗事象,难免有遗珠之憾,希望将来专栏创办十周年时,能够再出一本续集来补足。书中有些文章,内容互有关涉,我们还是根据其关注的侧重点,大致划分了四个类别板块;附录部分收录了我们一篇概述性的论文和一篇本科生民俗课程实践教学的介绍,聊供参考。

书中文章的作者,来自国内外的相关研究机构和高校,在民俗田野作业方面,他们中有"久经沙场"的专业学者,更多的是初涉田野的学界新秀、青年学子。他们怀着对民俗文化研究的热忱,克服了调查过程中的种种困难和挫折,在山间,在海边,在乡村,在城镇,在广袤的大地上,留下了一个个坚实的足迹。他们在田野中寻觅、观察、访谈、记录、思考,他们的体验是深刻的,感悟是真切的,经验是珍贵的。民俗学是一门用双脚走出来的学问,这些田野调查的经历和收获,会使他们未来的学术研究之途,走得更加自信,更加扎实。

本书的出版,有幸得到了中国海洋大学文科处金天宇处长的鼓励与鼎力支持,得到了席静副处长、高雅楠老师的多方惠助;古代文学学科负责人刘怀荣教授一如既往慨然相助。中国海洋大学出版社纪丽真老师为此书出版付出辛勤劳动,研究生郭倩倩、牛鲁燕协助校对文稿。在此向以上人士致以诚挚的谢意!

李　扬　纪玉洪　张建军

2021 年 10 月

目录

▌▌第二部分　地域社会调查▐▐

第三部分　口头传统·民间艺术调查

◀◀ 第四部分　田野实践省思 ▶▶

第一部分

生活习俗调查

一次"挣钱"的田野：
跟着豫东 Y 村已婚妇女去浙江采茶叶

韩雪春（山东大学儒学高等研究院）

2020 年 6～8 月、2021 年 1～2 月，我先后 3 次回到豫东 Y 村做博士论文的预调查与正式调查，主要访谈村里每年季节性前往外地通过采棉花挣得一定收入的已婚妇女。但每日在村内辛苦寻访，所结识的多是年纪较长的采棉女工，她们或因为年事已高不再外出，或因为儿女长大而选择了常年性的工作。好不容易找到几位年轻的采棉女工，但她们对我的戒备心很重，即使我再三努力，深入的访谈仍难以进行。在这种情况之下，我必须寻找进入更深层田野的契机，以改变田野调查始终在外围打转的尴尬局面。而这一契机的发现与 Y 村已婚妇女所参与的季节性农业务工体系的形成与发展有着十分密切的关系。

季节性农业务工体系的形成与发展

Y 村地处豫东平原，曾属黄泛区，因气候与地势等多因素的影响而时常受到水、旱、涝等自然灾害侵袭。该村民众世代以耕种土地为生，当他们在家乡难以维持家庭生计而不得不外出谋生时，多是选择季节性地到外地租种他人田地、自己垦荒耕种或做农业雇工。这一悠久的季节性农业流动传统一直延续到当下，Y 村已婚妇女在生活环境变迁的背景下，积极利用当地传统，逐渐发展了季节性农业务工体系。在 Y 村，每年秋季都有妇女自行结伴或在某位组织者的带领下去外地采棉花，这一季节性集体务工约起于 20 世纪末、兴于 21 世纪前 10 年。近 10 年，伴随着各地经济作物种植业的规模化，她们又逐渐发展了清明节前去浙江、江苏或安徽采茶叶，5 月份在相距 50 千米以内的其他县域刨大蒜以及 6 月底 7 月初去宁夏、甘肃或内蒙古采枸杞的务工去向。参与者多出生于 20 世纪 50～70 年代，偶见少数"80 后"与"90 后"，90％以上是已婚妇女。几乎每一位已婚妇女在其人生的某个阶段都有可能选择这些生计，在村里随便找 65 岁以下的已婚妇女攀谈，她们大多数曾经有做这些工作的经历，参与次数从一次到数次不等。

发现并抓住契机

如前所述，采茶叶与采棉花同属于季节性农业劳作，70％左右的采茶工曾经去新疆采过棉花,这意味着在采茶叶的过程当中我可以认识更多的采棉女工。采棉花与采茶叶一样是集体性劳作,已婚妇女们在其中的行为与互动具有一定程度的相似性,选择亲自参与可以在"成为她们"的过程中与她们"感同身受",进而可以在论文写作过程中更为生动地呈现她们的身体经历与心理感受。最重要的是,采棉花是9月份,在新冠肺炎疫情依然具有诸多不确定性的情况下,等待9月份采棉季节的到来具有很大的风险,我需要尽可能地将田野调查做在前面,以应对随时可能出现的意外状况,而3~4月的采茶叶就是融入已婚妇女群体、结识潜在访谈对象、体会集体性劳作、开启后续田野更多可能性的绝佳契机。

确定了要和Y村已婚妇女同去采茶叶之后,我通过不同的途径联系了6~8名组织者并进行了简单的访谈,最终决定跟着较为年轻、相对善谈的组织者H同去浙江安吉采茶叶,她组织了Y村12名已婚妇女同去,近10人有去新疆采棉花的经历。妇女们去采茶叶的吃、住、交通均由茶农或者组织者负责,我跟着干活可以一并解决吃、住、交通的问题,而如果只是跟着不干活则需要与组织者、茶农等人协商这些问题,且协商不一定可以达到同去的目的,因此我决定与她们一起干活。出发前,H反复跟我强调,我得好好干活,不能影响别人,不能让老板知道我是去做调查的,不要和老板说那么多话。

田野中的煎熬与所得

开始时,同去的采茶工对我的态度更多的是观望与排斥,她们好奇我能否坚持下去。采茶叶是包工,按照个人的采摘量计算所得收入,每天中午和下午各称重一次。因此,绝大多数人会尽量延长采摘时间,以采摘更多的茶叶。概括来说,采茶工每天劳作12~14个小时,早上不到5点起床,下午6点左右下山,为了节省时间,采茶工上山与下山都是快走或跑,午饭时间也被人为地压缩到10~30分钟。采茶叶虽不需花大力气,但全程都需保持站立的姿势,采茶季正是当地多雨的时节,山坡湿滑,需双腿、双脚用力才能站稳,一天站立12~14个小时,不过一两天,采茶工的腿和脚都肿得发亮。采茶叶时而低头、时而仰头、时而弯腰,遇到低矮的茶树则需变换蹲、跪、趴等不同的姿势,长时间劳作,难免腰背与脖子等部位酸痛无比。

对于许久未干农活的我来说,身体所感受到的劳累与痛苦是加倍的。前三天我累到怀疑人生,几乎干活的每一秒我都在怀疑自己为什么要开始这次田野调查。尤其是第三天的时候,我累得脱、穿上衣都极为困难,晚上只能脱掉外套就和衣而睡。在浙江安吉20天,共干活17.5天,刚开始的几天,几乎每一个人见到我都会劝我受不了赶紧回家,但不管多累我第二天都会照常爬起来跟她们一起上山。可以说,我的坚持表达了对她们的尊重,我认真体验她们劳作的过程正是她们逐渐接纳我的过程。后来,她们开始一起"笑"我因双脚肿胀而一瘸一拐走路的姿势、一说上山就恨不得直接窜到山上开始干活的态度,在这些善意的"笑"中,采茶工逐渐习惯了我的存在,我可以更加自然地听她们闲聊、观察她们之间的互动。采茶叶快结束的时候,我的组织者邀请我跟她们一起去新疆干零活。

挑战不只体现为身体的劳累与疼痛,还表现在写田野调查笔记的艰难。浙江安吉 20 天的田野调查,不能进行访谈,与采茶工的交流均是以干活时闲聊的方式进行,因此无法录音,我只能依靠记忆将所聊内容尽快写成田野调查笔记。每次闲聊之后,为免忘记,我都会在脑海中不断重复我要写下来的内容,吃完晚饭就直接开始写,每天需要写 1~2 个小时,少则 2000 字,多则 5000 字,加上在 Y 村的 7 天前期调查与 3 天后期回访,采茶叶的田野调查全程共计 30 天,我书写了 8.5 万字的田野调查笔记。采茶工们吃完晚饭、洗漱完,7 点左右就躺床上休息了,担心影响她们休息,我都会尽量快些写完,有一天晚上我写到 8:30 的时候,她们都睡了,我关了灯,改为坐在门口的石墩上写,可是那天晚上风特别大,冻得我牙齿打战,我只得去了厕所。厕所是传统的旱厕,我就站在里面,闻着难以言喻的味道写了 20 分钟的田野调查笔记。后来有一天我无意间说了这个事情,她们都很包容我,让我以后可以晚些时候关灯。

通过这次的田野调查,我明白了,在田野中要发自内心地尊重他人,认真做事,才能获得他人的尊重,而在相互尊重的基础上,我们的田野调查才会更顺利地进行。至于遇到困难时,我们要如何寻找契机或创造契机去打破僵局、进而迈入新的田野调查阶段,则需要我们在田野中不时变换调查策略与方法,说不定转机在下一刻就会出现。

六堡茶：六堡人的防疫利器

苏　娟（华东师范大学社会发展学院）

> 我们乡下没有医院的时候，就是用我们本地的一棵紫芽红苗的茶树上的叶、梗来治病的，包括头痛、肚痛、腹泻、祛风、祛湿、消炎等等，内服外用，全部都用得上，现在用来预防疾病，增强人体的免疫力，天天喝它不会错！
>
> ——六堡人 S 某记于 2020 年 2 月 11 日

早期，偏远的山区，因与外界的交通不便，看病难成了困扰当地民众的老大难问题之一。外加贫穷，更是病不起，不敢病。当年的六堡镇便是其中的一个缩影。早期陆路不通，六堡镇居民出行只有依靠水路，交通工具就是简单的小竹排。在如何应对突发疾病方面，六堡镇民众又是如何实现自救的呢？从采访所得的口述资料可知，旧时六堡镇乡民，家家种六堡茶，每户人家都会储藏最好的茶，他们习惯把陈年六堡茶作为一种可以防疫、治病的良药来使用。

六堡茶属于黑茶类，是一种后发酵的茶。它因产自广西壮族自治区梧州市苍梧县六堡镇而得此名，2014 年六堡茶制作技艺被列入国家级非物质文化遗产代表性项目名录。民间流传"隔夜茶毒如蛇"，但清同治版《苍梧县志》记载："茶产多贤乡六堡，味厚隔宿不变。"①至今，六堡镇依然有喝隔夜茶的风习，他们将六堡茶视为药茶。其实，关于药茶叙事，可以追溯到史前神农时代。"神农尝百草，日遇七十二毒，得荼而解之。"②这是经典的茶药叙事。另外，《神农本草·木部》载："茗，苦荼。味甘苦，微寒，无毒。主瘘疮，利小便，去痰渴热，令人少睡。"③陆羽《茶经》引《神农·食经》："茶茗久服，令人有力悦志。"④关于仙茶的种植，则可以追溯到汉代，如明《杨慎记》记载着西汉吴理真蒙山种仙茶的事："名山之普惠大师，本岭表来，流寓蒙山，按碑西汉僧理真，俗姓吴氏。修活民之行，种茶蒙顶，殁，化石为像，

---

① 《苍梧县志》，广西人民出版社 1997 年版，第 179 页。
② 蔡镇楚《中华茶祖：炎帝神农氏》，《中华合作时报》2008 年 11 月 18 日第 7 版。
③ （唐）陆羽等著，宋一明译注《茶经译注：外三种》（修订本），上海古籍出版社 2017 年版，第 67 页。
④ （唐）陆羽等著，宋一明译注《茶经译注：外三种》（修订本），上海古籍出版社 2017 年版，第 47 页。

其徒奉之,号为甘露大师,水旱、疾疫祷必应。"①除此之外,五代毛文锡《茶谱》以及南宋王象之《舆地纪胜》中都有关于吴理真种茶的记载。据考证,吴理真是有文字记载最早的种茶人,被称为植茶始祖。在汉代时,他就已被古人形塑成具有除疫灵力的甘露祖师。

六堡茶何时开始被当地用作药来治病,已经很难考证。但一些资料可以表明六堡茶确实曾用作药防疫、治病。如清末名士程远道有诗曰:"六堡名茶满山岗,止疴去腻有专长。请君泡碗今宵喝,明目犹留齿颊香。"②2014年《三联生活周刊》登载《寻访南洋老六堡》一文中则讲述,大约100年前六堡茶就成了远赴南洋挖锡矿的华工寄托乡愁与祛暑保健的饮品,文中有这样一段记载:"马来西亚气候炎热湿润,锡矿里的工人经常头顶烈日,膝盖以下长期浸泡在水里,经常中暑、得风湿病、发瘴气,工人们发现那些经常喝从家乡带来的六堡茶的人很少得病,六堡茶因此才在矿区流行。"③另外,据六堡人JYC转述(原话来自旧时某知名茶庄后人)笔者:"当时远赴南洋各国谋生的许多华人矿工由于水土不服魂归异乡,茶庄将六堡茶远送南洋给华人矿工们防病治病,六堡茶被矿工们称为保命茶、救命茶……清朝至民国六堡茶成为侨销茶之王。"而随着社会的发展,六堡镇的交通越来越便利,医疗基础设施也在不断完善与提升,但六堡茶是茶也是药的一套地方性知识,如今依然在民间具有高度认同。六堡人CWY告诉笔者:"六堡人其实潜意识中都是有病什么的,第一反应是先泡六堡茶来试了先,不行再去医院,有时去医院看了病,回家也会下意识泡六堡茶,结合治病的。"CWY用潜意识来解释选择六堡茶治病背后的原动力,这潜意识其实是一种行为习惯,它离不开几代人经验的积累与经验传承。

因新冠肺炎的疫情,2020年1月29日,广西启动重大突发公共卫生事件一级响应。面对突发的疫情,面对因未知带来的恐慌,六堡镇乡民拿出收藏的陈年六堡茶冲泡。曾采访的对象有在微信朋友圈写道:"抗疫严防,常饮六堡茶,身体健康。"也有言:"煮水度日一壶茶。"更有甚者表示:"非常时期,疫情防控不能松,每天坚持饮五杯六堡茶,提高身体免疫力。"在响应国家号召居家隔离期间,亦茶亦药的六堡茶成为疫情突发事件中稳定人心的精神寄托。六堡人在面对未知的风险时,饮六堡茶被他们认为是利己的选择。这是代代相传的地方性知识,是朴素的应对疾病的方法,是他们祖祖辈辈的实践真知。2020年2月10日起,梧州各地陆续解封,陆

① (清)黄廷贵纂修,张晋生编纂《(雍正)四川通志47卷·四川通志卷四十五》,清文渊阁四库全书版本,第7737页。
② 李民《有明以降广西茶史初探》,《传承》2009年第9期。
③ 杨璐《寻访南洋老六堡》,《三联生活周刊》2014年第36期。

续恢复正常的生产生活秩序。而六堡镇茶农第一件事，就是携带一壶六堡茶，到茶山里面去培护茶树，该补种的补种，该施肥的施肥。茶农认为社前茶是一年中最好的，也是最适合收藏用作药的茶叶。他们用心培护，拒绝化肥，坚持回归传统，为保持住茶的品质，也为保持住茶的有用性，即药性。

六堡茶药用认知的养成，依赖于经验的积累。回看药茶的养成过程，其实每一步都在探索。先辈不断地实践，不断地检验，向前推进的每一步，都需要极大的底气支撑，而这种底气源自试用后身体反馈的好声音。六堡茶药用价值的建构过程，其实也是一部疾疫斗争史，是斗争后的经验总结。这经验值得尊重，因为它从历史中走来，蕴含着前辈不懈探索的精神。

慢慢品一口好茶

张雨蕾（中国海洋大学文学与新闻传播学院）

与茶结个好因缘

中国人有句老话："开门七件事，柴米油盐酱醋茶。"茶，是中国人生活中须臾不离的饮品，不仅具有深厚的民间根基，更具有宝贵的精神价值，是集大雅与大俗于一体的国饮。但是虽然饮茶文化在我国由来已久，传播广泛，但对茶文化了解不多。一次偶然的机会，有幸能在民间文学的课堂上，跟同学老师介绍我的家乡——世界茶文化的发源地雅安蒙顶山。也正是这次分享，让我有了去认真实地考察家乡茶文化的想法。于是我利用了寒假的时间，查阅文献典籍，走访山间田野，用了两个多月的时间搜集、整理蒙顶山茶文化的资料。在田野调查的过程中，收获很大，也搜集到了很多有价值的第一手文献和采访资料，整理汇总成"蒙顶山茶俗初探——以民间传说为中心"作为我的毕业论文定稿，而现在想分享我在整个田野调查过程中的一些曲折故事和感悟思考。

从雅安说起

青弋之江，蒙山彩练；水流千转，轮回兆年。在决定以"蒙顶山茶文化"为主题进行我的毕业论文研究之后，2019年初，我怀着与以往不同的心绪回到了我的家乡——四川雅安。

它是茶马古道的起点，背夫马队穿越千年时光将雅安蒙顶山茶运向雪域高原、西北大漠；禅灯不坠，禅法入茶，在这里永兴古刹将茶融入佛教晚课，诞生禅茶一味的经典故事……

它也是我出生成长的地方，我有责任也有必要去传播、继承和弘扬家乡的茶文化。

雅安地处有"天府之国"美誉的四川盆地边缘，是成都平原向川西高原过渡的第一阶梯，属于亚热带季风性湿润气候，终年雨水丰沛，年均降雨量2125毫米，年均雨日225天，相对湿度80%以上，故而有"雨城"的称号。《九州志》就有记载，"濛者，沐也，言雨露濛沐，因以为名"[1]，所以这里素有"雅州天漏，中心蒙顶"的说法，

---

[1]　《名山茶叶志》，方志出版社2017年版，第38页。

古称"西蜀漏天"。得天独厚的自然条件,诞生了最早人工驯化茶叶的历史,千百年来人类饮茶品茗的茶道文化由此滥觞。

回家之后,我心怀忐忑又无比期待地开始了对家乡茶文化的调研。在不了解一件事时,书是最好的指导老师。于是我首先去了县图书馆进行茶叶文化类书籍的查阅,幸运的是县图书馆有很多茶叶类相关的书籍资料,在查阅的过程中也找到了很多有价值的书籍,有古籍原典《名山县志》(光绪十八年版)、《雅州府志》(乾隆光绪版)、《四川通志》(嘉庆版),也有像《蒙顶山茶文化史料》《名山茶经》《名山茶业志》等优秀的研究调查类书籍。查阅了一些书籍之后,内心很沮丧,原典内容晦涩,需要花费大量的时间阅读翻译文言,再提取需要的信息进行归纳。研究类的书籍,涉及广泛,面面俱到,感觉前辈们已经研究得很透彻丰富了,内心无比酸楚,我还能研究啥呀? 一个周之后,我决定文献与实地考察结合起来进行资料搜集。

山重水复疑无路

进行田野调查时,正值春节期间,小小的山村,出门务工的男人女人回来了,长久没有联络过的亲戚相互串门来了,家家户户门前挂着红红的灯笼,节日气氛好不热闹。在一位经常上蒙顶山的阿姨的带领下,我和母亲还有阿姨一行三人开始了第一次的田野调查。"这家有一个老大爷,是村里的村支书,他的父亲90多岁高龄了,说不定能知道一些流传的民间故事。"阿姨热心地介绍道。然而一进门,不大的四合院里,并没有很多人,几个老大爷围坐在一起打长牌(一种雅安当地的纸牌),正在打牌的爷爷们似乎不太愿意搭理我们,几番交谈无果,无奈只能告别,去下一家。几天的上山采访下来,效果不太理想,进度一直无法推进。

有趣的一次爬山

正当田野调查陷入困境之时,一次爬山的经历却让此次调研迎来了转折。大年初五,和一群当地登山爱好者又再次踏上了蒙顶山。却没想,此次收获颇丰,一群登山爱好者,从小吃店老板娘到学校教师再到在校大学生、机关公务员,各种职业,不同年龄的人都有,交谈中,遇到了一个退休的大叔,听闻我喜爱茶文化,毕业论文在做这方面的调研,便主动与我交谈起来。原来他是原国营蒙顶山茶厂的厂长! 这个意外收获,让我激动万分,如获珍宝地与他交谈起来。他侃侃而谈,古代蒙顶山茶,品质极好,文人墨客竞相争品,唐代天宝元年(742)起就入贡皇室,历经宋、元、明、清,历时1000多年。贡茶由官府主持、僧人制作,禅与茶得到了精神与物质的统一与融合,这其中有不少传说故事。事实证明果然如此,在后续的文本整理中,关于禅茶的民间传说很多,在搜集梳理过程中给了我很大的灵感,并在论文中对这些传说故事进行了心理、传播学方面的分析。正当我俩聊得起劲之时,一位叔叔也颇感兴趣地走过来,原来他是雅安著名的茶人杨天炯老人的女婿,他们同时向我引荐了区宣传部副部长代先隆部长。

大胆"走"出去

联系了杨老先生和代部长的采访时间后,才隐隐觉得有些兴奋。这些原本只能在书本上才能看到的人,自己竟然也能亲自面对面地采访,这不仅给了我极大的信心,同时也给了我田野调查新的思路——调查要"管不住嘴,迈得动腿",要大胆张口去交谈去走访,多看多实践,大胆"走"出去。

首先采访的是代部长,工作日的上午,刚去办公室时,他还在开会,回办公室后接着就有人汇报工作,原来第二天故宫博物院文化产业有限公司的人员会来蒙顶山考察,调研古代各个贡茶产区,与故宫的文献资料对接。于是壮着胆子,压抑着想要尖叫的冲动,小心翼翼地提出能不能也跟着去的想法,遗憾的是刚好7个人,车坐不下了,只能作罢。但是采访后,回家的路上就一直在想,不能错过这个机会,于是晚上再次联络了代先隆部长,跟他确认行程,第二天自己乘坐班车上山跟他们会合。此次与故宫文创的工作人员一起参观了蒙顶山、千佛寺、天盖寺、智矩寺等文化古迹和雅安名山地区现代化茶园示范基地,更加全面和系统地了解了蒙顶山茶的上贡历史与发展演变,也听取了蒙顶山茶发展文创方面的创意和营销宣传方面的困境详情。

这一口好茶,慢慢品

茶文化,不仅是高雅的艺术,也是大众的生活。人们总说读书之人是纯粹的,其实蒙顶山的茶人又何尝不是? 蒙顶山茶叶作为皇室贡茶,千百年来未能真正走入寻常百姓家,而正是一代又一代的蒙山茶人在努力地推广和宣传着,才能使蒙顶山做到"谈笑有鸿儒,往来有白丁",正是他们的努力,让蒙山茶真正大俗大雅,让更多的人品到这一口好茶。

在雅安蒙山有植茶始祖吴理真与仙子凄美的爱情故事;有女娲补天、大禹治水的传说故事;有采茶姑娘山上采茶随心而唱的采茶歌曲;有茶饼茶酥,有茶道技艺、茶事活动;由茶而衍生出的方方面面,早已与本地人生产生活交汇融合。读一本书,走,吃茶去! 聊一会儿天,走,吃茶去! 打一回麻将,走,吃茶去!

这一口好茶呀,要慢慢品。

妙峰山庙会中的食物

李嫣然（北京师范大学社会学院）

　　京西妙峰山庙会距今已有 300 余年的历史，因 1925 年顾颉刚、容庚等前辈学者首开民俗学田野调查之先河而被誉为"中国现代民俗学的圣地"。2021 年 5 月 15～16 日（农历四月初四至初五），北京师范大学民俗学专业师生又开始了一年一度的妙峰山庙会调查。作为参与其中的一分子，我在庙会期间发现围着武会看表演的人群中有两条长队——排队领舍粥的和领舍馒头的。这是其他庙会所不多见的，立刻吸引了我的关注。

一、文会舍的食物

　　提到妙峰山庙会中的食物，馒头、粥、茶是必不可少的三样，行善的是庙会中的文会组织，他们基本都集中在惠济祠下方的平房区，在庙会期间都会守驾半月。

　　舍馒头的队排得最长，每人可以领到两个印有红色福字的馒头和一包榨菜，寓意"带福还家"。馒头会驻点的门上方挂着写有"北京浙江台州商人　朝金顶妙峰山同心向善　馒头圣会"的黄字红底横幅。馒头会有两位志愿者负责舍馒头，还会提醒领馒头者要"双手接福"，这句提醒是令我印象深刻的。每天舍的馒头和榨菜总量都是"有数"的，庙会开幕当天（四月初一）、娘娘生日（四月初八）以及双休日的供应量比平时多。对比 2015 年的安排，可以发现供应总量、供应时间及其标注方式、每天供应量的分配等都有差别，这可能有新冠疫情的影响，也可能与时间系统、人流量、饮食观念等因素的变化有关。据同心向善馒头会一位志愿者介绍，该会有 20 年的舍馒头历史。馒头会志愿者是纯公益的，有十几个人。这些馒头的制作费用全部来自老板一个人，因为不允许加任何添加剂，有面香，费用是其他馒头的一倍。以前馒头是在山上现蒸的，但现在出于防火安全的考虑，已经不在山上蒸了。馒头是会里和商家定的，都是当天做好，前一天晚上开始制作，第二天早上蒸熟，一早运上山。

　　粥棚前排队的人也不少，舍的是绿豆粥，每人一碗粥配一根咸菜。粥里有大米、小米和绿豆，这是有讲究的：小米象征金，大米象征银，娘娘庙里的山泉被视为圣水，因此粥也被誉为吉祥粥。其中，豆子和大米由香客提供，妙峰山管理处在庙会期间熬粥、舍粥，供香会、香客食用。粥棚提供的餐具是一次性纸碗和一次性竹筷。粥用不锈钢桶盛放,咸菜用大号不锈钢盆盛放,都由工作人员或门头沟妙峰山学习雷锋服务队的志愿者现舍现盛。一碗热粥下肚,对于当时正在经历大风阴雨低温的我们来说,是一份难得的温暖。

相比之下,茶棚前的人则不多,除了舍茶外,还舍酸梅汤,味道微甜偏淡,都是热的,提供的是可重复使用的白色瓷杯。茶和酸梅汤都是用带水龙头的不锈钢带盖桶盛放的,茶水自取。今年有"亲朋同乐 清茶老会""群贤结善 茶叶圣会""亲友同乐 清茶圣会""一心向善 清茶圣会""马官营茶会"等多个茶会参会。据茶会一位志愿者说,他们来是因为个人喜好,自己花钱购置所需物资,没有固定的团队,所有的会众都是他们的朋友,大家一起买茶叶和红绳。

除了上述三样食物外,还有一些其他文会舍的食物。据"妙峰山风景名胜区"微信公众号介绍,"童子合缘 青菜圣会"四月初一、初八、十五舍黄瓜、西红柿、柿子椒等青菜,"合缘义善献贡圣会"庙会每天舍贡果(即苹果,但在调研期间没有看到),"众心向善结缘老会"(今年为"群贤助善 结缘圣会")四月初八舍缘豆和烧饼。据前人调查,妙峰山庙会重建前,茶棚提供的食物还包括面茶、姜汤、盐等。以前舍的食物种类多是香会攀比的结果,20世纪90年代重开庙会后,食物的选择由妙峰山管委会掌控,有的由管委会直接提供,有的同管委会商量决定。

文会不辞辛苦来妙峰山舍食物是各有目的的,有学者将其总结为帮助香客顺利到达山顶从而为娘娘招揽更多的香火、积德行善、变相为经营的食品打广告等,这些因素推动着他们年复一年地来为娘娘守驾,也保障着庙会的顺利进行。

二、武会带的食物

其实庙会上不只有文会舍的食物,一些武会也会携带食物来参会,不过此处指的是有象征意义的而非充饥的食物,但是这一点好像很少有研究关注到。例如,南音乐会抬来的灯笼上就放着食物,一端的灯笼上放着5包薛记糕点,另一端放着一盆水果。据一位负责抬灯笼的女士介绍,南音乐会是廊坊一个公益性质的民间组织,教授孩子们乐器演奏,她的孩子(十几岁)就是南音乐会的学员,也在当天为娘娘献艺的队伍里。薛记糕点是一家创办于1930年前后,位于霸州市胜芳镇的糕点品牌,在当地家喻户晓。糕点用土黄色点心纸包裹,盖有一张印着"薛记糕点"字样的红纸,外面用纸绳系紧。糕点有枣泥、五仁、果脯等馅料,还有桃酥等种类。水果是模型,有10个红苹果和几串绿葡萄,盛放在一个搪瓷盆里。但遗憾的是,因为这位女士是第一次参加妙峰山庙会,对于具体细节不太了解。

三、总结与思考

从调研来看,庙会上的食物是被符号化了的,是福气的象征。但是相对于福馒头而言,庙会上的茶和粥的受欢迎程度就显得稍逊色一些,尤其是茶,至少舍粥处前的排队人数更多,不知这是因为舍茶处位置不易被发现,还是因为舍茶处附近总是有香会表演和围观的游客而不易靠近?抑或是喝茶的需求或茶所代表的象征意义减少了?

虽然舍食物的传统一直在传承,但其中仍有一些元素在随着时代的变化而淡出了人们的视线。以前舍茶、舍粥时都会有钟声和吆喝声,但这两天的观察并没有发现有招揽香客和游客的举动。现在,茶棚的《迎客歌》《茶棚小调》也已无人会唱了,我们领取粥、茶和馒头也不用先拜娘娘像了。此外,现在通车的公路已经修好,人们可以直接乘车至妙峰山景区门口,不必步行爬上山,因此原来香道上的茶棚已废弃。在变的同时,什么又是没有改变的呢?

其实不只是仪式会表达人们对美好生活的向往和祈求,仪式中的食物也是一个不可忽视的表达元素和象征物。食物是庙会不可忽视的组成部分,不仅包括食物本身,还包括与食物相关的物、人、观念。食物是一个很好的载体,和仪式、香会一样,都能承载人们的某些情感和价值。

畲族的豆腐娘

张　博（浙江师范大学文化创意与传播学院）

　　2016 年 12 月，我跟随导师王逍教授到浙江景宁畲族自治县的半岭村做田野调查。在当地停留期间，我领略了畲族各色美食，尤其对畲族的豆腐娘念念不忘。

　　豆腐娘的做法其实很简单，就是将浸泡好的黄豆碾碎，然后连浆带渣一起炖煮，随后加入油盐调味，在起锅时撒上几段香菜、小葱作为点缀，最后以火锅的形式呈现到客人面前。食用时，你一勺我一勺，热气腾腾，其乐融融。当地人认为黄豆的这种加工方法是豆腐制作的初级方式，故取名"豆腐娘"，意为"豆腐之娘"。其实最早制作豆腐娘时实是无奈之举，取这个名字也多是因为畲族人乐观、豁达的性格。

　　畲族是一个自称"山哈"（意为居住在山里的客人）、历经千年迁徙的古老山地农耕民族，至迟在清朝末年才形成今日之民族分布格局。早期的畲族人开荒拓土，筚路蓝缕。黄豆便是畲族人祖先最早种植的重要经济作物之一，它不仅为日常生活提供了大部分的蛋白质，也是亲朋好友间相互馈赠的重要礼品，更是待客时一道拿得出手的主菜。直到今天，黄豆依然是畲族同胞钟爱种植的农作物。

　　豆腐娘的来历，一定程度上也透射出畲族人民早期辛酸的生存史。据说当年畲族的祖先看到汉族人过年磨豆子，打豆腐，也十分渴望能用手头仅有的几斤黄豆打一桌豆腐，过个热闹年。但是残酷的现实表示，这根本不可能。在"番薯丝吃到老"的年代，畲族家庭到年终岁尾还能拿出几斤黄豆已属不易，于是才有了豆腐娘这个变通的做法。用少量的黄豆做出美味的菜肴，这不仅体现了畲族祖先的生活智慧，更是今天人们感受物质匮乏年代畲族人艰苦生活的"活证据"。

　　豆腐娘以其简单、美味的特点，一直是畲族人民餐桌上的宠儿，也是畲族人居家待客的首选。只要愿意，今天的畲族同胞可以天天吃豆腐娘，而不用等逢年过节才能打牙祭。电机带动的磨盘也早已取代了古老的石磨，磨制一顿豆腐娘所需的黄豆只要几分钟就能完成。农业生产技术水平的提高，物质生活的极大改善，使人们不必再为一年的黄豆支配精打细算，在生活物资上人们有了更加多样化的选择。

　　和眼下中国大多数农村一样，畲乡的"空心化"也比较严重，年轻人都不愿待在祖祖辈辈生活的大山里，他们大多走出大山去追求现代都市生活，只有一些老人还在继续坚持着传统的生活方式。餐桌上的风炉可能换了一茬又一茬，可是风炉上面煮的食物却一直都有豆腐娘的坚守。我在半岭村的田野报道人钟大叔断言，二十年后半岭基本上就没人住了，当他们这一辈故去，大山深处的半岭将难见炊烟，要再吃豆腐娘就得重新找个地方了。

"汾州八大碗"：传统饮食的时代演化

贾　敏（中国农业博物馆当代农业研究部）

对小孩子来说，春节无疑是一年中最盼望的节日之一，因为过年可以穿新衣、品佳肴、收压岁钱。但令我记忆深刻的是，爸爸每逢年前都会邀请相熟的大厨来到家中，帮忙制作过年时招待亲友的"汾州八大碗"。大厨精致而熟练的刀法和技艺，总是会引得一家老小在旁边赞叹不已。大家在跟着一块忙活的同时，还会聊一年来的趣闻趣事，整个氛围欢快、融洽。近些年来，我一直在外求学，每逢过年回家的时候，一切都已经准备妥当。直到2019年底，我才在家中完整地参与了一次"汾州八大碗"的制作，而正是这一次"复归"本土生活的"田野体验"以及和大厨的"田野交流"，才让我这个"局内人"对自己的文化传统第一次有了更为深刻的认识。

"汾州八大碗"是当地传统菜肴精华的代表。汾阳，古称汾州，位于山西中部，是黄河流域古文化发祥地之一，有"厨师之乡"和"民间文化艺术之乡"的美誉。历史上，这里商贾云集、物产丰富、交通便利，在漫长的岁月中融聚了南北风情，交汇了东西文化，积淀了深厚的政治、经济与历史文化底蕴，塑造了汾阳人特有的生活习俗和饮食文化传统，催生出汾州传统宴席制作技艺，世代传承至今。

通常，"汾州八大碗"可分为"四盘八碗席""八盘八碗席"（二八八席）和"八盘八碗八烩碗席"（三八八席），其中"八盘八碗席"最为常见。本地人相传，"汾州八大碗"出自宫廷御膳、王府饮食。特别是郭子仪受封"汾阳郡王"、朱元璋之孙建府于汾州，随之前来的御厨将皇家菜肴引入汾阳，在与民间饮食文化交流的过程中，逐步创制出选料考究、工艺精良、风味独特的"汾州八大碗"。斗转星移，"汾州八大碗"如今已是"寻常百姓家"的特色饮食了。在汾阳各地，无论是逢年过节，还是祝寿、婚宴，抑或是家庭宴请，我们经常能够在餐桌上见到"汾州八大碗"的身影。2009年，承载着一代又一代汾阳人饮食文化传统的"汾州八大碗"以"传统技艺"的身份入选《山西省第二批省级非物质文化遗产名录》，转化成了汾阳饮食文化的耀眼"名片"。

孔子云："食不厌精，脍不厌细。"这同样是汾阳人饮食文化的写照。"汾州八大碗"是汾阳传统的宴席规格，名称统一，但各地的表现形式却不尽相同。不过，大体来说，主要包括黄焖带鱼、汾州腐乳肉、红烧肉块、汾州小酥肉、焖排骨、红枣八宝饭、金钱白菜卷和喇叭肉，具有菜式造型美观、色泽清亮雅致的特点。旧时，"汾州八大碗"的制作材料多取自当地，讲究精细、特产、鲜活、柔嫩，以猪肉、羊肉、鸡肉为主,同时搭配鸡蛋、白菜、土豆、豆腐等。烹饪技巧包括炒、炸、烩、熘、蒸、烧,对厨师的刀工、刀法、火候,以及调料搭配都有很高的要求。其中,炒,以滑炒见长,具有烹制迅速的特点;炸,以追求外松里嫩、酥香扑鼻为目标;烩,讲究嫩滑鲜爽、汁醇味美;熘,注重细嫩清香、色泽悦目;蒸,关键在于把握配料和火候,以确保主料鲜嫩腴美;烧,力求浓香适口、软烂入味。此外,汾阳当地还流传着这样的一句话,"唱戏的耍腔、做菜的耍汤",故汤的使用和熬制是最能体现"汾州八大碗"技艺水平的,也是它区别于其他类型宴席的显著标志。同时,为了保证上席的感官效果,"汾州八大碗"更是注重菜肴与器皿在色彩和形态上的和谐搭配,极具地方特色。

我们常说,民以食为天。中国人对于"吃"有着特殊的感情,时至今日,"吃了吗?"依然是我们经常使用的问候语之一,更是刻在我们骨子里的文化表达方式。由于气候、地理、物产和民俗的不同,中国的传统饮食文化丰富多样,烹饪技艺和风味各具特色。近年来,随着社会环境的变迁和传播技术的变革,很多人可能都知道了一个概念叫作"八大菜系",包括鲁菜、川菜、粤菜、闽菜、苏菜、浙菜、湘菜和徽菜。很显然,"汾州八大碗"不在这"八大菜系"的范畴之内,也不如"八大菜系"这么"有名气",但对于一代又一代生长在汾阳的人们来说,或许,在品尝过全国各地不同风味的特色菜肴之后,灵魂深处最惦念的味道还是成长记忆中的"汾州八大碗"。

21世纪伊始,随着非物质文化遗产保护工作的落地和推进,优秀传统文化又获得了新的发展机遇。在汾阳市政府的号召和媒体的宣传下,很多当地酒店的菜单上都出现了"汾州八大碗"的名字,在延续传统、推陈出新,以满足当地人和当代人味蕾的同时,一些大厨还通过现代影音传播技术,将这一饮食文化"搬"到了网上,从而极大提升了"汾州八大碗"的文化存续力和社会可见度。近年来,汾阳市荣获"中国厨师之乡""中国最佳美食文化旅游城市"等多项称号,以"汾州八大碗"为代表的汾阳菜频繁在各类美食文化节上亮相。特别是在"中国厨师之乡·汾阳"品牌的宣传推广下,许多当地职业技术学校将"汾州八大碗"纳入教学实践和科学研究范围,陆续培养出众多"汾州八大碗"传承人,强化了这一特色饮食文化的输出和交流。在乡村文化振兴的推进下,坐落于汾阳市贾家庄镇的三晋民俗体验地"贾街",以独特的民俗风格亮相,汇集了包括"汾州八大碗"在内的100余种晋、陕、川美食,构成了汾阳文化活态展演的一个重要"窗口"。

可见,"汾州八大碗"的保护传承,在延续文化传统的同时,还构成了参与和推动区域社会发展的重要"引擎"。但是,对于作为文化"局内人"的我来说,或许,最重要的是,"汾州八大碗"存储着我和亲人的文化记忆,它让我在未来的时日里,还能够有机会再次与过往的美好不期而遇。

作为商品和景观的"年馍"民俗文化表达

高子涵（中国农业博物馆人事处）

2021年端午节假期回老家休假，晚上在闲逛时，发现桥边乘凉处多了"年馍"中"登高"样式的雕塑，感叹政府在向市民朋友们营造传统文化氛围的工作上着实下了不少功夫，同时又不禁多了几分思考。对于优秀传统文化如何有效传承，雕塑以"年馍"的形式呈现在大众面前时，是否能够真正做到还原饮食文化内涵，唤醒民众对传统文化的记忆，能否引发人们对优秀传统文化的关注和热爱，是值得研究的问题。

"年馍"是山西霍州的传统特色节令食物，它在我小时候的记忆里颇为深刻，每逢过年前夕，大人们会商量着定日子，到了约定时间，姥姥家都会聚满来帮忙做"年馍"的人。他们大多都是自家亲戚，往往都身怀"绝技"，或是邻里街坊中手上功夫远近皆知的手艺人，即使只是过来帮忙"打打杂"，也都为过年增添了不少人气。那时候的"年馍"还没有实现机械化生产，如果想要蒸出家家户户储备到正月十五之前要食用的"年馍"，就需要靠大家齐心协力完成。大家聚在一次，边干活儿边聊天，做"年馍"，构成了人们联络情感的媒介。

做馒头，自然是需要发面、和面、塑形、上蒸屉等一系列工序。霍州"年馍"的一大特色是馒头里不含碱，但口感松软，这就考验手艺人的揉面技术了。发面时不打碱，需要揉面时间长，边和面边掺干面，这样蒸出来的"年馍"松散有层，水浸不酸。第二大特点便是在塑形环节，"年馍"的形式多种多样，且不同样式的"年馍"有不同的寓意，揭示了人们对美好生活的向往与期待。比如"登高"是三层圆形面陀，在中间夹层分别放三颗红枣累加而成，象征事业步步登高；"枣花"是最常见的，也是做法最简单的"年馍"，将面揉成中间粗两边逐渐变细变尖的条形，两边尖向同侧中间最粗的位置卷成两个圆环状，环内添置两颗枣，寓"心灵手巧"之意；女孩子的"专用馍"便是"花"样儿的"年馍"了，用面团揉捏成花型，有"花开富贵""如花似玉"之意；与"花馍"有异曲同工之妙的是"鱼馍"，把面团加工成鱼的模样，便是"年年有余""如鱼得水"了。如果是中元节，馍型还有桃子、猪头、羊羔、麦秸顶、坐婆婆、针线笸箩等。随着社会的发展，人们在给老人过寿时，也开始流行将"寿馍"作为贺礼，为老人祝福。

如今，人们见到的"年馍"大多都是大批量机械化的产物，一箱一箱的"年馍"象征着人们当下物质生活的极大丰富,交通的便利也让这满载美好寓意的礼品销往全国各地。但商品化的"年馍"和"年馍"雕塑能否完全承载与充分表达传统文化最深沉的寓意和精神呢? 或许,商品化的"年馍"和"年馍"雕塑是传播地域民俗文化的重要途径,是人们认识家乡风情的重要"窗口",但与此同时,我们不能忽视的是,这种认识却往往仅限于一种对民俗事项的"知道",其文化表现形式的多样性及其社会实践的丰富性,通常在呈现表象化的"景观"时被遮蔽了。

春节是阖家欢乐、举国同庆的重大传统节日。每年一聚的"年馍"手工制作正是这个节日衍生出的社会实践,它构成了亲人邻里之间维系深厚情感的关键环节和重要手段。与作为食物的"年馍"一样,大家聚在一起制作"年馍"本身也是"年馍"文化的有机组成部分,而这一随着年度周期时间节点而不断复现的动态文化实践活动,不仅为"年馍"民俗传统积淀了相当丰富的文化内涵,也为民众的精神生活注入了文化力量,而这正是我们传承和传播"年馍"文化过程中相当重要的基本面相。

然而,从手工制品转变为商品化生产的"年馍",无意间却遗失了其民俗文化本身蕴含的诸多精神内涵。伴随着社会的飞速发展,人们不再约定俗成地在春节前夕前往同一聚会地点,以"合作"的方式完成"年馍"的制作过程,并享受这一过程带来的情感交流上的愉悦。或许,今天的人们还在吃着和过去貌似相同的"年馍",但作为商品的"年馍"却在很大程度上失去了手工"年馍"制作所承载着的文化情感。因此,当"年馍"转变为货架上的商品时,我们当代生活中保留下来的"年馍"其实在很多时候更像是一种被清除了文化内核的、纯粹化的"食物"。

而"年馍"雕塑作为一种视觉表达的文化景观,它将"食物"从家庭的"厨房"搬到了公共的"广场",将"味觉"的食物转化为了"视觉"的风景,在吸引人们眼球、引发人们关注的同时,又如何能够在传统社会结构已经发生巨变的今天,真正融入人们的现代生活,寻回民俗传统的多重文化内涵和社会实践,使之构成推动社区文化、城市文化的积极内在动力,而不仅仅是在打造一张地域文化"名片",或者说是传播文化的"外衣"上下功夫,或许,我们还有很长的路要走。

"新""旧"并存的春节习俗

武静静（辽宁大学文学院）

春节在历法中表示新旧岁交替之意，它不仅仅是传统节日，同时也是中国人释放情感，满足心理诉求的重要载体。春节是各种活动的复合体，祭祖、犒劳自己、期望丰收、阖家团圆等等，在此期间，结束过去的一年，对过去的生活进行总结；开启新的一年，对未来充满无限期望，为未来攘灾祈福。

由于受到新冠肺炎疫情和电子媒介等科技发展的影响，春节期间阖家团圆、走亲访友等交往规范都发生了一些变化。但是春节仪式具有的变异性，使得民俗文化机能进行自身调适，同时也是民俗文化生命力的所在。变异是民俗文化保存和发展的内在动力。

一、馆陶县的春节习俗

此次田野调查点是我的家乡馆陶县。馆陶县，是河北省邯郸市下辖县，地处河北省东南部，以卫运河为界与山东省毗邻。战国期间属赵国，因"在城（今山东冠县东古城）西北七里陶丘侧置馆"①，故名"馆陶"。

各地年节起止时间不一，传统春节从腊八算起，经正月十五，直到二月二"龙抬头"才算结束。腊八是进入年关的一个特殊节点。腊八当天，家家户户腌制腊八蒜。当地在制作腊八蒜时还流传着小秘方，据说在腌制的时候，加入适量的白糖会使腊八蒜的颜色青翠欲滴。腌制好的腊八蒜还可以作为礼物送给亲戚朋友。腊八是进入年节的关键时刻，作为北方人在食俗上当然不能少了水饺。在高粱秆做成的圆平锅盖上，撒一层薄薄的面粉，将饺子从外围一圈一圈地摆起，直到摆满为止，俗称为"圈福"。

腊月二十三是小年，从这天开始，县城里的年节气氛一天比一天浓郁。街旁的路灯、树枝上都用红灯笼进行了装饰。农贸市场里人头攒动，在外打工的人们都回到家乡过年。男人三五个为一单位，在市场里采购过年吃的鱼、鸡、肉等。妇女和孩子则去买新衣服，逛超市，空气里弥漫着喜气洋洋的气氛。

下午的节俗是送灶王爷。傍晚时把水饺煮熟，第一盘水饺是要作为祭品，送灶

---

① 申凤鸣主编《邯郸年鉴》，新华出版社 2001 年版，第 431 页。

王爷返回天上的,希望灶王爷吃了在天上多多美言。家里的主妇端起煮好的水饺,向北高举,小声念叨"灶王爷上天,好话多说,赖话别提"。然后用糖块在灶王爷嘴上抹一圈或者是刷一层蜜,用糖块把灶王爷嘴粘住,这样就不会在天庭因话多误事了。随后恭敬地把灶王爷年画取下来,烧掉,再说一遍,"灶王爷上天,好话多说,赖话别提"。

"小孩,小孩,你别馋,过了腊八就是年。腊八粥,过几天,沥沥拉拉二十三。二十三,糖瓜粘,二十四,扫房子,二十五,做豆腐,二十六,去割肉,二十七,宰年鸡,二十八,把面发,二十九,蒸馒头,三十晚上熬一宿,大年初一扭一扭。"腊月二十九的重要意义在于,家家户户从这天开始要准备过年做的食物了。炸酥肉、余肉丸子、煮排骨、蒸花糕、包大包子,种类多样。以前大人刚从油锅里捞出来一碗金黄又酥脆的酥肉,小孩在旁边抢着吃,一边烫手,一边往嘴里塞。

除夕晚上吃团圆饭,守夜根据个人量力而行。天亮以后贴春联。以前人们用面糊,现在年轻人都用胶带粘春联。祭拜祖先,祖先祭祀是春节活动中最重要的环节。武张屯的谱单方言叫作"轴子",过年要请轴子。轴子上按照世系记载着武姓分支祖先的姓名,以及祖先妻子某氏。大年三十放挂轴子,摆上供品,花糕、花卷、糖块、苹果,寓意新一年平平安安,万事顺遂,用谐音讨口彩。大年三十下午,吃完晚饭,各家要派男丁代表去老族长家集合开会。族长是各支房中辈分高、才德兼备的老人。大家互相拜年、问候、嗑瓜子,说一说这一年家里发生的大事,看看谁家有什么需要大家帮助的事。

正月初一,开始串亲戚拜年。由于疫情防控的需要,外省的亲戚不能回老家过年。大年初一集体拜年,没回家的亲戚都打微信视频拜年,发红包,祝愿长辈身体健康,万事如意。

初二也是串亲戚拜年,父母去各自的舅舅和姨家。一般情况下,准备在亲戚家吃饭的话,去之前都会打招呼,这样亲戚会拿出自己准备的年货。

初三是上坟烧纸的日子,在新年伊始,怀念和缅怀亲人。随着社会的变迁,有些村民已经开始用鲜花代替烧纸,文明祭祀。

从初六起,门市店铺要陆续开始营业了,他们选择开市的时间都是初六、初八、初九、初十这类有吉祥寓意的时间点。

元宵节的节俗较少,只有吃元宵,赏月。县城里街上装饰着红灯笼,出于管控烟火的原因,街上、商店里,禁止销售烟花。整个元宵节没有了原来熙熙攘攘赏灯、看烟花的氛围了。

二、在变与不变中认识春节的"传统"

祭灶、打扫房屋、购置年货、贴春联、包饺子这些习俗，都有一个共同的主题，即"辞旧迎新"。在现代科技不断迅猛发展的今天，"新"和"旧"也体现在节日中的交往方式和传承春节的文化内涵上。

"新"的是科技的发展，新形式的春节仪式产生，除夕夜全家人围坐在电视机前观看春晚；拿出手机在微信里发"红包"、抢"红包"；过年期间每天登录支付宝参与集"五福"活动等，冲击着过去的春节仪式。电子传媒的出现，使得人际交往在手段和渠道上发生了巨大变革，合家团聚、走亲访友等传统礼仪的诸多细节也随着科技发展不断变化。春节禁忌观念的淡化、春节集体记忆的弱化、就地过年的提倡，这些也是这两年新的变化。

但是春节的内涵仍在延续，春节家人欢聚一堂，增强了家庭成员的归属感、认同感。正如冯骥才所讲："从古至今，年的特定情感没有变，但年的方式总在变。"在这次春节田野调查中明白、领会人主观建构的世界，理解人们赋予其行为的意义，外在形式、行为可以变，但春节的永恒意义、辞旧迎新、避灾趋福的希冀是不变的，人主观建构的意义世界变化范围较小。

云南元江县普力冲的彝族年

白姝婉（云南民族大学文学与传媒学院）

　　普力冲村位于云南省玉溪市元江县城东南部，隶属洼垤乡邑慈碑村委会，地形呈不规则的四方形，村内房屋建筑多为土掌房。这里群山连绵，年平均气温 30℃，常年受旱灾的影响，放眼所见都是红土和石头，因此该地以种植烤烟、花生、高粱等农作物为生。

　　彝历年，是彝族人民的传统节日。在洼垤乡，农历腊月二十四是彝族年的开始，一般为期三天。如同汉族的春节一样，彝族年也一年中最喜气、最令人向往的节日，节日期间有很多传统规矩，比如办"杀猪宴"，即从自家养育的猪当中选择最肥的一头作为年猪。笔者于 2021 年 1 月 26 日至 1 月 27 日在元江县洼垤乡普力冲村做了为期 2 天的田野调查，此次调查是为了从彝族撒摩支系的独特民俗节日的节日食俗中，了解彝家人的独特的饮食文化，看到彝家人过去的历史以及对生活的热爱。另外，此地是笔者的家乡，将其作为调查点较为熟悉与便利。

　　按照当地的习俗，过年前一个月，就得烤好一坛粮食酒备用。过年前三天，每户人家都要劈够过年三天烧的柴火，备好米、面、盐等。在过年前一天，每户人家把屋内外、院子周围打扫干净，以表示除旧迎新。在主人家定好杀猪的日子后，都会提前一周邀请自己的亲朋好友前来参加。受邀人一般分为两个类型，一类是有血缘关系的亲戚朋友，另一类为邻居。有血缘关系的亲戚朋友是受邀人的主要部分，但是在这之中会有在外务工的青壮年，或是家庭中的主要骨干因工作繁忙而不能按照定好的日子参宴，这时主人家便会重新选定日子，依据他们的节奏行动。因此与其说是办"杀猪宴"，不如说是为了能让家庭成员齐聚一堂，过个团圆年。除此之外便是主人家的邻居，俗话说得好——多年邻居变成亲。之所以这么说，是因为在办"杀猪宴"的整个过程中，他们起到了关键作用。在一个饭店中，往往有掌厨的，打下手的，跑堂的，而在这里邻居们充当的就是这么一类角色。妇女围坐在一起摘菜洗菜，男人们在厨房中颠锅翻炒。碗筷声、欢笑声，声声入耳，好不欢快！

　　"杀猪席"所用材料朴素简单，但形式和礼仪却很隆重。席中所用器具一般是本地产的土碗、竹筷子等，但并不会显得粗劣和简陋。春节的到来，让村子热闹非凡，家家户户都在忙着杀猪宰鸡，下田摸鱼。在当地，杀猪宴的分工明确，杀猪、切肉一般由男性完成，女性则是张罗饭菜，准备碗筷。天还未破晓，早起的彝族妇女就已经把水烧开,以供杀猪使用。村子里的男人们也不约而同聚到请客人家中,开始杀猪的准备工作,一般由村中较年长且有经验的男人持刀,青壮年则负责用绳索捆绑肥猪,控制其身体,而后把猪血滴入盆中,用来烹饪食用,最后则是把整头猪给分开,把切割好的猪肉放置于平铺在地面的塑料布上方,并用盐巴均匀地擦拭于肉上,以此保存。相应的,妇女们也就开始准备"年货",也就是充分利用年猪身上的五花肉、猪大肠、猪小肠、猪小肚再拌上糯米、豆腐和各种作料制作成猪血肠、香肠、豆腐肠等,如此制作方法,不仅可以使猪肉再加工,味道鲜美,也可以延长其保存时间。"杀猪宴"的烹饪方式较多,各家大同小异。以年猪肉为主,可以制作出老肥肉、扣肉、酥肉、猪血肠、瘦肉粉丝、火腿腊肉、爆炒猪肝、芹菜炒肉等菜品,据当地人介绍,常见的菜品有 20 多种。普力冲彝家人的"杀猪宴"荤素搭配合理,肥而不腻,素而不淡,营养丰富,炖、酥、煮齐全,色泽鲜艳多彩,其中最有特色的要数猪血肠和豆腐圆子了。猪血肠也称糯米肠,是饭桌中非常重要的一碗,并且有着特别的寓意。把蒸好的糯米饭,趁热放到干净的簸箕上,再放入适量的猪血以及草果、食盐等佐料充分搅拌,当地妇女介绍之所以撒上猪血意味着生活如同猪血一样红红火火,再将其塞进洗净的猪大肠内,使之蒸到八成熟再用油炸,如此一来,软糯香脆的猪血肠就上桌了。

另外一碗豆腐圆子。把新鲜的豆腐块切开,先后加入切碎的五花肉、瘦肉末,以及盐、姜、八角等佐料,搅拌均匀做成馅料,再把馅料徒手搓成土鸡蛋大小的团状,再放入小碗内充分滚圆,之所以制作成圆形,是寓意着一家人团团圆圆。成型后放入锅中蒸煮,最后撒上葱花,一碗豆腐圆子就完成了。

"杀猪宴"的制作工艺包括煮、熬、炸、蒸,用到的器具也颇有特色。煮:大铁锅是农村里必不可少的厨具,"云南十八怪"中有一怪为"草帽当锅盖",在这里和铁锅匹配的就是草帽锅盖,这锅盖是当地人用山上的茅草编织而成,在集市中也能买到。之所以用草帽作锅盖,是因为在蒸煮时,水蒸气被锅盖吸收,从而使煮出来的肉呈乳白色状态,并伴有自然清香的味道。过年时的年猪,也不是随便从街上买的带有现代化色彩的"饲料猪",而是当地人用自家地里栽种的老南瓜、红薯、玉米等农作物用机器碾碎后作为猪饲料喂养出来的。熬:用的是烧制而出的一种土锅,然后把这种土锅用来熬制白肉。通过锅煮出来的白肉,颜色是乳白色,不掺杂任何一点杂色,尝起来肥而不腻,这种味道用现代化产品电子炉和微波炉是难以制作出来的。炸:在土灶上或者用砖头在地上临时搭起来的地灶上,将调制好的酥肉面团炸成纯金黄色,香酥脆软,浓香四溢。而在炸酥肉时用到的油是猪油,其是由年猪身上的肥肉放入大铁锅中炼制而成,冷却凝固后呈白色,与香油不一样,猪油的味道更加纯正。蒸：就是把米放入圆筒形状的木甑子里，然后用大铁锅蒸。这样蒸出来的米饭既富有弹性又带着淡淡的香味，另外用木甑子蒸饭也是为了保证客席中的饭量，因为在当地人看来，吃到一半米饭数量不够的话，是一件难看的事情，这样会显得主人家不欢迎客人。随着时代的发展和生活水平的提高，各家各户增添了不少菜品，对于一般的家庭而言，办几桌也是不成问题的。

　　杀猪当天，因为工作量较大，正餐一般安排在下午，午间只有主人家和来帮忙的邻居们共同享用。下午四点左右，客人们陆陆续续到了主人家，到来的客人们一般会拿着"伴手礼"，其中以糖食、水果为主。傍晚，远客们吃完饭后即将离开，这时主人家便会送上新鲜的猪肉和蔬菜，而此时其他客人还一心享受着美食美酒，沉浸在欢歌笑语中。

达州"元九登高"节俗探源

张瑞娇（中国海洋大学文学与新闻传播学院）

　　我的家乡四川省达州市，地处川东北一带，素有"巴人故里"之称。每年的农历正月初九，俗称"元九"，是达州民众走出家门登高的节日，2006年6月"元九登高"这一地方性节日在文件中被正式确定下来，2009年被评为"四川十大名节"之一。与全国大部分地区不同，每当提及登高，达州地区的民众首先会将之与正月初九这个时间点联系在一起，而非九月初九的重阳节。同时，这一节日也与同被称为"元九"的元稹有着极大的渊源关系。

　　达州民众非常重视元九登高。这一天，男女老少都会在一大早出门，走向凤凰山、翠屏山、真佛山等几座当地的名山，一路上激情澎湃，不登山顶绝不回头。凤凰山山腰的元稹纪念馆人声鼎沸，山顶的凤凰楼人山人海，文化广场上，更有群众性赛诗会、民歌演唱、舞龙耍狮等活动。而翠屏山上，唐代诗人元稹组织修建的戛云亭也是熙熙攘攘，摩肩接踵。目前，这一节俗活动基本上形成了较为固定的流程，多数民众选择上午登高，从达巴路口到凤凰山，一路攀登而上，在凤凰楼所在的广场上休息，然后从元稹纪念馆、巴人文化广场一路下山。登高活动虽然只有正月初九这一天，但是民众对登高的热情却会前后持续很久，达州本地的民众基本上年年都会参加这个节日，外来人口也会在整个文化氛围的影响下参加，许多需要外出务工或经商的人，也会在过完这个节日之后再远行。一路走，一路看，大家的脸上都洋溢着笑容，在一步步向上攀登的路途之中，寄托着人们对未来的美好愿望。

　　元九登高活动历史悠久，笔者参与登高活动时采访了几位当地人，大家对于元九登高活动的由来，都不约而同地提到了元稹和玉皇诞辰。一位文化水平较高的老者听说我在做调查，非常高兴，和我细细地谈起了达州的历史、"元九登高"的由来，还说自己家的孙子也取名为"稹"，每年都会带着孙子去元稹纪念馆的，希望能沾沾这个大诗人的"文气"。

　　达州上古时期属巴地，巴蜀賨民与道教的深刻联系，促动了元九登高早期的活动形态，即在正月初九登高、建庙、祭拜以庆祝玉皇诞辰。如今这些活动已经不存在了。而元稹却成为当地一个越来越鲜活的文化符号。元稹曾在元和十年（815）至元和十三年（818）被贬到此地，在当地引导民众开荒耕种，并组织人们在翠屏山上修建了戛云亭，戛云亭一度成为当地民众对科举乃至日常生活的精神寄托，有

"达邑文风所关"的盛名。清嘉庆年间鲁凤辉等编纂的《达县志》中即记载:"元微之建亭翠屏西岭,常有祥云罩其上,因名夏云亭。"[①]随着改革开放以后名人热的带动,纪念元稹被当作元九登高的主题被确立下来。

当地政府自 1978 年以来,逐渐将登高的地点从原来的翠屏山迁移到了凤凰山,并且在凤凰山山腰修建了元稹纪念馆、元稹文化广场和元稹诗廊,这些后起的建筑逐渐取代了翠屏山上夏云亭的地位,成为民众元九登高的主要活动场所。

节日作为民族文化的精粹,是民众历史情感、道德价值观的一种积淀,也是了解一个民族文化空间的重要窗口。而地方性节日则是了解特定地区的传统文化、地域特色、民众心理等方面的独特渠道。"元九登高"节是达州地区经久传承的文化宝库,在历史发展过程中成为民众慎终追远、修身明性、追求理想的表达方式,也是国家民俗文化的重要组成部分。改革开放以来,当地政府对这一节日的传承与保护日益重视,庆祝活动也日益多样。登高活动一方面折射出了道教的发展在达州地区遗留下来的民间信仰,一方面也表现出了民众对著名文人的历史情感的沉淀,以及对美好生活的永恒追求。这一活动以一种健康自然的方式传承至今,并且有着越来越大的影响力和感召力。

2017 年,笔者在撰写毕业论文之际,才真正关注到了这一节俗。生活在民俗生活之中的民众,时常会忘记以他者的眼光对自己的生活圈加以反思,直到接受了一定的学术训练之后,才能稍微抽离其中,以陌生化视角审视自己生活的文化语境,这个过程意味着调查者有与被调查对象深入接触的天然优势,但也同样意味着难以保持对民俗事象的敏感性、针对性等劣势。

此次采风,获益之处颇多,尤其是与节俗参与者之间的亲密交流,让人能够深入地理解他们的思想,年节之中的登高不仅是一家团圆共同向上、排除过去一年晦气的最佳举动,更是在文化滋养中把文人崇拜融入生活、教导子孙的实践,节俗、信仰、实践共同构成了他们充满希望的生活世界。

---

① (清)鲁凤辉等修《达县志》,影印本,第 81 页。

在松阳,体知自然也是体知自己

胡　潇(北京师范大学社会学院)

　　2020 年端午,我来到浙江省松阳县小竹溪村进行"松阳端午茶"的技术民俗学考察。小竹溪村靠近松阳县城西南,沿"竹源溪"而建,群山环绕,茂林修竹。北师大民俗学团队长期在小竹溪进行调研,建立了良好的田野关系,受益于此,小竹溪一家民宿的管家潘玫鹃(人称潘姐)答应带我上山去找端午茶,并让我自己体验一次端午茶制作的全过程。

　　松阳人常年饮用由药用草本植物配制而成的一种草药茶,即端午茶。端午茶是松阳端午节俗的重要构成,俗话说,"端午百草都是药",松阳人端午时自山林之中采集石菖蒲、山茵陈、山苍子、金银花等草植,以水泡之,四季日常即饮,具有"集天地之精华"的含义。端午茶使用时间不限,据说四季常饮可使寒热调匀、脉气调理、阴阳调和,令人心清气爽。2009 年,端午茶入选"第三批(浙江省)非物质文化遗产名录(传统医药)"。端午茶的采集、制作和饮用与松阳人的日常生活和生产密不可分,是一种产生于地方、体现着松阳人与自然万物之联系的知识。我关注的问题是,端午茶是怎么通过身体感知和体验进入松阳人的日常生活,从而成为地方知识的?

　　松阳县位于浙江省西南部山区的一片山间盆地,有"八山一水一分田"之说,地理上多山近水,垂直差异明显,气候温暖湿润,滋养着繁盛蓬勃的万物生灵。据《松阳县卫生志》记载,松阳境内常用草药品种中有植物 299 种,2014 年松阳全县药材普查,统计有道地药材 1172 种。松阳人日常就生活于松阳优越的"山—水—田"图景中,正是由于对自然环境的常年体知,松阳人形成了关于山林草植的感知地图,端午茶正是日常的行走和劳作于周围的田地山林和水泽之间就地取材的产物。

　　抵达小竹溪的第二天,雨过天晴,潘姐翻翻找找,拿出几把大小不一的锄头和柴刀,招呼着两位厨娘和我一起到山涧找草。在松阳,人们把上山采草药就叫作"找草"。就在马路边上,除了最常见的菖蒲、艾叶、车前草,山石上生长的山姜子、山落苏、钩藤、星宿菜,水边的野石艾,甚至猕猴桃树也都可以成为端午茶的一味药。潘姐和厨娘们提着柴刀,灵活地腾挪于山间微潮的泥土上,见到可用的植物就"手起刀落"。她们也不忘指导我——潘姐将一把小锄头塞给我,让我去挖地下的一种成片的、长着粉紫色小花名叫山落苏的草药,这种草药的学名叫地苈、地稔,其味甘、涩,性凉,有活血止血、消肿祛瘀、清热解毒的功效。她们告诉我下刀一定要深要快,锄头往土里扎深一些,往上一提就能挖出整片山落苏。一般来说,根部完整的草植年龄大、药性佳,潘姐告诉我,挖草药的时候要离其根部有些距离,才能把这些药性更佳的草药连根挖起,如果只用手去摘或拽茎叶部分,之后晒干的成品就容易变成碎末渣,泡水既不美观也不好喝,更重要的是会损失草叶精华,端午茶的效果就会大打折扣。

每采下一种草,她们都会让我闻一闻淡淡的清香气味。我们采下的草药堆在路边,能装满一辆小卡车的货箱。端午茶前后地气已暖,雨水充足,物产丰富,百草药性最好,山上可用的植物也就十分之多,百草皆可入端午茶,所以端午茶也叫"百草茶"。亲身体验找草后,我对于潘姐慨叹的"我一到山里就不舍得走了"也深有同感。

潘姐是土生土长的小竹溪人,对这里的一山一水、一草一木都有着浓浓的感情。她笑言我来找她是找对了人,原来,她的母亲就是小竹溪一带的"山间郎中"。潘姐和七个兄弟姐妹从小没去过医院,大小病痛都靠母亲用草药治疗。潘姐说,小时候家里孩子生病请草药担(松阳对山间行走卖药的郎中的称呼)来看,母亲就会向草药担请教各种草药的用法用量,平时也会到山上去找草,时间一长,也就成了小竹溪小有名气的郎中,尤擅孩童疫病,不少人都来找她看病抓药。自幼耳濡目染,潘姐也对植物的药用有了不少积累。

在最早了解端午茶时,我在资料上看到过这样一段话,意思是说,女性是采集制作松阳端午茶的行家里手,这是因为过去松阳山区交通不便,医疗条件差,而家中男性日常在外劳作,不能及时去请郎中,因而女性通过长期积累,流传下来不少医治小儿老人疾病的验方良药,端午茶也在其列。这半天工夫,让我不止是在文字叙述中看到,更在与潘姐等人的共同劳动和聊天中亲身感受到端午茶与女性的真切关联。女性对于端午茶的掌握,很大程度上是出于生活中照料劳动的需要,经过日常的反复实践得以达成,这背后的社会性别问题值得深思。在女性与端午茶的互动性关系中,处于松阳时空中的女性也用她们生动的故事让我看到了面向更为丰富、更活生生的日常生活样貌。

更多时候,我会想起第一次跟着松阳人找端午茶的经历。2020年端午,我和同学一起随贺少雅老师前往位于海拔815米高山台地上的平卿村。当天,平卿人张世川、周永贵和周理平带着我们往村口的山路行去。山路掩映在茂密的草木之间,每行几步,就会发现一种又一种我不认识的植物,他们逐一介绍,这株是冷水花,那棵是淡竹叶,越往深处,我们停留辨认采摘的时间越长。那是我第一次因为植物感到眼花缭乱，真正是奇花异草，万物皆是药。

此刻身在小竹溪的我提着锄头茫然四顾，刹那醒悟自己依然是那个无法记住花草树木名字的山盲。我在松阳好几次参与找草，都不仅没有记录好走过的路线，更没有掌握植物的性状功效，即使有手机 APP 帮助识别，我依然过目就忘。我最初设想以"松阳人如何在行走中形成关于草药的知识"为问题，但在田野中，经验能力和学习阅读的双重匮乏让我总是不知道要如何追问，该从哪里追问。于是，我对于松阳人是怎么"行走草木间"、怎么形成自己的草药地图，又是怎么在此过程中生成了端午茶等民俗知识和行为的描写程度只能是肤浅的。这一点后来也被老师们看穿——我一直是以一个城市小姑娘的眼睛去观望松阳人与松阳环境的。在以术语垒砌的空泛描写中，我停留于概念性地重复，并没有触摸到当地人的生活地平，更无法真正理解"身体感就是行动"的真意。

让我短暂摆脱田野陌生感的，是体验端午茶的切碾过程。在小竹溪，潘姐和村里的吴潘养老伯让我上手体验了一次用木墩和柴刀将端午茶切段的工作。严格来说，切段晒干后的端午茶才是真正的成品。尽管草药还是被我切得七零八落，有的也不幸成沫，不过，在切碾时，能够最近距离地闻到草药的清新香气，是一种混杂了阳光、雨水、山风、泥土，由枝叶断面处散发的清香。当头脑中的"身体感"终于落实在真实的身体配合上，我感到前所未有的兴奋。当天的日记里我如实写下了一句——"好爽！"

也只有身处田野中，才能体会到如此具体的矛盾：一方面，田野中的自由、新鲜与兴奋令人沉醉；另一方面，当我越想接近一些"生活的真相"，越发现自己与人们的真实生活之间仍然隔着厚厚的帘幕。这让我觉得沮丧，又不得不去克服。当我带着遗憾踏上归程时，难免有"路漫漫"之叹，而我，也希望能够一直在路上。

同样的端午,不同的节俗:一个满族村庄的田野小记

隹　妍(辽宁大学文学院)

静安村位于辽宁省沈阳市于洪区马三家子街道。天蓝水清、绿林成荫是我初到静安村做调查时对村子的第一印象。上至辽金时代,下至清朝年间,静安村作为军事要地,依据其独特的地理位置,孕育了优秀灿烂的历史文化。村内除汉族外,还有满族、蒙古族、回族、锡伯族与朝鲜族等少数民族,其中满族人数较多,人口比例约占总人数的1/4。2018年6月,沈阳市满族联谊会静安堡分会正式成立。2018年9月12日正式批准成为静安满族村。目前,村里的多项满族传统习俗都被列入沈阳市于洪区非物质文化遗产保护项目。

临近端午,粽艾飘香。2021年6月6日清晨,我与同学们一同前往沈阳市静安村参加满族端午节活动,开启我的第三次静安之旅。出发之前我照常做了一些案头工作,对静安村的地理历史情况以及往届举办活动的资料进行搜集和整理,并有针对性地列出调查提纲,以期在本次调查过程中得到答案,予以解决。

弯弯绕绕走了40分钟车程,我们看到了位于道路边的静安小屋。微风拂面,阳光正好,去年经过翻整修缮的院子,今天看起来更加宽敞有序。庄严肃重的索罗杆依然竖立在院内的东南方,东南角的小柳树还在茁壮地成长。干净整洁的满族农家小院早已充斥着浓郁的节日氛围,院子里挂上了国旗与彩旗,屋下房檐也插上了艾蒿、菖蒲。屋里院外,人进人出,好不热闹。身着满族服饰的阿姨们早已在外屋围坐一团,有说有笑地包着粽子,与我们打着招呼。手指灵巧的满族妇女挽起衣袖,将粽叶折成漏斗型,把糯米、红豆、大枣填入其中,最后用草绳系紧,三两下一只粽子就从手中诞生了。每年的端午节,满族百姓家家都会准备粽叶、糯米和红豆用来包粽子,坐在靠门边的关阿姨说:"这些糯米都是前一天晚上泡的,就是为了今天包的粽子又粘又好吃。"说完阿姨就起身递给我一个煮熟的粽子,告诉我蘸上白糖更好吃,一个甜甜的粽子,打开了我一天的好心情。

上午9点左右,参加活动的人员已经到齐,活动正式开始。满族妇女和姑娘们手持葫芦,将其挂在门旁檐下。在古代,人们认为5月是"恶月""毒月",天气炎热、蚊虫生长,"葫芦"因谐音"福禄",所以满族民众喜好在这天挂葫芦,有收集"福气"之意。同时,由于满族人擅长剪纸,在这天,静安村的妇女们还用红纸剪成葫芦样式,葫芦上刻有"五毒"图案,象征葫芦将家中毒虫统统收押,当地人认为端午节贴

葫芦、剪纸,有避毒驱邪的效用。

插艾蒿、挂葫芦结束后,老人和媳妇便开始为儿童系五彩线、佩戴荷包。通过访谈正在为孩子系五彩线的关阿姨得知,五彩线是前一天满族妇女们用黑、白、红、黄、青五种颜色的丝线搓捻而成的。五色,在我国古代的五行观念中为吉祥色,分别代表着金、木、水、火、土五行,同时,也象征着东西南北中五个方向的神力,具有驱邪迎吉的功效。荷包也是村里巧媳妇们早在几天之前就赶工做好的,用颜色鲜艳的绸缎缝制,在外面绣上花鸟鱼虫的精美图案,里面装满艾草,用来驱避蚊虫。村里的长辈们将做好的五彩线系在孩子们的手腕上,期望孩子们可以辟邪去灾,长命百岁。至于如何处置五彩线,阿姨告诉我们,要在端午节第一场雨后,把五彩线或荷包扔到雨水或者河里,意味着让河水把瘟疫、疾病冲走,这样才会一年里都不生病。

系过五彩线的妇女们就坐在炕上玩起了"嘎拉哈"。嘎啦哈,是猪或羊后腿关节处的骨头。具体玩法就是先将口袋抛起,然后立即用双手抓住嘎拉哈,抓的越多越好。同时接住下落的口袋,接住即为成功。接口袋和嘎拉哈时不能掉落,也不能碰到别的子,如果失败了,就要轮到另一个人继续玩儿,直到哪一家没有子了,她就输掉了游戏。歘嘎啦哈,作为满族的传统游戏。当我第一次见到这种游戏时,无不感叹于满族先民的智慧,在没有娱乐设施的年代,人们用动物骨头研究出的游戏,直至今天仍为静安村满族村民带来了最质朴的欢声笑语。

而男孩子的游戏主场则是在外屋灶台旁。在满族,端午节有撞蛋习俗,民间相传吃蛋生心,因为蛋的形状像心型,人们普遍认为吃了鸡蛋后就能使心气神不受亏损。孩子们在装满水煮蛋的盆里挑选着,颜色深一些的、蛋皮看起来厚点儿的,常是孩子们眼中"蛋王"的候选对象。两位满族小阿哥,手里拿着鸡蛋,双手紧握,用着看上去比较结实的一头去撞伙伴的鸡蛋,脸上的五官都在为自己的"蛋王"加油鼓劲。老少皆宜的游戏活动,欢快热闹的节奏氛围,让我再次感受到传统乡土社会中的民风淳朴。

在静安小屋结束了室内活动后,大家来到了树木青葱的蒲河两岸。静安村满族端午节的游戏有很多,除了老少皆宜的歘嘎啦哈,专属孩子们的撞蛋游戏外,还有诸如拉地弓、投壶、斗草等。

在蒲河岸边的青青草地,两个成年男子脚对脚,相向而坐,用锄头代替长弓,两人伸手握住锄头把,同时用力,谁的力气大能把对方从地上拉起,哪一方就获胜。这是满族民众在田间地头开展的一项比较力气的活动,以打发人们农闲之余枯燥乏味的生活时光。与此同时,静安妇女们手里拿着自己精心挑选好的蒲草,二草相勾,双手向持蒲草两端同时发力,直到对方手中的蒲草被拉断为止,游戏的赢家便产生出来。斗草,最早见于魏晋南北朝时期的文献记载,每年端午节人们外出采药,插艾草、挂菖蒲,以解溽暑毒疫,约成定俗;收获之余,往往举行比赛,用草作为比赛对象,称为"斗百草"。唐朝后,斗百草愈渐成为妇女和孩童的游戏。

在人们的嬉笑打闹中,静安村的满族端午节迎来了活动的最后一项——叉鱼。自古以来,满族就是一个善于捕鱼的民族,他们手持渔叉,靠着捕鱼打猎维持生计,世代相传。静安村村民选择在这一天用渔叉叉鱼,以示不忘祖先功绩,追忆渔猎文化,感受收获的喜悦。在清澈见底的河水中,一叶小船在水上漂浮,绿水青山在河中倒影,如诗如画,令人沉醉。只见一人划着小船,一人站在船头,抬起渔叉,瞄准位置,下手快、准、狠,一眨眼鱼儿便已经插在渔叉上,引起周围人一阵叫好。

游戏娱乐之余,我们还看到在小院中,阿姨们身着满族旗袍跳着喜悦祥和的丰收舞,整齐划一的舞步,轻松欢快的歌曲,喜气洋洋的笑容,再一次深深地感染着我,令我的田野之旅难以忘怀。在这次田野采风中我收获的不仅仅是静安村满族端午节的风俗习惯知识,更多的是感受到村民们真挚淳朴的性格与对待生活的热爱。转眼间,已到下午,本次活动也接近了尾声,我和同学们也与村民们互相告别,搭上了返程的车,当我再一次回首望去,不禁感叹,这是一群多么可爱的人儿啊!

台州"送大暑船"习俗记

尹艳艳（云南民族大学文学与传媒学院）

　　"送大暑船"习俗在浙江台州沿海地区已有几百年的历史，这里的许多渔村都有这一民间传统习俗。小学时，我常跟着邻居去看"送大暑船"，至今，我对这一习俗仍有着浓厚的兴趣。"送大暑船"是大暑庙会最核心的一项活动，如今已成为一项综合性民间习俗。

"人山人海"庙会行

　　2017 年的 7 月 22 日，即大暑之日，椒江葭沚的五圣庙如期举行了"送大暑船"活动。当天下午 1 点左右，"送大暑船"的队伍从五圣庙开始出发，十几名壮汉将大暑船从五圣庙内抬出，正午时刻太阳最大，大家都汗流浃背，却使出最大的力气将船放在准备好的竹架上，由大家轮流抬到江边。近几年为省力，人们才在竹架下面使用轮子，将大暑船拉至江边。

　　跟在大暑船后面的表演队伍分别来自集圣庙、文昌阁、龙王宫等当地庙宇，浩浩荡荡的送暑队伍从五圣庙出发，用彩轿抬着"五圣"神位和地方神神位沿葭沚主要街道逶迤而行，并沿路表演民间文娱节目，如舞龙、舞狮、腰鼓、花鼓、荡湖船、地方戏等，目的在于娱神、娱人，增加节日的狂欢气氛。各路赶来的信众香客则沿路祀祷，祈求平安幸福。每到一个十字路口或者具有标志性的街口，表演队伍都会停下来表演，舞龙的、舞狮子的、耍藤球的都有，此时江边的祭坛上早已点燃香烛，庙会总指挥和相关人员向祭坛叩拜，在庙会队伍中表演的舞龙和其他表演方阵等依次向神灵叩拜。

　　大暑船的队伍走在最前面，最先到江边。壮汉们将大暑船放在事先准备好的绑有 25 个柴油桶的竹筏上，竹筏上铺有油纸，再往上一层焊了铁，增加牢固度。大暑船被运送至码头后，由几位老人在大暑船边设坛祭拜，将五圣神位一一供奉到大暑船上的神龛之中，待一切就绪，此时一般正是潮水涨满的时刻，等大暑船被大渔船拖出椒江口外白沙洋时（现在的椒江二桥），正好开始退潮，借助着潮水的力量，大暑船顺江而下，越漂越远，也带走了人们美好的祝福和祈求幸福平安的心愿。护送大暑船的民众直到看不见大暑船的船影时，才不舍地离开。

炎炎烈日"送清凉"

一路上，街道两旁的居民端茶送水，给参加活动的表演人员和群众送清凉，免费提供棒冰、冰饮料、冰粉等。当地居民褚先生说："年年如此，当地居民已经形成了一种习惯，都是自愿付出的，大家都是为了开心，为了让活动举行得顺利，为了未来顺风顺水。老祖宗留下来的传统我们不能忘记，当地渔民多，举办大暑庙会更多的是求得一份心安。我最喜欢看的就是大暑船被大家抬着出五圣庙到江岸这个过程，船刚从庙里出来的那一刻，如鳌冲天，十分壮观，中途舞龙、舞狮子的表演也很精彩，上万人参加送暑活动的场景也甚是壮观。"

"古风犹存"须传承

当地政府部门十分重视这一古老的习俗活动，庙祝李先生跟我说，街道办工作人员在大暑前一天还来走访过，"送大暑船"时负责安保的除了当地民警外，还有武警战士，可见大暑庙会越来越受到重视。这充分肯定了它在休渔期丰富渔民文化生活中所起的积极作用。葭沚的"送大暑船"活动一年比一年红火，社火祭祀和表演场景吸引着各地成千上万的民众。在许多人眼里，这一习俗如今依然蕴含着传统的民间文化。

根据城市规划的要求，葭沚街道今年开始改造旧城，拆迁老屋，"拆迁不影响五圣庙，但五圣庙周围的老房子会全部进行改造，那么多人从台州各地赶来，抓住机会参加旧城改造前的最后一次传统庙会，旧城改造后会拆除五圣庙周围的全部民房，道路也会扩建，庙会仪式肯定会发生或多或少的改变，旧城改造之后，肯定会失去之前的一些传统，但不论发生怎样的改变，我们也都想记住庙会最本质的样子，现在科学技术发达了，我60多岁了也会灵活使用手机，用影像、照片记录这次庙会。"葭沚当地居民褚先生感叹道。

在历史长河中，"送大暑船"这一习俗满足了人们"送暑平安、祈求幸福"的文化心理需求。"大暑船"也成了台州湾渔民所特有的文化符号。在将来的建设中，我相信"送大暑船"这一习俗会一直延续下去，当地的非物质文化遗产也会得到更好的传承。

灶上梁间的悲欢离合：湖南沅陵瓦乡人的哭嫁习俗

石　甜（上海交通大学人文学院）

　　婚嫁是女性生命历程中最为重大的时刻之一。2012 年 2 月，我在湖南省沅陵县瓦乡人的村落进行田野调查，了解当地婚丧嫁娶习俗，也有机会参与观察了当地村子的婚嫁仪式。

　　瓦乡人主要在湖南的沅陵、溆浦、辰溪、古丈等地生活，大多聚族而居，高高低低的木质楼房在山腰排开，却又掩藏在苍翠的树林背后。我跟着当地人翻山越岭，到达半山腰的一个自然村。喜庆的气氛在村里洋溢着，小孩子们跑来跑去，从忙碌的成年人身边穿过。

　　按照当地习俗，婚嫁需要至少提前三天开始准备，选定的日期不能是属龙（当地历法）的日子。新娘的叔叔、伯伯等男性在房屋外忙开了，砍下竹竿搭了一个临时的竹棚让远道而来的客人有地方可坐，借来的桌椅也陆续摆放整齐。新娘的父母拜托一位长者担任执事人，他负责喊礼、指挥新娘家人祭祖作揖。

　　在当地，以前有哭嫁的风俗，并且是挨家挨户上门去哭着道别，新娘在全村"哭"完一圈，叫作"哭全村"。在出嫁前两天，准新娘穿上老衣（民族服装），用手帕捂着脸连续哭两天两夜，还要到其他村民家吃饭，村民们纷纷给准新娘塞钱，有同龄女孩也陪着准新娘一起哭。她们在哭的时候，旁人要拉着劝说："不要搞忘（我们）了，把田给你一丘，把猪给你一头。"准新娘还要身披红色绸带，去舅舅和外公家所在的村子，逢人便哭诉说我要出嫁了，以后就再也不能见到你们了。见到人就哭诉，我是女子，才要嫁出去，舍不得你们，不知道什么时候才能再见面。前来劝说的妇女也跟着掉眼泪。舅舅给新娘塞钱，让新娘不要哭。

　　从舅舅家出来，准新娘身后跟着舅舅、外公等内亲，然后回到自己家的村子，这个过程叫"赞花/上花"。在回到村子之后，准新娘依然挨家挨户地哭。妇女们不住地跟着哭，劝说着，还给准新娘手里塞钱。

　　中午时分，执事人带着新娘的弟弟到村子里的土地庙祭拜。再回到堂屋，由执事人站在神祖牌位前喊礼，新娘的弟弟叩拜苍天大地与祖先。然后，新娘在两位伴娘的陪同下也要祭拜天、地、祖先。拜祖宗、拜天地，即将告别这个生活了二十年的家。

　　出嫁前一夜，新娘坐在房间里撕心裂肺地哭，姐姐给她梳头，将头发盘起来，代表以后就不再是未婚女孩了。坐在一旁的妈妈,几近哭晕。村民的妇女聚在堂屋,围着炭火,唱起姊妹歌。内容大意是,我们姊妹从此分别,以后是很难再见上一回;我们姊妹从此分离,什么时候能再见上一面。新娘的弟弟端着一个盛有茶水的盘子,走到正在唱歌的妇女面前,她们一边从盘子里端茶,一边继续唱。执事者拿着筛子筛米,表示团圆。另外还要拿一个木匣,称玉匣,里面装了书帖,内容是请诸亲六眷保佑平安。

当天晚上,新郎及家人来接新娘了。进村时,要先"传月老",也在路口被"请桌",即给了聘礼才允许通过。新娘的舅舅坐客席,念道"月老大人,茅公走成大道,生米煮成熟饭,两相圆满,月老大人有功劳了"。新郎来接新娘的时候,拿了一把伞,那是月老的令箭,由新娘的舅舅打开,即"得箭行令"了。

出嫁的时刻还是来了。新娘的弟弟拿着香祭拜了神祖牌位。新娘从隔壁房间走出来,身披两条红绸带,头上盖着黑色的纱巾,站到八仙桌上,给神龛里的祖宗牌位敬上最后一炷香。执事人递给新娘两把筷子,新娘两手分别抓住一把筷子,一把扔前面,一把高举过肩膀扔在背后,然后从八仙桌上跳下来。新娘的婶婶将一把红伞撑开、关上,连续三次。其间,执事人一只手捧着一个铁的撮箕,里面装了五谷;另外一只手将五谷抓起来,每次在伞撑开的时候撒到伞上。

出门时,接新娘的人,点燃两把扎好的木材,一边退着走出堂屋正门,新娘就跟在这两束火把之后,火把一直燃烧到寨门口。新娘由她的弟弟背着出门。女儿出嫁的时候,由哥哥、弟弟或叔叔伯伯背出门,脚不能沾地。前来接亲的队伍中有两个小姑娘,负责提着两盏油灯,走在队伍最前面。从山上步行到山下,不能从别人的院子里走过。只能在田坎上过,走到新郎所在的村子。新娘的母亲送到村寨门口就不能再送了,她远远地看着女儿消失在路的尽头,号啕大哭。

我跟着送亲的队伍,走在崎岖不平的山路上。以前不通公路的时候,从一个乡嫁到另外一个乡,就是这样点着火把出门。突然间觉得,那些妇女唱得那样凄惨,出嫁后,可能真的就再也没有见面的机会了。灶上梁间的悲欢离合,都得由自己去尝。

景颇族的过草桥习俗

杨直布（云南民族大学文学与传媒学院）

假期有幸当了一回伴娘，是一次很有收获的经历。以往参加婚礼时并没有过多地去关注婚礼中的细节，此次对我来说是一次很好参与观察景颇族传统婚礼仪式的机会。婚礼日子是请寨子的老人帮忙看的，确定好日期后，双方就开始准备婚礼事宜。

婚礼头天先在女方家摆酒席，新郎、伴郎在女方家与新娘、伴娘迎接客人。当天男方家开始请寨子里的人来帮忙准备第二天的婚礼。男人们负责在院子里建竹棚，搭草桥，而妇女们则准备第二天要吃的食材。傍晚在新娘家招待完客人后，新郎、伴郎就回家了。

第二天天未亮新郎就开着车来接新娘以及送亲队伍。这些年随着人们生活水平的提高，婚礼操办得也越来越好。婚礼过程中会有轿车负责新娘的交通，在县城，婚宴往往都是在当地的大酒店或饭庄里举行，此外还会请专业的摄影师负责整个婚礼的拍照和录像。这次接亲总共来了六辆车，坐车不到半小时就到了新郎家的寨子，新娘以及送亲队伍先被安排在了亲戚家里。之后大娘、小姑就帮我们梳妆打扮。不同于以前，现今婚礼上景颇姑娘的着装打扮是传统与现代的融合：上身穿传统银袍，下身着红色筒裙，头戴西洋式的婚纱，脚穿高跟鞋，颈项上戴着闪亮的银项圈和玛瑙项链。

中午时分，主持人就来请人，新娘和送亲队伍排成两列慢慢走向新郎家，走到大门，门口站着新郎和迎宾队伍。迎宾队伍是村里妇女们组成的，门口两边各站六人，她们穿着盛装，每人手持一个话筒，随着伴奏高歌，让来客充分感受到她们的热情。

进入大门后一眼就能看到用五颜六色的气球装扮好的竹棚，竹棚的右上方是搭好的草桥。草桥即挖一个坑栽上两排绿草，两排草中间搭一块长1～2米，宽15～20厘米的木板，草丛旁放置着祭祀鬼灵的四棵木桩。第一棵和第二棵各拴一头母猪，分别祭祀祖先鬼和婚礼鬼；第三棵拴两只小鸡，祭家外诸野鬼；第四棵没有拴祭品。婆婆把送亲队伍背着的陪嫁物一一接过并整齐地摆放在竹棚内。新娘的陪嫁物中，除现代化的生活用品如电饭锅、洗衣机、梳妆台、被子外，还有一些传统婚礼必备的陪嫁品，分别是新娘身上穿戴的传统盛装、首饰，一把银壳长刀，一个缀满了银饰的筒帕。新郎新娘和伴娘伴郎在指定位置坐下,婚礼仪式就正式开始了。首先主持人先让新娘把长刀、筒帕交给新郎,然后双方互戴戒指,喝交杯酒,最后向亲朋好友敬酒,整个过程伴娘和伴郎只需在一旁坐着就行。与此同时,草桥那边已坐着两位祭祀师董萨开始杀牲祭祀了。相对于农村,县城举办的婚礼中过草桥仪式只是象征性的存在,它不像农村还遵从传统仪式中杀牲祭祀的烦琐过程,而且草桥也比农村的简易很多,仅仅是在院场中央放几个空心砖,把草插在两边,中间再象征性地摆放木板,然后从中走过,就完成了整个过草桥的仪式。但是无论形式如何,都直接体现了过草桥是景颇族传统婚礼中必不可少的重要仪式。

新郎新娘向亲朋好友敬完酒后正式进入过草桥的仪式阶段。有次村里人结婚时看到新娘没有从草桥走而是从草桥旁边被婆婆牵着走向房子,当时疑惑为什么会这样,问了老人后才了解到原来未婚先孕是不能过草桥的。过草桥之前,董萨先在新郎新娘的头上拿只母鸡边念仪式词边绕圈,顺时针绕两圈后就把母鸡朝房门方向放飞。母鸡一直飞到了房门口,这时众人就欢呼起来,在吵闹中我听见有人在说:“好啦,真好,真是个好兆头。”母鸡象征着婚姻和谐、子孙繁衍昌盛。董萨拿母鸡在新郎新娘头上绕圈是祈求夫妻能够子孙满堂,幸福美满。接着新郎的母亲背上装有陪嫁物的礼篮牵着新娘向草桥走去而我紧跟其后,众人簇拥在草桥的两边,有人在喊:“先踩右脚! 先踩右脚上去! 不能上左脚。”“右”在景颇族景颇语中叫“恰”(hkra),有“顺达、吉祥”的意思。新郎和新娘小心翼翼地走过草桥后,人群中爆发出热烈的掌声、喝彩声。过了草桥,就标志着新郎、新娘真正成为一家人了。当地景颇族都认为不过草桥就不算正式的结婚。

过了草桥后,还要走木梯才能进房。木梯子是新做的,本来旁边就有楼梯但是婚礼当天新郎新娘必须从新做的木梯进房。木梯实际也是一种过渡、联结的象征。当新娘走过木梯来到房门时,在此等候多时的公公就将事先准备好的祖传的玛瑙项链给新娘戴上,并对新娘说一些祝福的话,以此表示已经接纳新娘为家中的一员了。进房后,新娘受到寨子里长辈们的欢迎,在客厅举行庄严、隆重的迎新娘仪式,对新娘致以深深的祝福。欢迎仪式结束后,长辈们在客厅享受甘甜的自制水酒以及美味的绿叶包饭,而新郎新娘则进入婚房。在婚房休息二十多分钟后,新人和伴娘伴郎就到大门门口迎宾,给到来的客人倒水酒和发喜糖,之后就一直站着迎客到下午吃饭时间。客人吃饭时我们还要一桌一桌地敬酒,亲朋好友们喝了酒后说些祝福话,再给一二十块的红包。

关于过草桥的由来人们普遍接受的说法是,以前创世始祖宁贯瓦与龙女结婚,龙女身上有腥味,为除去其身上的腥味就搭了草桥,龙女一过草桥,身上就不再有腥味,浑身还充满了香气。现在景颇族妇女盛装上点缀的数十个大银泡,就是表示龙女身上的鳞片。景颇族人认为只有从草桥走过才能祛除新娘身上不干净的东西,她的魂才能进入新郎家并成为其中一员。"草"这个元素贯穿整个仪式过程,这里的"草"是现实的草,但同时又象征着新郎新娘身份的转变,通过"草"的洗礼,把过往种种不好的事全部祛除,把身上的晦气全部洗净,以新的身份展开新的篇章。此外,"桥"是过渡的象征,是男女、夫妻连通的一种"关系",是男女"相合"的喻象。过了"桥"后就意味着,永落夫家,生活像过桥一样顺当、如意。"桥"俗文化在民间婚礼中是普遍存在的,它有着祛病驱邪、祈福禳灾、求子等美好的寓意。

黎族家庭婚俗调查小记

罗   岚（云南大学文学院）

伴随着飞机隆隆的轰鸣声,我们福关调查小组踏上了征程。一早上的紧赶慢赶,终于顺利登机,来自文学院的我和佩雯,以及三位来自民族学的搭档,带着张跃教授的期望开始了我们的调查之路。

福关村是张教授 15 年前的调查地。2003 年,云南大学的张跃教授、中山大学的一位老师以及其他四位研究者,到海南省五指山市冲山镇福关村进行少数民族村落的调查研究,历时一个多月,并出版了《黎族》一书。十多年过去了,我国的经济飞速发展,少数民族村落是否会有出人意料的发展呢?

黎族家的姑娘一般都是嫁出去的,不存在招赘的情况。嫁闺女、娶媳妇都是喜事,这两件事在汉族地区一样都是热闹事。但是在黎族,嫁闺女就比娶媳妇简单得多了。男女双方父母选好日子后,女方家里不会大宴宾客,只是通知自己的族人(福关村村民聚族而居,共有五大家族),而且在外面打工的亲戚是必须要回家的。出嫁的前一天,家里同往常一样,只是多了几个远亲。正式开始准备是在出嫁的当天,大约凌晨 4 点,家里人就要起床,男人负责杀猪,新娘则需要化妆打扮。天慢慢亮起来的时候,家族的亲戚也都陆陆续续地过来,大多数是女人,有上了年纪的,也有年轻的伴娘。然后开始吃早饭,等着接亲的人到来。

接亲的队伍一般来得比较早,队伍中必不可少的人物是新郎、伴郎、新郎的舅妈或者姑妈,还要有一个担着酒的人跟在后面,以及几个抢亲团。值得一提的是担酒人,一根扁担前后各挂着一个酒坛,酒坛上插着一根针,女方的亲戚看见酒来了,就要赶紧去找线,然后穿针引线。穿线的人必须要指定吗?黄明妈妈解释说,一般是由女方的妈妈来穿线,妈妈没有时间的话就得由婶婶来穿,其他人是不可以的,带来的针穿完线之后还要放回挑来的酒坛上,寓意娶新媳妇回家。男方带来的一壶白酒不带带回家,而是留在女方家里,女方拿糯米酒作为交换。担酒的人则是男方的亲戚。

穿针引线之后,新娘必须带几个人和男方的家人(舅妈或是姑妈,再加一个结过婚的女人)在桌子上"敬酒敬肉",这是当地的习俗。新娘在楼上和男方家人坐在一起的时候,身上要披一件黑色的衣服。以前,整套衣服都是黑色的,近年来,因为新娘结婚一般要穿婚纱,所以就披一件黑衣,新娘身边左右各有两位妇女坐着相伴，这些妇女必须来自和谐美满的家庭，而不能是单亲家庭。对面坐着的是男方的舅母和一个结过婚的姊姊之类的妇女，双方都要敬酒和夹肉（鱼肉和猪肉），寓意和谐美满。之后下楼，女方亲戚中有两人守在门口，各拿一杯酒，路过的人都要喝酒才能出门，一般是男方每人喝两杯才能出去，寓意好事成双。出门后伴娘为新娘撑一把红色的伞，伴郎为新郎撑一把黑色的伞，共同走到婚车停靠的地方，然后放鞭炮，婚车走后，女方的一些亲戚也全部乘上一辆大巴车前去送亲，在婚礼结束后再回来。

相比起嫁女儿的简单，黎族家庭娶媳妇可谓是热闹异常。婚礼前一天，全村的人都去会帮忙，男人们杀猪、宰鸡做肉菜；女人们则沽酒、择菜，做一些如剥蒜这样的琐事；分工非常明确。

婚礼当天，新郎和伴郎以及抢亲团一起去接亲，当然，新郎的舅妈或者姑妈也会去。在女方那边的仪式要根据女方所在村子的风俗而定。男方这边，全村的人都在热火朝天地帮忙，一帮女人围在一起沽酒，主要是糯米酒和米酒；而煮菜的地方则是一群男人在忙活，还有人忙着在每家每户安排桌子。接新娘过来的时候，新郎新娘要撑着红色的雨伞站在路口，家族里的长者（黎族的老人，是家族里德高望重的人）将一把干稻草放在地上，口中念念有词（用黎语）。手里还拿着一把尖刀，同黎族娘母作法事的刀很像，念过以后就开始点火。火堆点燃以后，这对新人需要从火堆上跨过去，新人走到家门口时就开始放鞭炮。汉族地区有专门的司仪主持婚礼，而黎族的婚礼仪式到这里就算全部结束了，宾客由人领着去摆桌的地方吃饭，婚宴上有鸡、鱼、虾、猪等美味佳肴，最不缺的就是酒，新郎这一方的已婚妇女们会一桌一桌地来敬酒，新郎新娘也要一桌一桌地敬酒，宾主尽欢。

一个城边村的婚育观念变迁历程

崔丛聪（山东大学儒学高等研究院）

接触民俗学两年有余，最喜行走在田野的时光，每一场仪式中的感受、每一次访谈时的惊喜、每一个按下快门的瞬间都悄悄溜进记忆的最深处，每每回忆起来都是那么鲜活、生动。河北广宗的梅花拳、江苏赣榆的渔文化、湖南长沙的乐和社区、山东菏泽的农民画……走过了很多地方，看过了很多风景，聆听了很多故事之后，我决定在家门口开展一次婚育观念变迁的田野调查，田野点选在了济南南部的一个城边村，近几年城镇化进程的加速促使村民的生活方式和思想观念发生巨大变化，尤其是婚育观念的变化。

本次调查借鉴了社会学的方法，随机抽取了 200 对已婚夫妇作为样本，对其年龄、籍贯、婚龄、学历、职业等信息进行搜集整理，同时访谈了不同年龄阶段的村民，回忆了新中国成立前夕至今不同时代的婚育习俗，生动地展现出一幅婚育观念变迁的社会图景。

新中国成立前夕，封建传统婚育观念的影响根深蒂固，村民结婚依然遵照"父母之命、媒妁之言"，婚姻自主权少得可怜，直至结婚当日才知道自己未来的伴侣究竟什么样。通过访谈一位 85 岁的老人，听她讲述自己结婚的流程，大致能够还原出那个时代结婚的场景。她 1949 年 3 月结婚时 18 岁，经济水平决定了聘礼和嫁妆的单薄，男方给了二十五尺蓝布、两个碗、一件菜青色的绸子夹袄，娘家陪嫁了两件衣裳，结婚的轿子和嫁衣都是租来的，娘家兄弟提着手盒和压轿水饺去送亲，娘家侄子和侄女压轿。进门跨过放着鞍子的火盆，在天井里拜天地之后便进入洞房开始坐帐。结婚当天有乐队演奏，敲锣打鼓十分热闹，新郎一家进进出出招待宾客，街坊邻居前来帮忙。第二天回门，娘家人牵着马或者骡子带着抬头面到婆家，婆家煮抬头面招待娘家人，中午设宴款待，但是新娘却不吃抬头面，直至中午回娘家吃饭，这是齐鲁旧时婚俗，新娘婚后三日内不食夫家之饭，女家送面条以示慰问，称为"抬头面"。婚后还要上喜坟，时间是新婚后四五天，由男方的嫂子或者婶子带着新人去，在坟头上压上红色的坟头纸，摆上供品，至此，婚姻正式达成。该老人一生养育了六个子女，问及为何生育如此多的孩子，老人简单回了一句"有了孩子就生"。"多子多福""养儿防老"等观念，加之受教育水平低，妇女地位低下，导致了她对婚姻和生育的相应认知。

新中国成立以后颁布了我国第一部《婚姻法》，婚姻自由且受法律保护，媒人牵线后，男女双方在男方家或者媒人家见面，同意之后方可订婚、交换生辰八字，到民政局登记后择期结婚。这一时期婚礼从简，接新娘不再用花轿，坐帐习俗消失，聘礼和嫁妆依然是简单的日用品，回门和上喜坟跟新中国成立前相差无几。生育观念几乎没有变化，一般村民生育子女数量依然在三个以上，养育方式简单。

"文革"时期，"破四旧，立四新"，婚后不再上喜坟。而且 20 世纪 70 年代后期，我国采取计划生育政策，各地都制定晚婚年龄，据村民回忆，当时地方上规定的婚龄为男 25 岁，女 23 岁。村民普遍结婚较晚，生育数量大大减少。

改革开放以来，自由恋爱开始萌芽，年轻的村民在共同劳动中相互认识和了解，彼此产生好感，甚至通过情书表达爱慕之情。但是大部分村民依然需要媒人介绍，即使是自己谈恋爱，也需要媒人象征性地出现。婚姻中开始重视情感因素，这是改革开放以来的一大进步。"文革"结束后，婚礼中的各项仪式开始复苏，娱乐成为主旋律。

20 世纪末至今，村民的婚育观念发生巨大改变，物质生活水平提高以后，人们开始追求情感体验和自我价值的实现，大学生的比例逐年增多，之前较为稳定的通婚圈被打破，择偶不再受距离的限制，婚姻的媒介从媒人发展到婚介所甚至是互联网，婚姻的缔结更多的是出于情感的考虑。聘礼和嫁妆的数量跟质量也节节攀升。婚礼逐渐分化出了三种形态，暂且分为传统型、过渡型和现代型。传统型婚礼保留原始的婚礼流程，全程在村内进行，规模盛大；过渡型婚礼保留了原始婚俗中的大部分内容，但是把宴席设在酒店；而现代型婚礼，全部流程交给婚庆公司操作，只是在自家门口贴上对联和喜字，更有甚者直接选择旅行结婚。在生育上，村民更加注重孩子生活的质量，子女的教育支出在家庭支出中的比例逐年增加。

历时来看，60 余年村民的婚育观念变迁呈现出婚姻媒介多样化、择偶标准个人化、通婚圈扩大化、婚礼形式层次化、生育观念科学化等态势，体现了村民思想的进步与开放。同时，从共时的角度审视，不同时代村民自身的受教育水平和职业分化一定程度上也导致了村民婚育观念的差异。

粗略的普查未能深入村民内心去了解其个人想法，婚俗、育俗的细节还需要进一步的补充调查，我对这个问题充满好奇和期待，未来将会持续关注。

在异乡与故乡之间：珠三角地区打工者诞育礼俗调查

王玉冰（中山大学中文系）

如果一个生活在佛山的朋友，吃饭时不点香菇滑鸡，那不见得他们就是不喜欢香菇滑鸡，而是怕吃了容易上火。因为在当地人的认知里，从地里冒出的蘑菇，湿气重。而鸡在地上走，鸭在水里游，所以鸡肉暖、鸭肉寒。

如果有位关注诞育礼俗的朋友，说遇到好些产妇，在坐月子期间，既不吃蔬菜，也不吃水果，那也不是调查者胡编乱造，而是生活在乡村的女性长辈说这些食物对属寒的产妇不好。第一次独自做田野调查，我选择了以珠三角地区打工者的诞育礼俗作为调查主题。自 20 世纪 80 年代，珠三角地区逐渐成为外来打工者的聚居地，好些外地人选择在此生养小孩，甚至于其孙子或孙女也在此出生并成长。部分地脱离了原乡的打工者群体，是如何在异乡传承其习俗的呢？

寒气的产妇与热气的婴儿

某日傍晚，在登记过老乡们的满月酒礼金之后，主家热情地招呼大家去酒楼吃饭。虽然十大碗珍馐佳肴与家乡的菜谱有些差异，但是酒席上照例备有一碗姜酒。因为在他们的家乡广西藤县，有这样一种习俗：生男孩，酒里放姜丝；生女孩，酒里放姜片。饥肠辘辘的老乡们，赶紧以筷子蘸一点姜酒，然后开始大快朵颐。但是，与产妇同桌的我，却看到她只夹了点姜丝，长叹一声，桌上的每一样食物，对她来说都太湿热了。作为一位年轻的产妇，接连一个月的进补，使她感觉有点儿不适了。

尽管远离了家乡，但是西樵镇百东村的老乡仍然会利用长于乡间的草药，来预防产妇和婴孩患上"寒气"或"热气"的疾病。这些在年轻人看起来显得相当奇怪的知识，却展示了老一辈人对传统知识的尊重。在婴儿快生出的时候，婆家就会叫人在家乡准备好大量的草药，如柏枝、桂叶、香茅、柚子叶、茶籽、鸡屎藤、覆盆子根、落地杨梅、黑墨草、五色梅等。然而生长在异乡的年轻人，平日里很少接触到这些草药，对于各种植物的作用也将信将疑。

坐月子期间，产妇每天都洗姜水澡，即在洗澡水中加入姜片烧至沸腾，然后让姜水降到合适的温度。人们相信，刚经过分娩的产妇，身体里充满了寒气，而姜水最适宜于产妇。在饮食上，产妇也要注意驱寒。放了姜片熬煮的清淡鸡汤，或是精心准备的猪脚姜，是产妇每天进补的主菜。此外，在女性长辈的眼中，莜麦菜、苦菜、番薯叶、芥菜等蔬菜,以及梨子、橘子、牛奶枣等水果,均被认为会加重产妇身上的寒气,因而也不可食。

与属寒的产妇不同,人们认为新生儿容易热气。因而每天为新生儿洗"凉水"澡,即拿鸡骨草、黑墨草、香茅熬煮的洗澡水。人们还要时刻注意预防"热气"带来的疾病。采取母乳喂养的,产妇在坐月子期间要多吃鸡肉,但是煲鸡肉之前要把鸡皮剥掉,因为鸡皮是热气的。奶粉也被视为热气的,只吃奶粉的婴儿更容易受热气的干扰,因此会常备小儿七星茶等,以驱散婴孩身体里的热气。

既衔接故乡,也适应异乡

如果你走近百东村,就会发现一条条公路将村子分隔成几个更小的片区。临街两边的房子,一般出租给外来打工者居住,而本地村民几乎都住在老村里。但是,发生在百东老乡之间的诞育礼俗,却部分地消弭了个人、家庭、社区之间的区隔。

因为养育孩子,家庭成员之间有了更密切的联系。有些年轻的父母,将孩子留给爷爷奶奶照顾,以便到珠三角其他地方工作。即使是祖孙三代同住的家庭,照顾孙儿孙女的责任,也大多由爷爷奶奶承担。一位爷爷承认,自从有了孙儿,他的生活更充实了,不再在空闲时间打牌,而是每天照顾孙儿,关心家庭生活。

从社会交往方面看,在异地举办满月酒或参与满月酒,使得原本来自不同乡镇、没有血缘关系的老乡聚合在一起,增加了他们对老乡身份的认同。尤其是婴儿需要认契的家庭,会询问百东村的老乡,是否愿意做孩子的契爷或契娘,或者是请老乡为之介绍合适的人选。一旦双方觉得合适,就可以确认干亲关系。有婴孩的老乡也往往更喜欢带着婴孩串门,一些妇女也会一起交流各自家乡有关养育婴孩的习俗,并且乐意将养护婴孩的知识分享给其他女性。因为养育孩子,不同地域人群之间的交往也常常发生。对于外来人在出租屋里坐月子,当地人也并不觉得晦气,而是多了一份包容之心。

流动人口的特点在于其异变性与异质性,选择以某群老乡为调查对象,在一定程度上可减弱其诞育礼俗的差异性。但是"十里不同风,百里不同俗",百东村的老乡往往来自不同的乡镇或不同的村落,他们根据各自的地方习俗与各个家庭长辈所传授的惯例,传承着各自的民俗知识。此外,老乡的人员构成也一直处于变动中,上次去调查所见到的受访者,下次有可能就到其他地方,或者回老家了。然而,通过对打工者群体诞育礼俗的考察和老乡之间交往礼仪的关注,可知百东老乡在珠三角这个异乡,运用自己的智慧,建构起既衔接故乡也适应异乡的交往礼俗。老乡们在故乡与异乡之间,努力追求各自的美好生活。

云南盘溪育儿称谓"狗"之习俗

韦观保（云南民族大学文学与传媒学院）

　　育儿是为人父母最为重要的任务和使命。特别在婴幼儿时期，民间的育儿民俗事象是较为显著的。比如母亲哼唱的"摇篮曲"，成为人类育儿之普遍文化现象。

　　身为云南大山的子女，我深深体会到了这块土地赋予我的成长趣味。其中，把"狗"作为孩子乳名、小名的风俗习惯至今还在云南的民间广为流传。

　　在云南省玉溪市华宁县盘溪镇，这方圆几里的小镇，母亲一般喜欢叫自己的子女为"小狗""臭狗"或"老狗"等等。同北方曾经广为流传的"狗子""狗蛋"一般，都鲜明地表现了中国母亲在育儿过程中所占据的重要角色。当然，在传统社会中一般只有对儿子才会有"狗"的习俗称谓。

　　盘溪旧称"婆兮"（彝语地名词汇，隔壁华溪镇旧称"花兮"），本地人有时也戏称为"簸箕"，这显然是根据当地簸箕状的坝子地形特征得名的。云南多为封闭坝子，多为河谷山区，外出只得翻山越岭，或亦沿河顺岸。回顾云南的历史文化，"狗从天神处盗得稻谷种子"的民族神话母题以各种异文神话文本流传在各民族的日常口头文学之中；重大民族节日一般都得让家狗先吃上第一口新鲜饭，尔后主人才能舀饭，以示感恩。显然，在云南几千年的文化发展中，狗崇拜一直以各种民俗事象存活于民众的内部生活，并且观念是根深蒂固的。也许现代文明认为母亲唤子为"狗"是令人忍俊不禁的习俗，但通晓云南民族文化之后，这便不足为奇了。

　　结合母狗育儿的生物学特征，可以发现，母狗在孕育雏狗的过程中是极为小心的。比如，孕期的母狗会变得焦躁不安，产子之后的母狗会因小狗受到侵犯而变得狂躁凶狠。再如，面对一群小狗争相哺乳的场景，此时的母狗又变得和蔼可亲。母狗一幅幅为母则刚的"隐忍"图景，不知道被我们的先人观察过多少次，铭记过多少次，传承过多少次。

　　但是，自然界中孕育后代最为细致、小心的动物不应该只有狗儿。不禁要问，狗儿为什么在育儿方面值得人类借鉴，而且还把狗儿的名称直接"嫁接"到孩童乳名之上呢？今天，我们常说狗是人类的好朋友。在人类漫长的生产、生活史中，狗儿的确扮演了关键的角色，从野兽驯化后所变成的最为亲密无间的宠物。狗儿对主人的忠心是至为真诚的，它们那些高尚的品质（例如育儿的那份母德）被人类学习和借鉴应该说是顺理成章的。至于人类对幼子冠以"犬子"，当启发于母狗对雏狗的悉心照料——"小狗"得以存活下来了。

　　"贱名好养活"是传统民间社会的一大取名原则。"贱"在这里非低贱、下贱之义，而是俗、接地气。听盘溪当地的老奶奶讲，对孩子的这一叫法确实是为了好养活——"能让娃娃乖一点，不淘气"。传统观念中，男孩的成长是极为闹腾的，也容易招致祸端。再进一步说，男孩的夭折对于"重男轻女"的社会而言无疑是打击性的。"听话"和"乖"又恰好是经母狗细心照顾后小狗的基本特征，把"小狗"符号化后作为男孩的"护身符"小名也就自然而然了。"贱名好养活"的背后，实质上是民间祖祖辈辈育儿经验的长期积累。况且，这个积累的过程是艰辛的、曲折的，它蕴含着母亲育儿之不易。

　　在此次调查中，正好遇到一位30岁左右的年轻母亲给家中幼子打电话。"小狗，妈妈马上下班就回来了，等着噶！"一句简单的"小狗"，却又语重心长，道出母爱韵味。回想自己小时候，母亲也用这一习俗孕育了我。

　　记得从小在母亲怀抱之中嬉戏，母亲总亲切地叫我"小狗，小狗"，后来随着我年纪的增长，又叫我"臭狗"或"老狗"。我起初对"狗"这一貌似绰号性的称谓是极为反感的，每当听到母亲这样唤我小名，便想与之争论一个高低或输赢。现在成年后的我，一思来便会觉得欣慰至极。现在回家，母亲也时不时地唤我为"老狗"。这时的我已退却了早年的那种"不耐烦"，因为——习惯了。在云南，在盘溪，一般母亲在介绍自家儿子时的惯用语是："这是我家小狗（臭狗、老狗）。"而且，这一"惯用语"是带着自豪的语气说出来的。

　　这一调查以学者的角度审视家乡的习俗，发现过程是浪漫的情怀寄寓于理性之调查中的。"小狗"身后的人文温度，是母亲育儿过程痛并快乐的理性。我想，这样的"隐忍"应是母亲这一角色的伟大之处吧。

　　田野调查的一个重要意义，我认为是挖掘一些可能被湮没在历史长河中的民俗事象。尤其把那些难以触及的民众之声，通过学人的视角展现出来。身为大山子民，同时也作为一名研究者，我此次的调查不但是为了描述家乡的育儿称谓"狗"之习俗，更重要的还是想呈现一种以往作为旁观者难以触及的田野细节。对于民俗学学者来说，田野调查应该是有温度的。它让我们以一种更加温暖的情怀去审视我们生活于其间的那些民俗事象。

一个村庄的生育故事

胡佩佩（辽宁大学文学院）

　　看过一些风景，聆听一些故事，踏过一段旅程，体悟一段人生。时光飞逝，转眼间踏入民俗学已经两年了，我们在田野中时而开怀大笑，时而悲愤忧伤，时而震撼惊喜，时而失落沮丧，我们聆听着他们的故事，感悟着他们的生活，最后，我们在这样的经历中成长。民俗学给我最深刻的感悟便是它是一门有温度的学科，充满着人文关怀，带着这样的感悟和体会我在 2021 年 5 月 2 日走进了我的家乡河南省周口市黄庄村，做了一场关于当地村民生育习俗的田野调查，探索老一辈人关于生育的集体记忆以及发生在他们个人身上的故事。

　　那天下午，天很蓝，温度很适宜，路边野草杂丛，夹杂点红红黄黄的小野花，一片生机勃勃。大家伙儿都出来了，男人们在激愤昂扬地打牌，女人们在喋喋不休地唠家常，中间还夹杂着小孩子们的玩耍嬉闹声，整个村庄一片热闹祥和的景象。我和我朋友走街串巷，逢人就喊爷或奶或大娘……我们来到了女人们扎堆儿唠嗑的地方，当然这是出于我的私心，毕竟女人们有共同的话题，聊起来总会有意想不到的惊喜。很显然，访谈进行得很顺利，根据她们的口述我窥得了她们贫穷困顿却又挣扎向上的一面。

　　本次采访的对象主要是 70 岁以上的老人，她们的子女大多出生在 20 世纪六七十年代。据调查，她们的婚姻之事多是"父母之命，媒妁之言"，几乎没有自由恋爱的机会和情况发生，婚后兄弟几个同父母居住在一起的情况是很正常的。怀孕是很自然的事，除了生理原因导致的不能生育外，没有家庭会主动选择不育。当时，中国正处于土改后的集体化时期，按人口的分配制度有利于子女多的家庭，再加上避孕措施的缺乏，老一代村民生育的孩子数量很多，家庭情况复杂，生活也很贫穷。

　　让我印象深刻的是一位 73 岁的王奶奶，她给我讲述了她那个时候的生活。"我们家有六个孩子，我是家里的老四，我那个时候啊，净过那些苦日子，连吃的饭都没有，啥也不讲究了。俺 18 岁那年嫁过来的，一大家五六口人住了三间破瓦房，墙都是土坯，真是穷的不行，俺有五个孩子，三儿两闺女，怀孕的时候不仅没啥吃，还得干活，养不起闲人。"从她的话语中可见，当时的生活比较艰苦，另一方面也说明了对于老一代人来说生育是一个自然的过程，早婚、多生的现象在这一时期仍很普遍，一家有五六个孩子，甚至八九个孩子，在当地都不是什么稀奇的事情。

　　我又问她过去家里都吃什么啊，她打趣道："以前天天米汤，看着都想哭，哭着哭着还得两碗喝，不喝吃啥。以前都是清早蒸点干红薯片儿，饿了嚼几片儿，真是红薯干，红薯馍，离了红薯不能活。"我说："家里那么难，咋还生那么多孩子啊，不是更穷了吗？"她说："人多势大，别人不敢欺负，人多了干活的也多，一家八九个孩子不都想要儿嘛，你看谁家没儿，整个庄子能找着没闺女的，都找不着没儿的！没儿人家背后都说你。"我不禁感叹，老一辈人受传统"闺女是别人家的""重男轻女""养儿防老""传宗接代"思想观念的影响，对男孩尤其重视。或许她们并不想生那么多孩子，或许她们也喜欢女孩，但来自家庭内部的权威以及外部对妇女的压力，若"生不出男孩"她们会被婆婆甩脸色，会被外人"戳脊梁骨"。她们无可奈何，只能顺从，这是她们的生存策略。

接下来，我又问了她们关于生孩子的过程，以及在哪生的。"俺们那个时候生产，没有搁医院，都是在家里生的，算着日子，差不多九个月，要是觉得肚子疼了，疼得顶不住了，出血了，就是快生了，那时候，俺婆婆赶快去叫接生婆，俺住在西屋（小辈住下首），俺婆婆住在东屋（长辈住上首），就在俺睡那屋生的，也没在床上，床边搁三块砖，头上面铺点麦秸秆坐在那里生的，省的把床弄脏了。"86岁的夏奶奶说。整个过程有快有慢，接生婆在其中发挥了巨大作用。

当然，生产这一过程很危险。70多岁的胡奶奶说："俺生产的时候都在家里生。噫，一说这个想起来，净儿吓人，那个时候咱们庄小凤生自强的时候，这不是亲着的嘛，去看看伺候一下，谁知道生了后大出血，身子底下淌的都是血，堵都堵不住，麻利儿跑去找大夫，后来打的针才止住，可把我吓坏了，我说以后怹谁再生产别找我了！还有一回，那个时候爱莲生小帅的时候也是，污血没让出来，就缝住了，堵里面出不来了，噫，把她疼得嗷嗷叫，后来一看不对劲，拆开把污血排出来，才好！"

对于她们来说生产是一件很危险的事情，可以说是"鬼门关里走一遭"，短则几个小时，长则几天，而且受当时医疗技术所限，没有麻药，她们只能忍受疼痛；没有正规的消毒工具，她们可能会感染妇女疾病；如果遇到特殊情况，轻则大出血，重则失去生命。我感叹她们的不易，敬佩她们的勇气。

整个下午，我都在听她们述说她们的故事，从怀孕到生产再到坐月子，养育婴孩，她们有很多个身份：丈夫的妻子，婆婆的儿媳，孩子的母亲，生活的空间永远脱离不了家庭，好像生育就是她们与生俱来的责任，但所受的苛责却一点也没减少，她们同男人们一起下地干活挣工分，她们是那个年代最脆弱的人，也是最坚强的存在。

5月5日假期结束了，学生们要去上课了，大人们要回去工作了，我也要回学校了，村庄又恢复了寂静，一如来时的模样，好像什么都没有变，又好像一切都变了。

基层村干部在丧礼中的新身份

——基于冀东北 S 村五场丧礼的田野观察

冯文一（云南大学文学院）

2020 年 3 月,在家族二奶奶丧礼上,我被问及民俗学是学什么的,我随口答道:"办丧事也算是民俗学研究的东西。"没有想到一语言中,丧葬习俗成为我毕业论文的选题,而我的家乡也成为我的"田野点"。当我用调查者的眼光审视这座冀东北的小村落——S 村时,当地微妙的社会关系像一幅画卷一样展开在我的面前。

一、"新冠肺炎"中 S 村的五场丧礼

2020 年 2 月中旬,在家中隔离的我,隔着窗户观看了邻居张大奶奶的丧礼。此时正处于疫情暴发阶段,本须持续三日的丧礼,一日内就结束了。我二奶奶于 3 月底去世,又因为疫情稍有缓和,虽然主要流程未减,但三日的丧礼也缩减到两日。6 月份疫情较为稳定,村中红白喜事已恢复正常。G 大宝母亲的丧礼恢复至往常,即丧期三天、流程未减、允许亲朋好友到场且没有数量限制、厨师乐队和"劳忙人"等俱有。

2021 年初,新冠肺炎疫情再次蔓延到河北,引起政府重视。迁安市新冠肺炎疫情防控工作领导小组办公室发布《关于冬春季节特别是节期疫情防控严格实行红白喜事报备报告管理条例》:"报备从简。红白喜事规模一律从简,尽最大可能控制人数,缩减天数……需核酸检测证明……登记管控……"村书记积极执行上级政策,对红白喜事管控更加严格。而以前村中闲置的红白理事会,也开始介入丧葬仪式。

2021 年 1 月 17 日,大生妈去世。这是丧礼,受到村两委干部重视。由 L 担任"支宾",其媳妇担任"扯孝人"。因严格管控参与人数,后与我一起做疫情防控工作的妇女主任被叫去做"劳忙人"。两委干部全程监督,严格把控流程、人数、食材等。如吊唁人数管控在 50 人内,禁止冷链食品上桌,10 人乐队缩减为 2 人,尸体必须火化,等等。逝者于次日下葬。

2021 年 1 月 25 日,Z 因骨癌晚期病逝。丧礼管控依然严格。规格和参与人员的管控如上场丧礼,并且音响播放哀乐取代喇叭乐队,其余环节参照疫情前没有俭省。因家庭矛盾,这场葬礼拒绝死者母亲及兄弟姐妹前来,次日便下葬,丧礼显得

更为简单。

从上述五场丧礼可以看出,疫情下丧葬仪式受到政策的限制和约束,但是疫情稍微缓和,又延续疫情之前的丧葬习俗。可见,新冠肺炎疫情这个重大社会事件对丧葬民俗产生的影响是当时性而非长久性、延续性的。而在 2021 年初对 S 村丧葬民俗的调查中发现,村民们一改疫情时期的认知,不再觉得疫情距离自己遥远,积极落实上级疫情防控工作。即使内心仍不情愿简办丧礼,但是因为有政策规定,不遵守就有可能触犯《扰乱治安管理处罚法》,也会选择简办丧礼。

二、基层干部在疫情丧葬中的作用

表面来看,疫情对丧礼的影响是非延续性的,但是不可忽视基层村干部在上述丧礼中发挥的作用。基层干部既是国家基层民主政治制度的最终执行者,又是在日常生活中沟通政府与村民的桥梁。在疫情时期的丧礼中乃至殡葬改革实施过程中,基层村干部的身份和作用尤其明显。

田野中获知,基层村干部之前并不过问村里丧礼的相关事宜,也不会到丧家做"支宾",但是疫情期间,村干部及红白理事会每场丧礼必到场监督或参与主持。一方面是政策要求,另一方面村干部也想要借此机会参与甚至主持村中红白喜事活动。但疫情前,因为在熟人社会的背景下,村干部不好介入原有的丧葬秩序,正如S村副主任所言:"村里有红白理事会,但是村中有事都找那几个老人,没我们啥事,都是摆设,我们也不好出面伤了和气。这回疫情了,我们去他们也说不出来啥。"显然,疫情下的几场丧礼为他们提供了"争夺"主持丧葬话语权的契机。

村干部认为,只有成为"支宾"才能掌控丧礼的各个环节,并且不会遭到村民的非议。考虑到多种现实因素,故村委及红白理事会趁此疫情阶段,管理村中的丧葬事宜并试图改变某些"不合理"环节。在大生妈丧礼中,村干部提倡回馈吊唁者的白布用白毛巾替换,但是遭到主家的反对而没有进一步实施;谢丧宴因疫情取消,他又提倡借此疫情机会日后全部取消,经济节俭办丧礼,这一主张得到村内一些人的肯定。过往的丧礼更多的是一项内部民俗活动,家族内部成员及其亲友是主要的参与者。疫情下的丧礼则在一定程度上变为一场与外部密切相关的公共事务,这不仅表现在防范"新冠病毒"的传入,还表现在可能没有亲属关系的基层干部对丧礼的介入,甚至是对当地未来丧葬活动的规划。

农村地区是国家殡葬改革的薄弱环节,故落实殡葬改革政策的最后一环的基层村干部的作用不可忽视,他们如何理解、宣传和推行殡葬改革政策,直接影响了丧葬民俗这个相对来说较为稳固的民俗活动的变迁。但是村干部家也会面临丧葬的问题,所以村干部既是殡葬改革政策的监督者也是执行者,这样的双重身份,使得如何操办丧礼与他们的职务挂钩。据笔者调查发现,在前些年火化政策严格执行阶段,隔壁J村有人以村干部竞选者亲属尸体未火化为由头,进行了举报,最后使其丧失了竞争资格,同时使其亲属尸体重新火化。因有这样的先例,村书记曾在其母丧礼上表示:"我妈必须要火化,我一是党员二是书记,不能不遵守政策。"

基于上述案例,我们了解到,S村的村干部不想被村民发现"把柄"。基于这种心理,村干部们表现出来的行为就是积极落实上级政府关于丧葬管理的条例。尽管2013年颁布的《殡葬管理条例〈2012年修订本〉》明确提出了殡葬管理的方针:"积极地、有步骤地实行火葬,改革土葬,节约殡葬用地,革除陋俗,提倡文明节俭办丧事。"但是据笔者调查来看,S村自2014年以后对火葬态度没有那么强硬,除非党员干部、公职人员需要火化,其他村民不做强制要求。似乎疫情前,村干部更关注自身在落实丧葬改革中是否以身作则;而疫情以来,他们将目光更多聚焦在执行疫情期间红白喜事管理条例上。

新冠肺炎疫情给丧葬民俗带来了形式上的变化,同时也改变了管理丧葬民俗权力的主体。

傣族发式:优雅与美丽并存

玉　燕(云南民族大学文学与传媒学院)

　　傣族的发式是一个民族独特文化传统的结晶,不仅承载本民族悠久的历史底蕴和代代相传的文化内涵,同时,也反映了其生活民俗和审美心理。傣族发式在各个历史时期受到自然环境和人们的审美情趣的影响,呈现出多种不同款式,满足女性的日常需求。每次假期回家,我注意到女性在仪式活动和婚礼上,都会精心地裹头发、盘头发,这让我产生了浓厚的兴趣。2021 年 7 月,我在西双版纳景洪市勐龙镇嘎囡村委会曼勐村进行田野调查,了解和记录了当地女性的发式与装饰。

　　曼勐村地处偏远山区,受外界文化冲击力小,在一定程度上,习俗文化得到了很好的继承与发展。村中的老人还保留裹头发的技艺,每天一大早起来,第一件事就是梳理头发,裹头发,并且发式可以保持一整天。而且村中还有三个会给新娘盘头发的妇女,这让傣族传统盘发的手艺得到发展。

　　西双版纳傣泐人发式大多以"椎髻"为主,这对头发的长度有一定的要求,而且还需要洗淘米水,让头发乌黑又油顺,便于梳理。首先女子会弯下腰,把头发披散在身前,梳理一遍,然后一边拿梳子梳,一边用手搭顺,将头发梳置头顶中央,整理头发像螺丝一样成一缕,用两三个手指将头发绕成一个小洞,发梢绕至可以适中地塞进发髻,两手指慢慢地把发梢勾上,使发髻在头顶中央成一个椎形。像这类的发型主要集中在老年群体,简单又不失庄重。当时,玉应香村民还告诉我,在以前的时候,很多女性都是梳这种发式,将头发在头上绕成高高的一堆,但是头发的一截要拉出来,在发髻上形成一个环,这种类型称为"环发髻",是湄公河流域人民的发型之一。随着时代社会的发展,女性流行剪短发,这种"环发髻"也就慢慢地消失。现在都是将发梢绕成一圈,不露出环形,捆紧头发,防止头发散落。她还跟我说,到了需要进佛寺受戒的阶段,不能裹上"环发髻",要裹上简单的发髻,静心听经学习佛法。像在平时的日常生活中,老人们都会梳椎状式发髻,不戴其他配饰,选择钉子系上一条长线绕着头发,加以固定。如果要参加仪式活动,女性都会精心梳妆打扮,老人就会在发髻上插上金簪或银簪,一是为了美观,二是为了固定头发。年轻的女性就会花更多的时间在头发上,自己不会裹的都会找别人帮忙裹。然后再佩戴上一朵鸡蛋花、缅桂花等装饰花,傣族是一个热爱鲜花的民族,并把这种热爱表现在头饰上,无论老少都会在头上插上一朵清新淡雅的花。有些还会插上两三个金簪以点缀,显得绚丽而又不失优雅。

第二种是傣族传统的盘发。多见在结婚仪式和演唱"章哈"场合中。首先也是将头发梳高髻于头顶中央,与"椎髻"不同的是,最后是要盘成一个圆形平顶发髻,头发会裹得稍微松弛,然后再将头发搞成扇子偏向左边,再用小发夹加以固定下来,使其成硬硬的一扇,这一般会花大量的时间,特别是在固定扇形发髻上。而且这种盘发讲究油顺,新娘子会在前一天淘米水洗,以滋润头发,便于盘发。整体发髻完成,选择红色的一串花饰和红色的梳子插在发髻前头,并且花饰要过于耳垂,插在右边,这就是端庄优雅的新娘传统盘发。毕竟是人生中重要的时刻,新娘那天会戴上金银的发饰以装扮,耀眼夺目。在演唱"章哈"的时候,也是需要盘发的,束发位置偏向头顶下方,不用太多的小发夹卡住,看着更松弛些,但是选择的花串和梳子的颜色可以不是红色,粉、蓝、橙色等颜色皆可,可根据个人的喜好而定。

近几年,西双版纳傣族兴起传统与复古的头饰和服饰文化潮流,既不失传统,又不脱离时代。不仅出现了许多的傣装店,还做起了各式各样的头花和假发髻,满足大众的审美要求。现代的傣泐发式产生了创新和变易,裹发的流程也没有那么烦琐,没有了像"椎髻"和二环髻的将发梢塞进盘好的发髻中,而是简单地裹上一个圆,不让其散落就行。笔者采访了解到村中有一名缅甸籍的女子嫁到本村已有四年,经过在外面求学培训缝傣装,渐渐在村中有了名声,除了缝纫傣装外,她还会凭着自己的审美制作头花,教人化妆,裹头发,卖假发髻。假发髻有环发髻、椎发髻、圆形发髻三类。遇节日活动时,年轻的女性都会在假发髻的辅助下裹头发,根据她的售卖情况,大多数的女性都会选择椎发髻和环发髻两种,因为这两种发髻更符合大众的审美。首先是将头发梳于头顶中央,用小皮筋把头发绑起来,缕成一缕,再裹成简单圆形发式,不能太过圆,大概可以套上假发髻,再用小发夹围着发髻固定头发,如还有碎发的话还可以用啫喱水定型。最后插上艳丽的花头,整体的发式基本完成。这样麻烦的一套流程下来,最多要花 30 分钟,而且很多的年轻女性都不会做发式,需要长辈或者熟练者的帮助才行。还有一种就是傣泐传统的发式。束发于顶,长长的秀发挽成一个螺旋形的发髻,略微偏向后头左侧,插上一朵鲜花,再拿白布头巾包裹,相对的服饰就要选择传统的紧身内衣,窄袖紧身外衣,下身为长及足踝的长筒裙。像这类的装扮多是在佛寺进行斋戒或者是参加文艺表演活动时的发式。

经过这几天的田野访谈,我收获颇丰。首先,我不仅对傣泐的传统发式有了进一步的认识,而且发现在现代时尚的影响下,发式愈加丰富,以迎合女性的需求。其次,傣族精美的发式其实是女性智慧的象征,它体现了一个民族的特性和审美心理,更是一个民族的历史文化载体。

跨越千年的田野寻访

赖　婷（集美大学文学院）

　　众所周知，齐天大圣孙悟空是《西游记》小说里备受读者喜爱的角色，他神通广大，除妖灭怪，忠心护送唐僧赴西天取经。而在福建民间，齐天大圣不仅是小说里的英雄人物，还是拥有广泛受众的自然崇拜对象。2011年12月，福建顺昌的齐天大圣信俗还被列入福建省非物质文化遗产名录。那么，《西游记》小说与福建齐天大圣信俗有何关系？2019年，我准备在福建开展长期的田野调查，希望能在田野中发现一些解题线索。

　　为了选定田野调查地点，我首先梳理地方史料，初步把握福建齐天大圣信俗在闽东福州和闽北顺昌盛行的情况。其中，南宋洪迈《夷坚志》甲志卷六《宗演去猴妖》最早记录了福州永福县（今永泰县）能仁寺在宋代就存在猴王崇拜，这引起了我的关注和好奇：

　　　　福州永福县能仁寺护山林神，乃生缚猕猴，以泥裹塑，谓之猴王。岁月滋久，遂为居民妖祟。寺当福泉南剑兴化四郡界，村俗怖闻其名。遭之者初作大寒热，渐病狂不食，缘篱升木，自投于地，往往致死，小儿被害尤甚。于是祠者益众，祭血未尝一日干也。祭之不痊，则召巫觋，乘夜至寺前，鸣锣吹角，目曰取摄。寺众闻之，亦撞钟击鼓与相应，言助神战，邪习日甚，莫之或改。长老宗演闻而叹曰："汝可谓至苦。其杀汝者，既受报，而汝横淫及平人，积业转深，何时可脱！"为诵梵语大悲咒资度之。是夜独坐，见妇人人身猴足，血污左腋，下旁一小猴，腰间铁索萦两手，抱稚女再拜于前曰："弟子猴王也，久抱沉冤之痛，今赖法力，得解脱生天，故来致谢。"复乞解小猴索，演从之，且说偈曰："猴王久受幽沉苦，法力冥资得上天。须信自心元是佛，灵光洞耀没中边。"听偈已，又拜而隐。明日，启其堂，施锁三重，盖顷年曾为巫者射中左腋，以是常深闭。猴负小女如所睹，乃碎之。并部从三十余躯，亦皆乌鸢枭鸱之类所为也。投之溪流，其怪遂绝。[①]

作为护山林神的猴王大概被宗教人士用泥塑封为肉身神像，因久抱沉冤之痛，

---

①　（宋）洪迈撰，何卓点校《夷坚志》，中华书局1981年版，第47～48页。

便引发了一场可怕的瘟疫。在故事结尾，能仁寺长老宗演让其超度升天，才使当地归于平静。

这篇故事的编撰者洪迈（1123—1202），可谓有意识地大量采集民间传说故事的"采风者"，其编撰的《夷坚志》也具有很强的民间性。至于这篇故事中提到的宗演的确是宋代著名的高僧。据明代释河明《补续高僧传》记载，宗演曾被宋徽宗诏入内庭说法，有千余名弟子，最终在福州雪峰寺圆寂，记载中也提及宗演除灭能仁寺猴王的故事。① 可见《夷坚志》猴王故事并非洪迈杜撰，而应该是基于真人真事的地方传说，并且从宋代至明代皆有流传，对于探讨福建齐天大圣信俗来源的重要性是不言而喻的。

这则猴王传说在《西游记》成书史研究中也十分重要。杜德桥、太田辰夫、中野美代子等学者都在讨论孙悟空形象时使用过这则材料。它被视为福建与齐天大圣形象来源有关的重要证据。一些学者据此认为，齐天大圣源自福建的猴王崇拜，后来才进入《西游记》的书写之中。但这类推测目前还缺乏完整的证据链。

假如，我们暂时搁置文本溯源的方法，尝试运用田野调查，查找文本之外遗存的信息，能否为合理解读这类古代传说文本提供效度的标尺？诚然，近千年前的洪迈并非当代学科标准的民俗学家，也未严格按照田野调查规范搜集猴王传说。但如果我能找到这则传说中提到的能仁寺，了解当地是否依然供奉猴王，是否依然流传猴王传说，便可以发掘更多传说隐含的历史信息，并为下一步的田野调查指明方向。于是，我决定针对《夷坚志》猴王传说进行一次跨越千年的田野寻访。

根据我查找的信息，能仁寺位于今福州永泰县长庆镇下漈村，距离福州约 100 千米。2019 年 7 月 22 日，我一路辗转，换乘多种交通工具，终于在崎岖逶迤的盘山路旁找到能仁寺。寺内矗立的永泰县文物保护单位碑文提示，该寺始建于唐中叶，后毁于兵灾，明中叶重建，现存主殿于 1984 年重修。遗憾的是，历经千年，几经重修的能仁寺早已难觅猴王遗迹，询问当地人关于猴王及传说的问题，竟无人能答。不过，这样的田野寻访也并非一无所获，至少我了解了这里的地理和人文环境，发现依靠传统的文献溯源法将此处作为福建齐天大圣信俗最早和单一的源头有失偏颇。

随着对福州地区田野调查的深入开展，我对《夷坚志》猴王传说文本又有了不同的认识。转机来自我搜集到的一则猴天王传说。在紧邻永泰县的闽侯县九仙岩天王宫，有一位猴头人身的猴天王，左右配祀鸦头人身的鸦王和鹊头人身的鹊王。

---

① （明）释明河《补续高僧传》，引自《续修四库全书》编纂委员会编《续修四库全书·一二八三·子部·宗教类·补续高僧传》，上海古籍出版社 1996 年版，第 317 页。

其传说概况如下:猴天王曾是当地圆明寺的一只灵猴,常为老和尚送信,有一天到九仙岩附近送信时,遇到大雪,冻死路旁,乌鸦、鹊等鸟类便啄食其肉。老和尚久久不见灵猴归来,便寻至此处,见此惨状,为其盖上袈裟,让其超度升天,鹊鸦见状亦撞死,也被和尚一同超度升天。根据碑文和房梁的年款证据,九仙岩天王宫建于明代,扩建于清代。这则传说应该是在明代以后才出现。

　　按照猴天王传说的线索,我又寻访了传说中提到的圆明寺。据寺内所立元代延祐六年(1319)的碑记,该寺由南宋雪峰康山禅师始建。寺内亦供奉了多位猴王,还有两个清代的猴王香炉。我意识到雪峰寺、能仁寺、圆明寺与九仙岩天王宫之间有着某种联系。回顾《夷坚志》里的猴王传说,会发现传说结尾提示了一个重要线索:"并部从三十余躯,亦皆乌鸢枭鸥之类所为也。"如果宋代能仁寺猴王真的配祀了"乌鸢枭鸥之类"的鸟类部从,那么,九仙岩天王配祀鸦鹊的形态也许正是此类信俗的延续。从时间上看,九仙岩猴天王及传说的生成时间晚于能仁寺猴王,尽管二者在内容上有很大差别,但都包含灵猴冤死、僧人超度等情节。或许能仁寺猴王传说在传播过程中发生了变异?又或许猴天王传说是后世叠加的解释性传说?从空间上看,九仙岩天王宫距离圆明寺约 10 千米,距离能仁寺约 80 千米,是否符合能仁寺猴王传播圈的生成条件?尽管目前还没有更多证据,但我相信田野会慢慢揭开更多寻找答案的线索。

　　由此反思我对古代传说文本的田野寻访经历,这样的田野寻访可能一无所获,但也可能在充分考虑时间与空间因素之后迎来转机。我们需要在田野中时刻注意时间与空间这两个重要因素,摸索古代传说在时间和空间上的传播变异法则,以便划定合理的传播圈,当原有的线索中断时,或许我们能在传播圈的某个角落找到历史遗留的蛛丝马迹,体验田野调查中"柳暗花明又一村"的乐趣。

热爱生活：人生仪礼之挂旗

张丽丽（辽宁大学文学院）

2017 年 8 月，正值山西的雨季，我们一行人跟随邵老师前去山西裴柏村调查，我和一位同学负责人生仪礼的部分。人生仪礼分为诞生礼、成年礼、婚礼和葬礼，诞生礼是小儿出生之后的第一项重要仪礼，裴柏村的诞生礼包括一项特别的仪式——挂旗。

据《闻喜县志》载："闻喜县城东北 25 公里处的礼元镇裴柏村是中国历史上名门望族——裴氏家族的发祥地。东汉时，裴陵第 15 世孙裴晔为并州刺史、度辽将军，汉顺帝刘保永建初年，裴晔来到闻喜县城东 25 公里处，见此处山环水抱，柏树葱郁，风景绝佳，便合族搬迁于此，并以裴为姓，以柏为名，取名裴柏村，定为祖庄。裴氏家族由此诞生。"[1]在历史上，裴氏家族出了不少宰相，所以又叫天下第一宰相村。可能因此，村民们望子成龙的心态更为迫切，从小孩出生起，就被期望着。

走进村庄，对于村庄院落大门上随处可见的竹叶和牌匾满是新奇，便打算向围坐在村口的老人们寻求答案。老人们用狐疑的眼神上下打量着我们，我们迅速表明了自己的身份，这才和大爷唠起来。一位大爷告诉我："这叫挂旗，谁家挂旗说明家里添新人了。"一边给我介绍着，一边告诉我，他没有文化，讲不清楚，顺道给我指了另一户人家的方向。我们匆匆谢别，走向老人指认的那户人家。

一进门说明来意之后，裴大爷热情地招待我们进屋，看到家里四处张贴着关于裴氏家风家训的笔墨字画，才知道裴大爷是一位退休老教师。他告诉我们村内一直有挂旗的习俗。满月当天要举行简单的祭祖仪式。早饭前在院内摆张桌子，放置馒头和油饼各三盘，小儿的外公及众客先以五叩礼祭祖，再向亲家一揖道喜。村庄的风俗是亲戚朋友在当天过来祝贺，过去小儿满月时，亲戚朋友给孩子送些衣服、玩具等，现在大多给小孩包个红包。满月是孩子出生后最隆重的一次节日，当然也有家庭将这一次重大的庆贺放在孩子出生的第七天、百日或者周岁之时，但只选择其中一个举行最隆重的庆贺仪式。

老人眉飞色舞地讲着，满月时，孩子的姥姥家给男孩挂旗。挂旗很讲究，有一系列烦琐的仪式。首先要排旗。排旗是按照赠小布旗者的辈分，从左到右依次排

---

① 《闻喜县志》，中国文史出版社 2012 年版，第 713 页。

列。排好后,征求赠旗者的意见,赠旗者在旗前就位,一揖赠旗,男主人三鞠躬以示感谢。挂旗时小儿外公赠送的旗子排在最中间,小儿母辈的外公家排在左,小儿父辈的外公家排在右,意为女方亲家在上位,男方亲家在下位,因女方为宾,男方为主,以主让宾之意。

挂旗最早使用的材料是竹子,一共三根,分单竹和双竹,左边放一根粗一点的单竹代表父母,另一边放两根细一点的小竹子代表孩子。竹子要选择细长、密实一些的,摆放高度不超过大门,带叶大概有三四米高。要将竹子上端的叶子部分弯起来,两个相对而放,对称美观。竹子一年四季常青,取男孩硬气的寓意。过去还挂一个方方的红布,红布上面由小儿外公写一些祝福的话,用完的笔砚还要挂在竹子上。竹子上通常绑的东西有毛笔、砚台、枣、核桃、红布条、麻钱(过去的铜钱)和一些吉利的东西,比如挂枣就是早日成才,图个吉利。竹子底部的护泥都是从姥姥家带过来的,代表根深叶茂,代代相传。如果小儿外公外婆不在世,由小儿的舅舅代替挂旗。

后来挂旗有了新变化。过去只给男孩挂旗,在计划生育政策期间,各家都是独生子女,所以生女孩也开始挂旗,但女孩儿依旧不能挂竹。当然,为了方便,现在生男孩挂竹子的也不多了,挂一个刻有印刷字体的镜框或牌匾,四周挂有砚台、毛笔等暗含对后辈祝愿的物件。

挂好之后,小儿姥爷朝牌匾上洒一杯酒,向匾三鞠躬。祭旗之后仪式就结束了。现在这项仪式一直保留。挂旗时的牌匾除非拆迁,否则挂上去就不能取下来。现在进行新农村建设,房屋在二三十年内陆续翻修,所以保留下来的老牌匾特别少。

这时候奶奶补充道,满月除了挂旗还有一项重要的仪式——剃头。根据习俗,小儿满月剃胎毛,以前由村内有经验的老者操作,剃下的脏发要搓成一个圆球用红布包好,再用红线绿布收口,最后缝在小孩衣服的袖子上,等到小儿百日方可摘去。现在满月淡化了剃头这一仪式,一般找有经验的亲人或者交由理发店剃头。

我们从出生起就在学习人生仪礼,洗三、满月、百天、周岁一系列仪礼伴随着我们的成长。看着褪色的竹叶和略新的牌匾,想象着该家人喜添丁的欢乐场面,对子女的殷切期望,不禁感叹民众生活的智慧,总在人生的不同节点举行相应的仪式,每一次仪式过后都是一个全新的开始,以此激励自己热爱生活。

访谈结束之后,老人带我们参观他家,看到书架上厚厚的一摞笔记本,大爷解释道,那是他的日记本。经得他的同意,打开笔记的扉页,上面写着"勤则年如一日,懒则日如一年",抑或"难得一辈子,知足常乐"等等这样的自勉语,翻阅了几页,里面记着他的感悟、他身边的事情，也有他的烦恼和喜悦。看着如此热爱生活的人，自惭形秽，他们不用电子产品，内心却丰盈、充实。大概人在年老的时候才是真正自由的，觉得时间宝贵，永远都在抢时间。访谈过程中，大爷一直跟我们讲，能一直读书真好，殊不知他便是活到老、学到老的典范。

　　临走时，裴大爷借给我们很多文献资料，我们打趣道："您不怕我们不还您哪?"裴大爷笑着指指他的小笔记本："我这里有你们的名字呢，再说你们是大学生，不会骗人的。"说完像小孩子般开怀地笑了。

　　在做田野的过程中，他们才是我殷切的老师，跟他们的访谈更多是学习的过程，从他们身上感受老年的韵味。那是我第一次访谈，满满的都是感动，我忍不住钦佩那些热爱生活的人，他们在日复一日的枯燥中不断寻求向上的力量，打造属于自己的美好世界，活得平和又有趣。

从阅读文本到体验事件：山西洪洞接亲活动随笔

李云丽（山西师范大学文学院）

作为山西人口第一大县，洪洞县坐落于山西省的南端，隶属于临汾市，得名于"洪崖古洞"，是中华民族古老文明的发祥地之一，被称为"华人老家"。"三月三"走亲习俗是洪洞县羊獬和历山这两个村民聚落的重要民俗活动，在每年的农历三月三举办，活动的主角是娥皇和女英两位姑姑（羊獬人称姑姑，历山人称娘娘），迄今为止已传承了四千多年，对当地的经济、文化产生了重要的影响。

2017 年 9 月，我在老师的推荐下阅读了陈泳超教授的《背过身去的大娘娘：地方民间传说生息的动力学研究》。这是我第一次了解洪洞"三月三"走亲民俗活动，初次接触就被其宏大的场景深深地震撼了，这也引发了我的思考：民俗活动究竟是如何实现生生不息、传承千年的？我迫不及待地想要亲历活动过程，解开心中的疑惑。时间终于在滴答声中走到了 2018 年 4 月 16 日，农历三月初一。这天一大早，我和我的小伙伴们就收拾好东西前往山西省洪洞县羊獬村，开启了我们期盼已久的田野调查。

整个活动为期三天，我们从三月初二早晨开始加入接亲队伍，以媒体"记者"身份完整地参与了整个活动过程。接姑姑的路线为：第一天从唐尧故园出发，沿途经过北马驹、西乔庄村等，到达历山。晚上在历山的村民（人们之间互称亲戚）家住。第二天早上九点到历山庙里，十一点进行祭拜，然后接上两位姑姑回羊獬村。沿路经过韩家庄、杨家庄、万安镇，晚上住在万安镇。第三天早上十点从万安出发，经过东梁村、西梁村、西李村、渡口等，晚上十点回到唐尧故园。这时候每家每户都会去庙里祭拜姑姑，点燃一炷香带回家，表示把姑姑请到了自己家中。

在整个接亲过程中，震撼着我们的不仅是庞大的接亲队伍，更是人们对于两位姑姑虔诚的信仰。接亲队伍随行的威风锣鼓队一路上不断和沿途各村的锣鼓队斗曲。尽管烈日当头，汗流浃背，他们还是尽情敲打。这些锣鼓队员中，有的满头白发，已经接了二十几年姑姑；有的正当壮年，在外打工，专门请假赶回来。在他们心中，"接姑姑"是一年中的头等大事，要为了这件大事，尽心尽力。

男人们的信仰大多在力量中体现，而女人们的信仰在祭拜中也毫不逊色。当地的妇女们争先恐后地想要摸一下姑姑的驾楼，好像摸一下，这一年，甚至这一辈子都会一帆风顺。摸不到的就在道路两旁长久跪拜，祭祀姑姑。

仪式圈外的人们虽然不能亲自参与到这个接亲仪式中，但他们也在以自己的方式祭拜姑姑。三月初三这天,历山庙里挤满了从各地赶来祭拜姑姑的信众。他们每人手里都拿着一大把香,提着许多祭品,在姑姑塑像前磕头祈福。我们随机访问了几个人,他们的家距离历山庙有几十千米,早上四点起床就赶来祭拜,祭拜完之后还要等到羊獬总社的接亲队伍接走姑姑塑像才肯离去。他们游离于仪式圈之外,但同样有着虔诚的信仰。这种根深蒂固的信仰是民俗活动得以千年传承的精神动力。

田野调查是民间文学的必修课。出去调查一次,亲身经历一次,才能增长经验,为以后的调查打下基础。这次调查,我总结出的经验有两点:一是提前做好相应的准备工作,这是进行田野调查的前提。首先应该阅读一些与这个活动相关的论文,了解这个活动的研究现状;其次确定自己的关注点,这样调查时才会有目标;再次,要了解这个活动涉及的村庄的大概情况,知道每个村庄与这个活动之间的关系;最后要规划好行程,包括如何乘车等。二是与当地村民建立良好的田野关系。在整个田野调查中,新闻媒体接待者和羊獬总社社首等人都给予了我们很大的帮助,并将内部编写的《皇英轶事》赠予我们,鼓励我们不断探索。

在调查之前,我们提前联系好了活动负责人,先打通田野关系中的第一道"大门"。16 日下午我们到唐尧故园和活动负责人碰了面,他很热情地给我们讲了第二天活动的整个流程。这让我们对于这次的调查做到心中有数。在调查中只要我们有不懂的,他们都会耐心地给我们讲解,并为我们解决了吃饭、住宿等问题,让我们可以安心地调查。

陈泳超教授在《背过身去的大娘娘:地方民间传说生息的动力学研究》中说,自己每次去调查都穿着普通,上面穿个大褂,下面穿个短裤。和乡民们说话就像普通聊天一样,以至于乡民们都以为陈教授是洪洞人。他毫无架子,与乡民之间没有距离,可以毫无阻力地采访任何人。① 这些调查经验对我们有很大的帮助。我们在调查中穿着普通,和当地乡民融为一体。访问村民的时候都会有礼貌地微笑,虚心求教,所以每一次访谈都很顺利。努力和当地村民建立起良好的田野关系,才能在每一次调查中真正做到不枉此行。

当然我们的调查也并不是一帆风顺的,例如在调查中我们也曾因为不了解路线坐错车,耽误了很长时间;到历山上时也曾因为不了解天气而冷得发抖,导致调查一时无法进行。但是在当地人的热情帮助下,我们克服种种困难,认真地完成了这次调查,并与当地人结下了深厚的情意。我们深知,对于田野调查,自己还有很多地方有所欠缺,但是只要我们不断地经历然后不断地总结,每一次都会有收获,每一次都会有成长。我相信,下一次的田野调查我们会做得更好。

---

① 陈泳超《背过身去的大娘娘:地方民间传说生息的动力学研究》,北京大学出版社 2015 年版,第 21 页。

乡关何处去：关于晋南赵雄村"过36"礼俗的考察

叶玮琪（北京师范大学社会学院）

2021年3月，我跟随贺少雅老师前往山西省临汾市襄汾县赵庄镇赵雄村进行了为期三天的调研，主要调查当地的"过36"礼俗及村落治理现状。

因疫情原因，赵雄村2020年没有举办"过36"的活动，因此两年合并，整场活动共持续七天，其中尤以农历二月十五这天的"正日子"最为盛大。所谓"过36"，全称为"××届36岁同龄人祈福迎祥活动"，即本村当年所有36岁的村民，共同集资请戏班子来为村里唱戏。至于为什么是36岁这一年，本质上来看，36岁正值年富力强之时，事业处于上升期，相对有能力回馈乡里。但从其名称"祈福迎祥活动"也可看出，在传统说法中本命年会"犯太岁"，亦即本命年流年不利。因此在赵雄村的话语体系中，利用本命年这一议题"做文章"，给出了参加"过36"的活动便能逢凶化吉的解决方案，"过"字也有顺利度过的含义，大家也就都抱着"宁信其有"的心态积极参与这一活动中。因此，这一活动实际是中年人回馈故乡反哺故乡，为村内老人提供娱乐的行为；深层次来讲，更是在现代化浪潮之下乡村内部的一种新的组织形式。

在今年整整一周的活动中，基本内容是请戏班子唱大戏，老人们自然不会放过这难得的娱乐活动，非常乐意去捧场。而在农历二月十五这一天，除了唱戏外还会举行盛大的仪式活动，村内更有热闹非凡的赶集。

举办仪式的大舞台位于村中央原小学旧址，当天广场上真的是人山人海。仪式一开始是长达十分钟震耳欲聋令人头皮发麻的电子炮。随后是山西绛州打击乐艺术团进行的经典剧目表演，最后由村党支部副书记进行简短讲话，并为村里的"36岁们"披红。每个人的捐款数额都会被呈现在舞台的大屏幕上，数额从500~5888元。我们询问村内老人，这样做是否会对捐得少的人造成压力，得到的回应是"就是个心意大家都量力而行"。所以其实在这个过程中，"36岁们"尽己所能造福乡里，村民们怀抱感谢之情，形成了比较和谐良性的互动。

短暂的午休后，我们坐上小三轮，穿梭在集市中，探寻村内各处古迹。其中最主要的古迹是在一片田地中孤零零立着的"赵宣子之墓"。赵宣子即春秋时期晋国大夫赵盾，当地人认为赵盾乃此地赵氏祖先。随后村里两位老人还带我们去了隔壁村庄，并指出该村东西两处城墙上一处写有赵宣孟故里，而另一处则为赵宣子故里,他们对这两处用字的不同提出了自己的解释,认为是邻村与他们争夺祖先所致。

这种相邻两村对祖先的争夺现象在全国范围内都有,持有认祖归宗意识的中国人对祖先问题往往十分看重。这与我在福建省宁德市调研时遇到的情形非常相似,当地相邻两村的黄氏在祖先问题上有根深蒂固的矛盾。因当地有着依托祖先名号申请的世界级灌溉工程遗产,使得祖先争夺问题与实际利益有了密切联系。因此在当时的调研过程中,我认为不是祖先本身,而是围绕祖先所产生的一系列话语权力、实际利益导致了激烈又漫长的争夺祖先过程。但对于赵雄村而言,赵盾故里的确没有得到任何的认证从而为当地带来更多诸如旅游资源的经济效益,那么当地人这种对祖先的执着和执念又来自哪里呢?

按照今天城市化和全球化的进程,村落消失似乎成为这一漫长过程尽头可预见的结果。而我们的努力其实不在于保护某种仪式不要消失,或者说最终目的不在于此,而是要保护个体的边界感和身份认同。这和我们每个人终其一生要组建家庭、进入社会、找到工作的目的归于一处:即不断寻找自己的身份,确立自己的身份,进而发现自己。因此,在中国文化背景下,祖先所带给我们的,可能首先是身份认同,随后才是在现代语境下围绕祖先所产生的利益、话语权等。

第二天上午,我们前往村内的一位老人家进行访谈。老人旧时因家庭条件上学不多,但靠自学,读过《二十四史》,且与同道合作撰写了赵雄村志。在访谈过程中,老人家表现出了极为鲜明的和传统意义上的村民划清界限的欲望。因为对村落的知识形成了自己的理解体系,有不屑与“大老粗”为伍的倾向。他批评看墓地看风水的迷信传统,说着“那些事情我不信”,但同时在聊天过程中不可避免地使用了“风水好”等形容。作为旁观者是可以看到他的思想体系仍是处在这套话语之中的。这启示我思考我们其实是无法跳出自己所处的环境去进行价值评判,同理,我们所进行的研究是否正是这样一个跳出自己已有偏见和知识体系而去进入到另一套话语体系中的过程? 但众所周知我们永远只能不断向“客观”努力而无法达到它。这和历史研究无限趋近于历史而无法抵达真相的努力类似。大概我们研究的目的不在于还原研究对象本身,而在于理解它的发展逻辑,并从中看到一些可能性和对所处时代的建设性思考。

另一个重要问题是,在城市化进程中这些村庄将何去何从。传统村落共同体是依靠礼俗传统连接在一起的。但是这一切似乎建立在人口流动相对稳定的基础上。就现在的情形看,老一辈人仍然对传统力量给予了足够的重视,不仅对祖先问题寸步不让,对能代表村庄即具有认证性质的花腔鼓等传统技艺也有很深厚的感情。但是之后呢,下一辈人对村庄、对故乡的认同感又来源于何处？如果说公司、家庭能通过共同的组织、利益让个体切实地感到"身处其中"的话,村庄通过什么让早早离开的年轻一代人感受到自己是其中的一分子并对其加以维护？这也是为什么对传统事物进行博物馆式保护的效果不甚令人满意,或者说其意义更在于进行记忆留存。但归根结底,我们想要唤起的是群体意识、群体感情。"非遗"能够做得到吗？或者说什么才能做得到？

我总体的感受是,现在乡村和城市的结合已然非常紧密,村民都在不断努力向"发达的"城市靠拢。有人认为,对齐城市标准发展是村庄的必然归宿。表面上是生活水平的提高,但这种"提高"建立在我们摒弃乡村原有生活模式的基础上而去强行对标城市。可问题在于我们应该如何看待城乡的"差异"而不是"差距"。我们是否有可能挖掘村落的内生动力,让村落能够看见自己,更好地发展。

第二部分

地域社会调查

村落变迁中的运河记忆：北京通州新建村调查笔记

程浩芯（北京大学中文系）

2017 年 2 月，习近平总书记视察北京大运河森林公园时强调，保护大运河是运河沿线所有地区共同的责任，北京要积极发挥示范作用。北京大运河文化的保护和传承现状如何？2018 年 7 月，我们走进通州，开展对北运河民俗文化的调查，通州北关最先引起了我们的注意。

运河与村落历史

元明以后，依靠繁荣的漕运，通州确立了"水陆之要会，畿辅之襟喉"①的重要地位。明嘉靖年间，北运河北端码头由张家湾迁至通州北关，运船可直抵北关的石坝码头。自此，北关承担着漕船装卸、货物储存、物资转运、商贸交流等多重功能，"帆樯蔽云日，车马隘康庄。渠转江南粟，市藏天下商"②——这里沟通着大河上下、长城内外，也连接着首都与地方、皇家与天下，忙碌的北关码头正是当时经济繁荣、海晏河清之景象的缩影。

当我们的目光从大历史投向小地方，运河边的盐滩、下关、姜厂、牛作坊……这些村庄的形成过程、人口来源、地理景观、聚落形态等也深受运河和漕运码头设立的影响，运河水深深滋养着其中的人们，他们在运河边的世代生活，他们对运河的情感与记忆，他们因运河而形成的独特的劳作模式、生活习惯、宗教信仰等，为我们理解和叙述运河文化提供了一种更加鲜活有温度的视角。

在通州永顺镇新建村中，就保留了许多这样的运河记忆。新建村过去位于通州北关河边，是一个涵盖 8 个自然村的行政村，2009 年因拆迁，整村搬迁至通州区物资学院路。它所含自然村的形成原因及村名来历几乎都与漕运相关。其中一部分是因为存放物资的缘故：过去货物运至北关码头需要在附近暂存，存放木材的地方叫皇木厂，围养牲畜的地方叫马厂，转运食盐的地方就叫盐滩，等等；漕船往来及相关经济活动还促进了人口的流动迁徙，据村民讲述，他们许多人的祖籍是山东、天津等地，有的以跑船为生，到达通州后就在此定居。一个自然村名为"牛作坊"，

---

① （清）于敏中编纂《日下旧闻考》卷一百八，北京古籍出版社 1981 年版，第 1795 页。
② 李安讷《通州行五首》其一，载《韩使燕行录》第十五册《朝天录》，明万历二十九年，韩国成均馆大学藏本，第 55 页。

就是因为南北商贸交流使北关附近聚集了大量回民,他们以屠宰经营牛羊肉为生,日久聚居成村,村落即以生计为名。

人口流动还带来文化交流,催生出会馆、庙宇等新的文化空间。回民兴建的清真寺、因水运而兴盛的天后宫、江西人修建的万寿宫等,构成北关地区多元互映、和谐共处的信仰图景,反映出运河影响下通州文化的开放性、多元性和包容性。

运河边的生活

"靠运河,吃运河",紧邻运河和漕运码头的繁荣给当地百姓带来大量谋生机会,如从事装卸运输、经营商贩店铺、跑船、打鱼等,如今仍有不少村民记得过去的生产生活状况,他们仍以"渔王""面铺王""大船赵"这样的称呼来区分不同的家族和支系,指的正是该支系过去从事的职业。

皇木厂的百岁老人司监还记得自己少年时从北关码头往通州城里扛送竹竿赚取零钱的往事。以跑船为生的王振江、王振海兄弟自己家里有一艘船,招船工时总会问这样一个问题:你要把船放在哪里? 答案不是水里,不是河里,而应该是放在心里。船,几乎是他们全部的生活依靠。常年在北运河上跑运输,兄弟俩既体会过两岸都是朋友的江湖义气,也经历过河中遇匪、货物被劫的事。当陆路运输全面取代水路运输,船民们又换上小船,捕鱼为业,集体化时代,渔业是下关等生产队的重要经济来源。除了跑船打鱼,北关人的造桥技术也远近闻名,运河对沿河民众身体技能和生活智慧的形塑,体现在方方面面。

就民俗文化而言,以河为生的生计模式决定了与水有关的民俗传统和以水神为主的信仰选择,有许多独特的习俗和禁忌,如家家户户供奉龙王爷,一天要上三次香,以祈求行船平安;忌讳说"翻""沉""扣"字眼等等。漕运兴盛时代,盛大的开漕节、丰富多元的信仰和仪式活动,日夜不歇的运河号子,都是运河带给沿河村落的文化活力。

近二三十年,村民们的劳作模式和职业选择发生了较大转变,他们的生产生活与运河相行渐远,许多民俗传统因漕运衰落也不复存在。2009 年,新建村因城市建设整村拆迁,村民们陆续搬迁上楼,新城建设使盐滩、牛作坊这些旧地名不再保留,村落的历史文化逐渐消失,这是村民们不愿看到的。许多村民对运河的感情一辈子难以割舍,就像 83 岁的王振海至今仍坚持到运河边遛弯,眼前的河水常让他想起过去跑船打鱼的悲欢生活。这些村落的历史、个人的经历为运河注入了温度和情感。在我们看来,对运河文化的发掘保护,不仅要发掘涉及经济、商贸、交通、安全等宏大议题的漕运"大历史",也应书写受运河滋养和形塑的沿岸村落的"小历史";不仅要保护好运河古迹遗存、生态环境等人文自然景观,也要关注生活在其间的民众关于运河的经验、情感与记忆。他们是运河文化的创造者,也应是运河文化建设的受益者。

如今的新建村住宅小区紧邻地铁站,因为地缘和交通优势,受到许多外来租房人口的青睐。田野调查的那些天,每天早晨当我们乘坐空荡荡的 6 号线到达今天的"通州北关"时,开往北京城的反方向列车总是人满为患。来自全国各地的人们在这里上演着人口流动、文化交流的新故事。"帆樯蔽云日"的水运盛况一去不返,但因为人才和物资集萃,当代通州"市藏天下商"的盛景却不输以往任何一个时代。

小人物的大故事

魏甜甜（山东大学儒学高等研究院）

2016 年 7 月至 8 月，笔者有幸参与刘铁梁教授负责的《中国民俗文化志·北京·海淀区卷》调查与编写工作之中，负责该书的第二章《海淀老镇》。《中国民俗文化志》是"中国民间文化遗产抢救工程"的重点项目，以县、区为地域单位，对全国民俗文化进行普查和记述，其中，《中国民俗文化志》北京各区县卷由刘铁梁教授负责，以"标志性文化统领式"为书写模式，注重突出地方文化、体现地方文化自觉。北京海淀区是北京繁华的新城区，也拥有大量清朝皇家御园、私家园林，是曾经热闹的大集镇。如今，这里既有大量的外来人口，最多的年轻精英，也有众多已退休的教师、科研人员、工人等，无数人将青春岁月献给了这片土地，人的故事是我们民俗志调查和写作的重点。在与海淀居民的交流中，我们看到了一个个鲜活生动的人生故事，更深切地体会到了这片土地上的沧桑历史与蓬勃生机。

遗落的小人物生活体验

这是一个八卦的年代，人人都热衷于追逐那些名人的小故事，然而，我们这个时代的故事，绝非仅此而已，还有众多的属于小人物的大故事。

在浩瀚无际的历史星河中，他们往往是不被重视的小人物。或许有人会认为他们生如尘埃，但正是这些人以鲜活的生命铸就了历史进程。我们的大历史记载了抗日战争、共和国成立、土地改革、十年动荡……却未曾记录，抗战时期，李阿姨的母亲迫于生计，远走张家口贩货，不料在途中遭遇日本兵，是八路军救了她。新中国成立后，这位当年敢闯敢干的女人又当上了治保委员、妇女代表。也未曾记载，1949 年以前，城内一度闹粮荒，一周都没有吃过盐的杨大叔家意外地得到了一罐咸菜汤，被他们视若珍宝；新中国成立后，杨大叔家因有人曾经为皇宫种植过莲藕，而被划为了地主，家道中落，当时年幼的杨大叔被迫上街卖画赚钱，却意外地结识了书画大师。

海淀人的"那些年"

北京有个举世闻名的中关村，被称为中国的"硅谷"。过去，这里曾经是荡漾着稻香和吆喝、静谧祥和的海淀镇。在中关村大街十字路口西南角的科贸电子城对过,曾经有一个冰窖,那里不仅储存了大量的冰块,还贮藏了很多海淀人生活中的喜怒哀乐。那一年,魏阿姨的母亲赶上了更年期,身体烦热,但家里穷,买不起冰,为了让母亲好受一点,她在烈日下去求冰窖的看门大爷给她一点冰。在祈求未果后,她趁人不备溜进了冰窖,捡了些带着泥巴的碎冰块飞奔回家。到家后,很多碎冰已经融化了。那一年,吴伯伯和儿子为了生计,在寒冬的深夜里去昆明湖拉冰。巨大的冰块重达几百斤,父子俩穿着单薄的草鞋踏过彻骨的寒冰道,从昆明湖拉到冰窖,步履维艰地向前挪动。虽然如此辛苦,但拉一次冰却只能挣到两毛钱,一宿也只能拉三两次而已。也就是这只值几毛钱的无数个冬夜,才最终给全家换来一个丰足的新年。那些年,李奶奶还年幼,她在姥姥家帮忙卖汽水。这个弱小的女孩吃力地为客人凿碎冰,只是为了卖出那一瓶加冰汽水。那些年,热闹的海淀镇上,有人用铁片打出"冰碴儿,冰碴儿"的节奏,招揽着可能前来购买冰镇饮料、西瓜的顾客,至今,这节奏依旧在老海淀人的耳畔回旋,不能散去。

体验平凡人的"活着"

多少人生若尘埃,却在奋力地活着,他们一日又一日地为了生存或者生活而活着,或者只是为了给孩子攒结婚钱,或者只是为了自己未曾实现的梦想。五道口某栋大楼的地下室里,一间不起眼的工作室,一群热爱艺术的年轻人仍然拼搏着,正在为了自己深爱的民间文艺而热火朝天地讨论着。虽然前一天房东刚涨了房租,工作室要坚持不下去了,哪怕还有一秒,也要绽放自己的精彩。北京某条热闹的大街上,某位已过花甲的清洁工正顶着酷暑,穿梭过川流不息的车流,去清扫人们留下的垃圾,他住着十人蜗居的闷热的宿舍,拿着不高的工资,然而想起家乡还未结婚的儿子,他仍然努力地工作着,汗水滴落在炽热的大地上,瞬间蒸发消失不见。他们努力又努力地活着,正是他们的活着,成就这个国家前进、再前进。

这些不曾被记载的历史,这些属于小人物的故事,联结着民俗文化呈现出他们完整的生活。他们讲述童年时的笑逐颜开,讲述人生辉煌时的眉飞色舞,讲述生活无奈不平时的愁眉锁目,这些不再仅仅是一条简单的民俗志资料,而是鲜活灵动的、属于小人物的大故事。我们聆听他们的生活,感受、记录他们生活中的民俗。

回头想想,我们也是芸芸众生中的小人物!

寻 乡

——记对漫瀚调国家级非遗传承人奇附林的一次田野调研

郑昊源（云南民族大学文学与传媒学院）

从本科到研究生，生性不安分的我，从内蒙古跑到岭南，又从岭南跑到大西南。仔细算来，兜兜转转已有五六个年头。中国的河山也行走有半，但是心中最为记挂的还是内蒙古的乡音、乡味、乡情。作为一门接地气的学科，家乡始终处于民俗学的关照之下，而民俗学者对于家乡也有着别样的情感。虽然每年寒暑假都能在老家待上个把月，但以往好像对"她"的关注也仅停留在久别重逢的喜悦。借着完成研究生假期作业的机会，让我能够认认真真地重新审视这个熟悉而又陌生的地方。

2021年，我的这次田野调查对象是漫瀚调国家级非遗传承人奇附林，老人今年69岁，蒙古族，是鄂尔多斯的名人，2019年内蒙古自治区成立70周年庆祝大会时曾受邀表演。从去年疫情开始，老人又进行了线上直播，仅一年多粉丝累计已有十多万。几天前我通过一位亲戚和他取得联系，确定了见面的时间。当天一早吃过早饭后，我们就驱车前往奇附林老人的居所，那是一所位于准格尔旗上沟门村的平房大院。

刚开始聊天时，气氛比较尴尬，双方话匣子还没有打开，都还拘谨着。这时介绍双方认识的"中介人"发挥了作用，我那位能说会道的亲戚很快盘活了氛围。

随着双方不断熟络，聊天内容也逐渐深入。我问起老人最近外出演出的情况时，他说："挑呢哇（要挑的）。像是一般村里头叫我，我就不去了。就是偶尔省里或者中央下来叫去个表演一下，马上快70岁了，走不动了。"

老人居住的上沟门村，因为靠近黄河，这几年被开发成了度假区，经常有人来到附近钓鱼，吃农家饭。奇附林老人家中也开了一家农家乐，位置就在他们住的房子前面，店名叫"漫瀚情"。目前农家乐基本由老人二儿子经营，而他的大儿子前些年就把工作辞了专职做老人的经纪人，负责安排老人的外部接洽和演出事务。由于老人在当地名气大，有好多的游客都慕名前来，店里的生意也就十分红火。

在谈及这个农家乐时，老人又说："我一个农民，能有什么钱，就是个种地，你看我们农家乐院内的那几个蒙古包，都还是政府帮忙建起的。"这时他的老伴补了一句："你又种过几天地，咱们家的地还不都是我种的，以前你要么就在外头红火（赶场子演出），一回家两个手往后一背（形容一种闲适的状态），什么事也不管。要不是这几年你腿脚不利索了,还不是在外面刮的了(到处乱跑)。"

据奇附林老人讲述,沟门村里的奇姓蒙古族是元太祖成吉思汗"黄金家族"孛儿只斤氏的第 33 代传人,而他的奇字就是蒙古族名字汉化后的结果。虽然现在村里的蒙古族包括他在内基本不会说蒙语了,但一般参加民歌比赛时,奇附林老人都要穿着蒙古袍进行表演,而唱的却是汉语歌词,据他自己说:"我这也是体现了蒙汉的融合和民族的团结了。"

在奇附林的卧室内,有一个巨大的立柜,上边摆满了他所获得的各种荣誉,有关于他的新闻报纸、书籍、论文都会进行收集并妥善地保存,来人采访时就会拿出来给人们介绍,对于他者于自身文化身份的建构,奇附林有着深刻而又清晰的认识,他说:"我是山野里的歌手,不是政府的好政策,报社、电视台、新闻媒体报道我们,我们咋能出名了。"

漫瀚调中最为知名的一道曲目为《达庆老爷》,又被称为《天下黄河》。这首歌也是奇附林老人的主打歌、成名曲。漫瀚调中的部分曲目是由最初的蒙古短调民歌转变而来,在演唱时一般都会保留其原有曲调,再根据表演的环境和演唱的需要进行即兴填词。而《天下黄河》的填词就来源于陕北民歌《信天游》,原来老漫瀚调艺人用蒙语填词演唱的《达庆老爷》都是唱蒙古族老爷的生活,唱老爷的爱情。由于《天下黄河》这个填词版本传唱度过于广泛,于是出现了将《天下黄河》唱词与《达庆老爷》曲调固定化的现象,而最初将二者结合到一块儿并将这首民歌唱响的就是奇附林。

当问及当前漫瀚调的传承现状时,奇附林老人表示他十分放心。漫瀚调作为一种地方戏曲表演形式,其在特定地域有着广泛的受众群体和影响力,再加上政府的大力支持和其可观的经济收益,不少人慕名前来拜师学艺,而收徒的门槛也不是很高,小到七八岁,大到和奇附林老人年龄相差无几,只要你喜欢漫瀚调,适合唱漫瀚调,就可以拜师。奇附林老人的一些徒弟甚至专门从事漫瀚调表演,通过漫瀚调养家糊口,他们紧跟政府非遗政策导向,利用网络和新媒体平台,通过一些营销手段,积极推广自身,名气甚至大有超过师傅的趋势,从而最终形成师徒互相成就的现状。

当你在一个地方待久了就会产生文化审视惰性,许多事情就变得理所应当。人们掰着手指头过日子,盼望着发生一些新异的事情,刺激一下麻木的大脑。但当你和"她"久别重逢,一些理所应当的事情又变得别有风味,"文化震荡"除了地域差异能够带给我们外,同一地域上的长时间跨度也可以。家乡的文化就像一杯浓酒,随着时间的推移越酿越醇,只是有时需要我们停下脚步细细品尝。临别前我和奇附林老人互相加了微信,他对我说道:"等黄河开河了来吃黄河鱼,我招待你!"

金鸡岭公墓：一座"传统的"现代公墓

孙宇飞（中国社会科学院研究生院少数民族文学系）

2020年4月4日下午，我在连云港市灌云县金鸡岭公墓做田野调查。金鸡岭公墓坐落在灌云县伊山镇北郊，大伊山东侧的金鸡岭山麓，是1988年经江苏省民政厅批准的苏北第一家经营性现代公墓。这座公墓的南面即为新石器时期的大伊山石棺墓葬群遗址（青莲岗文化遗址），因而其选址深受该地传统墓葬文化的影响。从公墓区的建筑装饰来说，它在入口道路处设有十二生肖石雕、二十四孝石雕，大门处以地藏王菩萨石像为配景，是一座整合了孝文化、佛文化以及传统墓葬文化建造的现代公墓。

一、传统丧葬地上建造的现代公墓

金鸡岭公墓依山而建，山体坡度较为缓和，环半山呈梯田状安置公墓，山脚多处造有人工湖，墓区内植被覆盖率高。除地理因素外，公墓的选址还主要考虑了历史文化因素。这座现代公墓区与历史上的传统丧葬地毗邻，金鸡岭向南约1千米即为大伊山石棺墓葬群。根据目前的考古发现，这里已经清理出新石器时代早期文化石棺墓61座，岳石文化和西周时期灰坑各1处，汉代墓葬10座。所以早在6500年前，这片区域就是墓葬重地，直至汉代仍是如此。另外，清朝秀才相才在《大伊山记》中有"夹山口（金鸡岭南两千米处，为小山，有河湖，因处两山之间得名——笔者注）北，邱墓多，松楸盛"①的记述，可见，这片依山傍水的区域在清朝时仍被视作丘墓营造的首选之地。因此，1988年建造的现代金鸡岭公墓实际上是传统丧葬地在当代社会的延续。

二、二十四孝石雕与孝文化

金鸡岭公墓位于山脚，不在交通干线上，需要先后经过东西向和南北向的道路才能到达。其中东西向道路两旁竖立着二十四孝石雕，内容以元代郭居敬《二十四孝》所辑故事为主，虽然其中仍然存在着封建迂孝，但是它所传达的孝文化使每位前来扫墓的人心有所触。从中国的文化传统来说，孝子故事与孝道文化一直是墓

---

① 相才《大伊山记》，据张卫怀《朐阳纪略》标点注释本。灌云县大伊山旅游经济区管委会编《大伊山志》，方志出版社2012年版，第244页。

葬艺术装饰的重要题材。我国的孝文化历史渊源深厚,儒学正统思想的确立促进了孝文化的生生不息,由此而产生的孝子故事更是在民间广泛流传。东汉时期的举孝廉制度大肆渲染了孝文化,社会上出现厚葬风气,人们常常会在墓中填满珍宝。关于二十四孝石雕,目前考古发现的东汉墓葬中时常会出现孝文化题材的随葬品和文物,且多集中于鲁南、苏北地区。比如,1970 年,江苏泗洪县裴墩东汉画像石墓出土的一块画像石墓壁,其第二层雕刻有曾母投杼的故事。又如,山东东汉嘉祥武氏祠画像石中有丁兰刻木奉亲、董永卖身葬父、伯榆悲亲等孝子画像。自汉代以来,北魏宁懋石室画像、沁县金代古墓二十四孝图等出土文物无不在墓葬中体现着这种孝道文化。如今,金鸡岭公墓设计的二十四孝石雕,正是这一文化传统在当代的延续。

三、地藏王石像的传说与佛文化

公墓正大门入口处立有一尊地藏王菩萨石像,据当地村民讲述,公墓在建造时曾挖掘出一尊泥菩萨像,因为与墓葬相关便把它当作是地藏王菩萨。因缺乏记载资料,当时的具体情形已很难考证。在整个大伊山,规模较大的寺庙、庵有十多处,民间有"九庵十八寺"的说法,主要有佛陀寺、古佛寺、卧佛寺、日照寺、地藏庵、甘露寺等,明清时期有"日受千人拜,夜照万盏灯"的盛况,但这些寺庵大多已经在战乱中被毁坏。

2007 年,大伊山南麓兴造石佛寺及释迦牟尼像时曾在山中挖掘出多尊佛像,从而印证了当年此地佛教文化之兴盛。这座新建的释迦牟尼佛像于 2008 年圆顶,佛像净高 33 米,莲花宝座高 6 米,须弥座高 5 米。2009 年 8 月举行"大雄宝殿落成暨佛像开光庆典",石佛寺再闻晨钟暮鼓,朝山进香信众源源不断,其盛况堪与明清时期相匹。在浓厚的佛教文化渲染下,公墓入口处的地藏王菩萨像衔续着口头传统与历史文明,前来祭祀扫墓的人多会于此焚香顶礼、祈佑安宁。

当地的丧葬习俗在现代社会传承出新的形式,从以前的填坟上坟、跪拜烧纸到如今的鲜花祭故人;从土丘为坟到公墓建造,人们的生活在经历巨大变革,但慎终追远的思想延续至今。从传统中孕育而生的金鸡岭公墓不仅仅是埋葬"故人"之地,还是人们如何面对及认识死亡的一种体现,是一个地方的宗教信仰、传统文化、丧葬习俗的缩影。

卷轴里的村庄:济南历城区鲍山街道路家村田野随笔

石 鸿(山东大学儒学高等研究院)

四月的时光正好

从原野向乡间走去

天空飘洒着忧郁的细雨

细细诉说着村庄的故事

田野是邂逅

每一段倾诉背后

都有一个动人的故事

清风拂动路边的尘土

是起点亦是归宿

炊烟中飘来的动听音符

迷失在无人的院落

无意间零落的种子

悄然在心田绽放

2015 年 4 月,我第一次和一个叫作路家村的村庄邂逅,时值谷雨前后,天空飘着淅淅沥沥的小雨,细绵忧愁的雨水沁湿了村口的石桥,我从桥上走过,微风用清润的双手替我拂起勾在耳后的青丝。

村庄是每个人对田园生活憩想的落脚点,走在清雨洗净的石板路上,再挽起裤脚,走到田间,泥土的清香在鼻息间流淌,一个脚印埋下一颗种子,在不经意间孕育了希望。

但路家村不是我记忆中的村庄。

一切都会成为历史,历史终将被淡忘,但路家村的存在,会给走进它的人们展开不同的画卷。走在齐整的院落间,隐约间,村庄似乎一下子便热闹起来,仿佛回到了从前,有孩子从身边跑过,嬉笑着邀我走进已经远去的元宵节灯会——那一年的元宵节,街道上已经挤满了人,人头攒动中总会有踩高跷的文八仙远远地走过来。文八仙的高跷有 1 米多高,高跷上的人穿着对襟长裳,抹着格外醒目的眼影和水彩,四平八稳地走着;其中偶尔会有貌似武艺高强的人踩着半米多高的高跷跳上跳下,这便是武八仙,他们脸上抹的水彩比文八仙还要夸张。上演的节目包括白娘子撑伞闹许仙、青蛇传等,一些民间故事在新的语境下被编排为村民们喜闻乐见的新故事。

平日里宁静的村庄被锣鼓唤醒,飘扬的彩旗所至,人们纷纷放下手中正在编织的箩筐,离开房屋融入了人群中。街上还有龙灯、跑旱船、跑毛驴、扭秧歌的表演,为了欢度元宵,大家都热热闹闹地聚在了一起。

最有趣还属那"傻小子","傻小子"一上场便逗得大家哈哈大笑,夸张的彩妆和滑稽的动作,扎着半米多高的高跷,时而后翻跟头,时而劈叉,每个动作的衔接都是勤学苦练的成果,其气场之足令人不得不称奇。"傻小子"是这场表演中的重要丑色,丑角由先秦的俳优发展而来,俳优天生所带的讽谏、娱乐、幽默等特质,与"傻小子"在这场狂欢中所扮演的角色正相当。在"傻小子"上场后,观众的情绪很快被调动起来,愉悦的喧嚣暂时冲破了村庄日常生活的常态。

在闹元宵的"非常"状态中,人们纷纷放下手中活计,加入了这场村民狂欢。集体狂欢较之日常生活很不一样,这往往使村民间的交往更具有开放性、对话性,也更具包容性。

传统社会中严格的等级区别暂时被抛离,狂欢的人群有着一种更为民主或自由的秩序。在现实生活的重压下,这样的狂欢实际上往往充当着村庄生活安全阀的作用,村民们可以在短暂释放后得到新的能量。因为狂欢还"在一种公众欢迎的表演中,暂时缓解了日常生活中的阶级和阶层之间的社会对抗,取消了男女两性之间的正统防范"[1]。有限的观看表演的剧场空间催生了节庆的群体性,剧场式的舞台、表演和观众等元素,最终把闹元宵融为一种集体性的狂欢,这从另一个层面上丰富了村庄生活的多样性,也是村庄生活的另类展现。在这种狂欢节视域下的非常态村庄生活中,怪诞、欢笑与日常耕作等皆构成了村庄生活的完整性。

村庄生活鲜有娱乐活动,所以元宵会的灯会对村民们而言相当于暂时摆脱枯燥生活的狂欢。在年节即将结束,村民们需要做好投入新的劳作生产中去的准备之时,狂欢便是迎接两种生活状态交替的仪式性活动。

然而,或许"狂欢式的所有的形象都是合二而一的,它们身上结合了嬗变和危机的两个极端",正是在这样的嬗变与危机中,2015年的元宵节,路家村"反传统地"呈现了日常村庄生活的安静。

以往欢乐的节庆喧嚣渐渐飘散在了乡间湿润的空气中,不同时空卷轴里的村庄,亦有不同的画卷,从田间再走向原野,这便是我记忆中的路家村。

---

[1]　钟敬文《建立中国民俗学派》,黑龙江教育出版社1999年版,第155页。

干渴的村庄：泰安市"二起楼村"田野调查记

罗瑞霞（山东大学民俗学研究所）

　　"二起楼村"这个称呼叫了很多年，据说，这个名字是从村南边的那座村标中得来的。这座村标上下共两层，用就地取材的天然石头建成。在泰安方言中，"起"就是"层"的意思，经历了数百年的风雨，这座神秘的建筑一直屹立不倒。由于它在人们心中的特殊位置，村内村外的人都称呼这个村庄为"二起楼村"。

　　可是最近，"二奇楼村"的说法渐渐多了起来，从报纸到电视，都开始称呼它为"二奇楼村"。这是因为当地人在距离村标不远处的地下挖出了一块肖氏族谱碑，上面刻着："盖为万物本乎，天人本乎，祖始祖彦自洪武迁居泰邑……二奇楼庄。"或许是村民们猛然醒悟了自己的血缘根基，又或许是"二奇楼"总归较"二起楼"更能引起人们的遐想，所以，"二奇楼"这三个字就渐渐喊开了。而"奇"和"起"到底有多大的差别，村里的老人们是不在意的，从咿呀学语到儿孙绕膝，"二起楼"特有的音韵无数次从他们口中流出，他们已经改不了口了。

　　从道朗镇到"二起楼村"，坐小汽车大约需要半个小时，路过道旁青涩的麦田，绕过布满层层石块的山道，沿着一条还算宽敞的乡间公路一直向西行驶，直到错落有致的石头院落进入视野，你就来到了"二起楼村"。这样说未免有些笼统，的确，在北方农村，麦田、石头、乡村小道随处可见，可是在整个中国，怕是再难找到另一个像二起楼一样的"石头村子"——这里的建筑几乎全是用石头建起来的。

　　入春后直到四月中旬，整个华北地区都经历了一场难堪的春旱，很多地方滴雨未下，一向以缺水闻名的"二起楼村"也不例外。然而，意外的是，我与"二起楼村"的第一次照面并没有发生在一个阳光明媚的日子。那天，天空中恰好飘起了小雨。当我听到村子尽头处轰隆隆的钻井声时，我立刻就意识到了这场雨水的珍贵意义。

　　"二起楼村"是一个严重缺水的村庄，村里曾经有过 200 米、300 米的深井，可是都在支撑了很短暂的一段时间后就不再出水。在村子的西南方向有一个大约 5 层楼深的蓄水池，叫"四清池"。池里已经很长时间没有存过水了，池底的黄色泥巴干得裂成一块一块的，密密麻麻，皱成一片。这个池子很大，俯在池沿边往下看去，一种纵深感令人心慌，可是与偌大的蓄水池无水可存只能荒废的状况相比，后者似乎更容易让人联想到某种难以逃脱的厄运。

　　然而，在求生的意志面前，缺水的厄运又算得了什么呢？现在，"二起楼村"正在打一口 600 米深的井,机器发出的轰隆声从幽深的地底传来,响彻整个小村庄。这个深井会给人们送来源源不断的清水吗? 这个问题或许只有时间才能决断。

水源的奇缺带来了一个令人难以回避的问题。都说"女儿是水做的",有哪一户人家会乐意把自己"水做的女儿"嫁到这个严重缺水的地方? 实际上女儿更是水养的,缺水的"二起楼村"吸引不了娇滴滴的女子们,水源问题隔断了这里的男人们与外庄女子的姻缘。直到现在,村里的老人回想起儿孙们艰难的婚配之路时,还是会眉头紧锁,叹息不已。

干渴的土壤难以滋养生命,稍有理智的人在选择生计时总会趋于肥沃的方向,这是亘古不变的生存法则。对"二起楼村"来说,距离村子仅四千米远的那条高速公路就像是通往黄金世界的大门,几十年如一日,它不知疲倦地运走了这里的青壮年。令人不安的是,人们在经过相当长久的历程后才渐渐发现,这是一条单向道,走了的人再难回来。如今,"二起楼村"还有 30 来户家庭,村民仅剩下 70 来口,年龄最小的在 50 岁上下,走在村庄里看不到一个青少年的身影。没有活蹦乱跳的儿童,也没有意气风发的青年,只有垂垂老者倚着门,巴巴地张望。

"二起楼村"是一座干渴的村庄,这种干渴不仅仅是水源的匮乏,它的难以存续是一种更紧迫的干渴。恶劣的生态环境持续地吞噬着人们的生存资源,人口不断地流失,这一代的老人或许成了最后的坚守者。这个村庄的命运将会如何?

我希望有一天能天降甘霖,干裂的土地重新愈合,鲜活的生命再次装点大地,我也希望正在打的那口深井能够持续不断地涌出甘甜的清水,村民们因缺水带来的忧愁能够得到缓解。

当代社会的古村落:初访井塘古村

李泽鑫(辽宁大学文学院)

根据《住房城乡建设部门关于做好 2015 年中国传统村落保护工作的通知》,青州市井塘村入选第四批中国传统村落名录。青州在潍坊本是民俗文化丰富的地区之一,2017 年 8 月 12 日,我们一行五人来到了位于青州益都街道办事处的井塘古村。一天的停留让我们切实感受到了明代建筑遗风,以及山里人的淳朴。

走进溪水环绕的村口,一条条青石小径蜿蜒前伸,一座座古老的石屋映入眼帘,散发着浓郁的古朴气息。这里的古屋、古桥、古井、古庙、古围墙都以其原生态的样子被保存下来,组成了一幅苍凉的画面,向人们勾勒着古时人们的生活环境和生存状态。张家大院的一位老账房先生告诉我,井塘古村从明朝就已经存在。当时,村子里只有张、吴、孙三个姓氏,其他姓氏诸如王、齐、秦、刘等都曾在村中出现过,但不知基于何种原因没能维持下去。张、吴、孙三家,族谱依然保存得比较完整,并且在井塘村民还未搬离旧村时,三姓族人房屋的地理位置也是围绕其本家祖宅——张家大院、吴家大院、孙家大院所分布。

这位老先生姓孙,已 82 岁高寿了,自 8 岁就开始学习书法,卖字生涯长达 60 年。自井塘古村被开发后,孙大爷就被邀请过来,有婚俗表演的时候就扮演账房先生,平时则在这里卖字。当被问及婚俗活动时,孙大爷打开了话匣子:张家大院是标准的四合院,石屋均为四梁八柱框架结构,石屋的高度一般在三米左右,长八九米,宽三四米,除了门窗和屋顶外全由石块砌成。如今北屋被用作了井塘古村的婚俗装束展厅,有凤冠霞帔,也有喜床喜被;东屋放着八抬大轿。如今井塘新村的人家结婚,也会沿袭旧俗,穿凤冠霞帔,用八抬大轿迎娶进门,依然是很有中国特色的婚礼;西屋在以前都是用来摆酒席的,现在里面也有一桌酒席,虽然是假的,但那逼真的饭菜也让人垂涎欲滴;南屋,也就是现在孙大爷所在的屋子,在之前是办婚礼时账房先生用来收随礼的地方,如今被任命的账房先生,就是孙大爷本人。

当我询问井塘村的开发现状时,孙大爷脸上洋溢着自豪。他说,旅游局为了开发井塘古村,自十几年前就投资了几十万,用于修路,正应了那句话"要想富,先修路"。修完路后,政府将有利用价值的老屋收购过来,修缮后作为旅游景点。但进去后很容易就会发现,除去作为景点的老屋外,其他的老房子大都经年失修,残破不堪,乃至作为景点的房子也是杂草丛生。这种情况虽然在以古村落为主题的旅游景点比较常见，但我个人认为这种情况不利于当地旅游业的发展。针对这种情况，笔者认为，一方面，政府可以对旧村的房子进行一次大规模的修缮，使得老屋至少从外部看起来比较完整，也可利用旧房子的残壁来向游客展示古人的建筑艺术；另一方面，还需设计一条游客参观路线，有意识地规避某些破坏比较严重的旧房屋。

建筑能够体现时代的特征与民间风情，传统建筑的消失会使得民俗氛围被削弱，新建的建筑虽然美观，却失去了历史的厚重。况且，游客参观古村，本就是为了寻找历史感，新的建筑并不具有深刻的吸引力。因此当地政府加大对原有建筑的保护力度是很有必要的。

井塘古村的民俗活动设施比较齐备，除了入选非物质文化遗产项目的山果酿酒技艺、石砌房技艺等场馆，还有像煎饼卷大葱、手工面馆、吹拉弹唱这样的特色民俗体验馆。据了解，共有 28 位老井塘村民被安排在这里提供特色服务或安保工作，可以说这是政府开发井塘旅游给当地居民带来的福利，为村里老人提供就业岗位，也减轻了年轻人的负担。

老先生说，井塘旅游业的发展如火如荼，旅游旺季一天能接待七八千人次，每年仅门票收入一项就有 350 万左右。而井塘村民经济收入主要来自自家种的山楂、蜜桃、柿子、核桃等当地特产。

井塘村的先民们已同逝去的岁月，化作烟云。但在石砌房屋里酿就的民俗文化，却一直传承至今并渗透到村民生活的方方面面。井塘村民在逢年过节、寒来暑往、婚丧嫁娶等生产生活的诸多方面，都沿袭着独具井塘特色的传统习俗，他们以自己的方式表达了对自然的敬畏和对未来的祝福。

作为山东省内保存完整的明代古村落之一，井塘古村历经几百年风雨飘摇而不衰，不仅为我们了解历史提供了良好的场所，更切切实实地为村民带来了经济效益，为青州的古文化建设增加了光彩。

我在家里做田野："隐去的"土陶

魏　娜(辽宁大学文学院)

我家世代传承土陶这一民间技艺。从祖上开始做土陶算起,至今具体有多少年,家族里谁也说不清。以前,做陶是我们家的谋生手段,那时候,家族里的每一个男性成员都会做陶。在我十岁之前,家里还有一个小作坊,爷爷和太爷(爷爷的一个叔叔)每天的生活重心就是做陶。后来,土陶逐渐失去了市场,慢慢地淡出了我们的生活。时至今日,坚持做陶的就剩下我太爷一个人了。太爷现在老了,家族里的年轻人都不愿意接手这门民间技艺,让人不禁为这一传承了数百年的土陶制作手艺所担忧。

我是"卖花盆家"的孩子

小时候,我是在土陶的陪伴下长大的。爷爷和太爷每天都在小作坊里做陶,我就在一旁玩,甚至为能帮忙端盆子而自豪。院子里、房屋里摆满了各类缸、罐子、盆,有时连下脚的地都没有。那时,盆和罐子已经做得比较少了,花盆是我们家的主要货品,所以别人经常称呼爷爷是"卖花盆的",以至于爷爷的真名很少有人知道,我也自然地成了"卖花盆家"的孩子。就连我们村的"小名"——窑屋,也是因为多个家族都是"以陶为生",村里有多个土窑而得名的。土陶在我的生活里太自然、太普通了,所以就连它在我的生活中渐渐淡去的时候,我也没有留意。如今家里竟连一只土陶也寻不见了。2018 年寒假回家的时候,听到我妈提起土陶,说太爷如今又开始做土陶了,而且还做出了新花样。或许是想重温儿时旧梦,我又来到太爷家,再次见到了多年不见的土陶,这一次,土陶在我心里不再只是一种器物,它还承载着一种家族的集体记忆。

"要饭的买卖"养活了我们

听奶奶说,我们的老家原在山东临沂,家族世代以制作土陶为生,那时候土陶是"要饭的买卖",挣不了几个钱,家中勉强可以度日。后来,随着家道日渐没落,爷爷的太爷兄弟三人,带着各自的妻儿,一路奔波,来到了山东台儿庄,投奔了早已在此安家的堂叔。在新的土地上,他们兄弟三人做的第一件事就是凑钱买了两亩地,挖土做土陶。当时,台儿庄地区做土陶的不多,有广阔的市场空间。经过兄弟三人的努力,家族里的土陶在附近一带还算小有名气。那时候,没有发电机,没有电动转盘,都是纯人力制作,需要大量的劳动力,而单个小家庭的能力有限,因此往往到了成家之后,大家还是住在一起,直到孩子们成人,能成立另一个大家庭才分家。家庭作坊式就是我们家族的传统经营方式,以家庭为单位,在各自的家庭作坊里制作完成各种陶器,然后由做陶人或家里人外出售卖。因为土陶,我们整个家族成员紧紧联系在一起,家族内部的关系一直以来都很和谐。他们每天与泥土相伴,木轮吱吱呀呀地从年轻转到年老,从父亲转到儿子。但是,待它转到我爷爷这一辈的时候,却转不动了。因为铁的、不锈钢的、塑料的器具涌入我们生活中来,这些又笨重又易碎的土陶就逐渐地被人们遗忘了。为了生计,爷爷不得已放弃了祖传下来的土陶,就连烧土陶的大大小小的窑也因为建房而被拆了。窑没了,我们村的小名"窑屋"也不再适合,就像入了学的孩子一样,大家都要称呼其大名了。

土陶的兴衰:一切都是为了生活

在我们就要把土陶忘了的时候,闲下来的太爷又拾起了这项手艺。因没有人帮忙"蹬轮子",太爷只好放弃了笨重的木轮,购置了电动转盘。之后,又在院子里挖了一个窑,虽然比较小,但也足够烧陶了。太爷是个手巧的人,晓得传统的那些土陶入不了今人挑剔的眼睛,便辟了新路,改制观赏陶。除了传统的罐、盆、缸外,还有小水壶、笔筒、烟灰缸、大花瓶等,其中吉祥平安球、五湖(壶)四海是太爷的得意之作,其花纹和造型也被太爷赋予了特殊的寓意。

土陶是做出来了,但太爷又开始为土陶的销路和传承担忧了。前些年的农村,几乎家家户户都有几只土陶:挑水要用陶罐,洗手洗脸要用陶盆,盛粮食要用陶缸,就连夜壶也都是陶的。土陶用途广泛,价格低廉,加上本身易碎的特点,村民们对土陶的需求很大。每当爷爷讲起昔日卖陶的景象来都颇为得意:小推车上码着满满当当的盆罐,走街串巷的一小会功夫就被挑拣得干干净净。而现在的土陶多是被当作工艺品,一般只在古城里的商铺或逢会的时候才会售卖,销售量很少。做土陶是我们族人养家糊口的手艺,如今生活条件好了,选择生活的机会也多了,依靠土陶反而养不起家了。为了生活,家里的先辈们选择了土陶;为了生活,年轻的一辈们放弃了土陶。盛行土陶的那个时代已慢慢远去了,我们全家围绕着小作坊,不断地挖土、和泥、做陶、烧窑、出窑、售卖的热闹情景也一去不复返了。

堆在院里的土陶落满了灰,与一旁锃亮的不锈钢盆比起来,显得有些落寞。

被铁路包围的村庄:河南省石洼村田野随笔

王淑慧(信阳师范学院法学与社会学学院)

河南省宝丰县石洼村是中原地区一个普通的农业村,也是笔者的家乡,2020年2月到6月,笔者因疫情滞留在家,于是在石洼村进行了五个月的田野调查。

本次调查的主题是道路变迁对中原乡村的影响。从20世纪50年代以来,石洼村经历了多次铁路建设。铁路作为现代化的交通运输方式,当其进入乡村时,不可避免地会对乡村产生一定的冲击。在中国快速发展的背景下,经历频繁的道路变迁的中原乡村发生了什么,未来走向如何,这个问题的答案并不是想象中那么简单。

经过70余年的建设,石洼村现有多条铁路穿过,分别是焦柳线、通勤线和孟宝线以及焦柳线和孟宝线的复线。孟宝线修建于1956年,焦柳线和通勤线都修建于1970年,焦柳线复线的上行线(即复线本身)建设于2009年、复线的下行线建于2014年,孟宝线复线建于2014年。孟宝线是由孟庙站至平顶山矿区的运煤专用铁路。焦柳线由原焦枝铁路与原枝柳铁路两段组成,焦枝铁路北起焦作站、南至柳州站。通勤线从大庄矿前往平顶山西区专门运送煤炭。据调查,每次铁路建设前后,石洼村在村落景观和社会关系方面都发生了很大的变迁。

在村落景观方面,因孟宝线、焦柳线、通勤线离村子地面较高,需要就地挖土填方形成高台,所以在石洼村就挖出了大大小小的坑,有的坑能够继续耕种,但有的则成为大水坑,由此改变了石洼村原有的平原地貌地点。

铁路的走向影响着村民房屋的分布。原先为了便于从事农耕,村民的房屋大多建在庄稼地周围,呈不规则片状分布。有的房屋周边没有大路,只有人走出来的小路。铁路修筑后,镇里多次给村子拨款修路,对路面进行硬化,村民也陆续翻修或者重新盖房子,为了出行便利,村民将新房建在道路周围,公路主干道与孟宝线走向一致,整个村子房屋分布呈现出以硬化公路为中位线的椭圆网格状,也就是老百姓所说的"南北两头庄稼地,东西中间遍住宅"。

除了景观上的变化之外,石洼人的生存模式没有改变,仍旧以耕种为生,不过有部分村民在铁路上当护路工。甚至由于道路的畅通,村民住房开始集中,农忙时互帮互助,闲暇时的沟通交流,使得村民之间形成了更亲密的人际关系。

孟宝线的进入也使得村落的社会空间发生了重构。在该铁路没建之前,石洼村东头西头的划分主要受村里的行政管理影响,具体来说,就是从村西到村东,给每家每户排号分生产队,70户为一队。全村有13队,前六队所在的地方就是西头,后七队所在的地方是东头。举个例子,笔者家是第121户,就是属于第二队,西头。当时还做了门牌号,钉到门外的墙上。这样的划分没有维持几年,村里就迎来了孟宝线的建设。

孟宝线建成后,居民的出行受到了影响,由于铁路离地面较远,所以村民进村出村需要走铁路涵洞,孟宝线就形成了东西头的分界线,由此石洼村也产生了新的东头和西头之分,即以孟宝线上的涵洞为划分依据,涵洞以西为西头,涵洞以东为东头,穿过涵洞即可从村西到村东。

新的东西头之分带来的影响是深远的。在石洼人眼里,东头人没有西头人富裕,比如说,将茅草房翻修为平房和盖二层小洋房是从西头开始的,在医疗卫生服务方面,西头有村民建设的医疗卫生室3家,而东头就只有一家。出现这种情况差异的原因主要是因为西头距离石洼村隶属的杨庄镇的市场更近,而且铁路从村西开始修,占用的土地更多,西头人更早摆脱土地的束缚,而村东由于地理位置较偏,征地相对较少,东头人从事农业的人口也更多。

不过这种"东西头"划分随着2014年12月孟宝铁路焦柳铁路的复线工程建设再次发生巨变。这里解释一下,复线铁路是"双线铁路"的习惯叫法。区间内有两条正线的铁路。分为上行线和下行线。在正常情况下,上、下行列车分别在上下行线上运行。在同一区间或闭塞分区的一条正线上,只允许存在一列列车运行。新铁路线的进入打破了村子原有的空间状态,再次使得社会关系发生了变迁。原本就已经被铁路线分割过的村子再次被分割得支离破碎,加上西头居民大量搬迁,实际上村里已不存在东西头之分了。

这次复线工程的建设带来了石洼村征地的高潮,它不仅仅是占用耕地,还包括村民住房,这意味着这个村子以及村民原有的生活模式要发生巨变。随着宝丰县路网的不断修筑完善以及平顶山新城区的建设开发,县政府在杨庄镇西南部也就是石洼村南部规划一片土地构建新工业区,于是全村近一半的耕地被征用,加上之前村北部文峰塔森林公园扩建征用土地,这两次征地使村中可耕种土地大大减少,村民谋生方式发生重大转变,他们走出村子到东部城市的工厂打工赚钱。

复线工程建设时,村子原有的道路被再次修缮硬化,之前角落里的小路也被照顾到,原先的铁路涵洞被修建得更高更宽,便于村民出行。但路的修建也带来了新的问题。很多住房因为建设的需要而被拆除,原先集聚的居民区变成碎片状的居民区,一些村民组最后只剩下一两户没有拆,看起来孤零零的。村里有不少树木被砍伐,村西到村西大门之间曾经有一条种满杨树的林荫路,也被白色的高架桥和水泥路代替。由于路面硬化过度,下雨的时候,高架桥下面会形成积水,给来往的村民造成不便,如果不进行人工疏导就很难排除积水。

村民住房被占用,政府除了提供物质补偿外,也重新修建了安置房以安置村民,就是所谓的"农民上楼"。这样一来,石洼村由一个自然村落变成了一个居民小区,村民的生活方式、人际关系、社会结构等都随之发生变化。

就石洼人而言,耕地被占用,意味着传统的农具在楼房里无处安放,共同劳动互帮互助的热闹不复存在,茶余饭后话收成的场景不再出现,与耕种有关的传统风俗文化也因为缺乏实践的场合而慢慢被遗忘……原先"端着饭碗互相串门,家家户户屋门不闭"的熟人社会逐渐消失了。

村民的活动范围从大村子变成自己家的屋子里,小孩子和老年人在户内的时间远远超过户外,再也不见之前的乡村景象。青壮年村民为了谋生不得不外出打工,只留下了老人和孩子。

在现在的石洼村,婚嫁丧葬的很多流程能简则简,比如,以前办丧事,去世的人的尸体要在堂屋中停留三天并由亲属守灵,但现在很多居民居住的是楼房,没有堂屋,这一流程最后就不了了之。按石洼村风俗,接新娘子的婚车所经之地如果路过石狮子,需要提前用红纸把石狮子的嘴巴封住,以防石狮子把新娘子的灵魂吃掉,但现在也很少见石狮子了,更不用说红纸封嘴。

笔者在调查时,村里的王四爷还告诉笔者一个石洼村和闹店村结成"友谊村"的故事,这个故事发生在交通不便、以农为生的年代,从侧面印证了道路建设对乡村社会关系的影响。两村在崇祯十一至十三年(1638—1640)因为祈雨结缘。当时宝丰县大旱,闹店村的社头和绅士率领一支常用铜制唢呐、镲子奏乐,专门在婚丧嫁娶等大型活动中演奏的演奏班子——铜器社到石洼村西南的柴庄村古寺背影寺"祈雨"。因闹店村距背影寺七八十里,来往都要经过石洼村,返回途中需在石洼"歇脚"。石洼人虽然生活清贫,但十分热情地款待他们。石洼人祈雨则是到郏县境内堂街村的龙王庙。而堂街在闹店东,距闹店数千米。石洼人到那里祈雨,闹店村是必经之地。于是,石洼人祈雨返回途经闹店村时,闹店村人也杀猪宰羊热情款待。从此,两村结下了深厚的友谊。之所以两个村子要舍近求远去很远的地方祈雨,笔者调查了很久,具体原因村民也说不清楚,但大多数人认为,经过辛苦的远行,神明更能够感受到人们的诚心,祈愿更易实现。而随着道路的建设、交通工具的发展、科技的进步以及不再以农业作为主要的生计方式,村民们不再需要千里迢迢祈雨,两村原本亲密的关系就逐渐淡化,友谊村也难免流于形式了。

　　道路变迁是城市化发展的结果，而被路包围的村落则处于一种尴尬的状态，既逐渐远离田园牧歌般的生活，也不能完全变成繁华的城市。我们常说，要致富，先修路。大规模建设道路促进经济发展本身是一件好事，但实际上很多地方修路对村落原有的环境冲击很大，会造成村落熟人社会的解体，也就是说，经济确实是发展了，但原有的文化却在逐渐丢失。如何平衡好道路变迁与村落发展的关系，实现乡村的全面发展，这是乡村振兴战略中不可不思考的问题。

挂"错"的香火

——吴江"小河南"调查随笔

周　波（信阳师范学院法学与社会学学院）

　　太平天国运动结束后，在清政府招垦和民众的自发迁徙下，环太湖一带逐渐形成了大量的移民方言岛。河南人是其中的一个重要的移民群体，他们主要分布在安徽广德，浙江长兴、安吉，江苏溧阳、溧水、吴江等地。笔者即以其中一个位于苏州市吴江县（现为吴江区）的河南移民方言岛——菀坪镇（人称"小河南"）作为主要调查点开展田野调查。

　　菀坪是吴江本地人和外来移民在此围湖造田而形成的一块土地。笔者初到菀坪，很快发现菀坪不存在单一宗族为主的村落，但它并非没有宗族。为了在环太湖一带站稳脚跟，宗族是早期的河南人重点依托的关系资源。他们在异地立足的过程中，把宗族的重要标志——"香火"文化也移植到了迁入地。

　　河南人堂屋的北墙是供奉祖先与诸神的地方，所供的神位俗称"中堂香火"（也可简称香火或中堂），上面写着"祖宗昭穆神位"。香火意味着堂屋既是栖身之所，又是表达祖先崇拜和神灵信仰的空间。由于菀坪的外来人群除了河南人外，还有苏北人，河南人和苏北人在最初立足的过程中，受到本地人较多的排斥，所以两个移民群体之间合作较多，且关系密切，香火也成了这两个移民群体求同存异的重要文化符号。

　　与河南人所供奉的"祖宗昭穆神位"不同，苏北人供奉的是"天地君亲师神位"。但除了中间的"神位"有区别外，河南人的香火和苏北人的香火两边的对联已经基本一样，比如"宝鼎呈祥香结彩，银台报喜烛生花""祖德永扶家业盛，宗功常佑子孙贤"等等。在对联两侧，分别是财神神位、灶神神位和土地神神位。即使有的苏北人家庭不挂香火，但在说起苏北人与河南人的差别时，仍会强调苏北人挂"天地（君亲师）"。

　　从本质上来说，河南人和苏北人除了神位不一样外，其他方面相似之处甚多。当地人常说：河南人和苏北人老在一块儿，分不开了。笔者曾听到一个苏北人说起河南人，会说"我们的河南人"。我们从下面一个故事也能看出二者之间的密切关系。

　　2014年2月21日，笔者坐吴江209路公交来到了菀坪戗港村。该村在2003年8月由西湖村和南湖村合并而成，西湖村和南湖村的名称是1949年后才有的称呼，菀坪最早开发的足字圩、室字圩就在西湖村。笔者去的时候，该村大部分已拆迁，只剩下三四十户"钉子户"。在原西湖村附近，笔者碰到了一位刘姓阿姨，她自称祖籍河南，50余岁，不识字。她家的堂屋的北面墙上前些年贴的是寿星，随着儿子成家，老两口想重新供河南人的"香火"。她已不懂河南人的香火是哪一种，就去请教另外一个祖籍河南的邻居，对方告诉了她。也不知道是她听错了，或许是那个邻居不懂，结果她就请了卖香火的店铺老板到家中安装了苏北人的"天地君亲师神位"。笔者思虑欠周，就忍不住告诉她河南人和苏北人各自挂的香火分别是什么样的，事后一想，自己不该多嘴，毕竟这幅香火是她花了几百块钱制作的呢！

在不同人群的长期互动下，香火文化不可避免地发生着变迁。笔者对刘阿姨的提醒确实不是很必要，因为挂不挂香火似乎已经不是融入当地的移民后裔的必需，他们不必再特别地用香火的差异来区分与其他群体的差别，刘家对中堂香火知识的不熟悉，表明了香火现在更多的是作为一种文化记忆，有的家庭可能仍觉得十分重要，但在有的家庭自然也会面临失传的可能。

随着人们观念上的变化，有的人仍按老规矩来，如同芯村陈爷爷家虽然房屋不再是传统样式，但他专门腾出一个房间挂香火，妻子是苏北媳妇，常教育大儿子不能忘了祖宗，说："你也快有孙子了，怎么能不烧香祭祖呢？"分家之后，大儿子家也供上了香火。但有的人家已经简化不少，安湖的杨书记就说："我这户族有几十人，家里一般不挂香火了，房子挂不起来。这也有卖香火的，我不愿意挂。过年烧纸烧香，以前有五个香炉，现在规矩减了，有两个香炉。"此外，有的家庭只剩下香案、供桌，并无香火。

虽然香火这种十分具有移民文化特色的习俗还在部分地传承，但渐渐已经被人们认为不适合挂在城镇化时代的楼房里了。在诚心村居民王叔家，他家的堂屋北面的墙被设计为两扇玻璃窗，他解释道："好多人不挂中堂了，因为我屋内北面是窗子，不适合挂中堂。"

菀坪人堂屋的香火文化出现的另一个重大变化是，随着老龄化时代的到来，更带有现实关注的"寿星"一类的装饰越来越多，在生育观念上，移民后裔已经不太认同与宗族文化密切相关的传统的多子多福的观念。在日常生活中，如果见到外来打工者带着三四个小孩，菀坪的移民后裔有的也抱以不理解的态度。

总之，十分具有移民民俗特色的标志物如香火在民众生活中不再被普遍当作十分重要的东西，香火文化在这个移民方言岛也呈现出差异化的特点，甚至有的移民后裔家庭还会挂"错"香火。挂"错"香火表面看起来是移民后裔的原籍认同的减弱，但从移民民俗的发展规律来说，其实香火并没挂"错"，它只是移民民俗向地方民俗的转化，变得更适应融入当地的民众的需要而已。

古镇开发的喜与忧

陈趣联（慈溪市文化馆非物质文化遗产保护中心）

有朋友说，去慈溪市鸣鹤古镇的游客多起来了，得知这个消息我立马赶到古镇。

由于工作关系，我在 2015 年的岁末去过古镇。看到很多仿古建筑、小桥流水，均与白洋湖比邻，这里有虞世南家族的古迹，有爱国华侨吴锦堂的墓地，有清官彭公的寺庙，有三北名刹金仙寺，有抗日司令部旧址，有末代状元张謇为吴锦堂书写的墓志铭，更有古镇保存完好的古代十里长街。然而，非遗项目大多离开了。政府投入近两亿人民币，为传承人免费提供古建场地，却为什么还是留不住非遗传承人？理由简单，古镇没游客。

现在，听说游客多起来了我当然高兴。为了增加人气，观海卫镇政府特地要我在镇里讲课，我概括地说了三句话：古生活形态要保护好，古文化模式要传承，思想产生的源头要让其存在。

走在鸣鹤古镇大门口，偌大的停车场有近 200 辆车有序停放着，不收费。要在两年前是没有这么多人的，也就不需要专门的停车场。在入口处，看到用中英文对照写的鸣鹤古镇的简介。古镇原来是由旅游局和观海卫政府联合搞起来的，现在委托公司代管。入口从金仙寺一侧进去，依然不收费，有上百个保安巡逻，我为运营的经费担忧。

与其他旅游景点差不多，广场、戏台、亭台楼阁，大多是仿古建筑，但被利用起来的房子不多，而旁边的古代私宅倒一派繁荣的景象，店铺中展现了鸣鹤人独特的生活形态，年糕由捣臼人工制作，花糕六徒弟按季节生产，玉禾酥添加猪油香味特殊，便宜的草头药吸引远方病人，杭州的大药房师祖就是从鸣鹤走出去的。游客不但买到了当地特产，还看到了产品的制作过程，也就看到了古镇原有的文化模式。在这仅有的店铺旁边，还看到了三北祈福剪纸的现场表演，图案大多是蝙蝠、如意、铜钱、万年青、龙凤等，折射出古镇追求美好生活的思想。在福袋和老虎鞋制作的艺人表演中，看到了重虎抑龙的思想，让人联想到龙虎斗的故事。

然而，再往长街深处走，很多马头墙建筑大门紧闭，就是开门的古建中，主人们大多干着电子产品的加工活，很少与游客有主动交流的场景，好像古镇旅游与他们无关。这是一个非常糟糕的现象，古镇开发是政府单方面的事情，不去发动当地居民,让当地人民成为古镇的主人,要吸引游客就难于上青天。怪不得政府花大钱造了戏台,而主动上台演出的居民几乎没有,外面请人演出又没有经费。古镇有明代宫廷音乐留存,有全国走书非遗传承人,戏台居然无人表演,说明古镇开发走群众路线有多么重要。正因为没有充分发动群众参与古镇建设,所以即使政府出台政策保护古镇,号召力也不足。

公司管理有一定的好处,权责明晰,然而公司以赚钱为目的,又不可能让公司与古镇村民完全融合。古镇开发了,居民没有好处,要想吸引游客就非常困难。入口处投巨资,里面却没有规划。

我在古镇长街深处,看到一户人家,在做传统包子,走廊里一只老母鸡在引导出生不久的小鸡觅食,家里没有安装自来水,四个大水缸足够全家用水,院落还算干净,但一出大门,垃圾成堆。在古镇深处,真正配合旅游的就看到这户人家。当然,这户人家完全是无意为之,如果政府有意引导,那么古镇吸引游客应该不会有问题。

观海卫媒体概括我讲课内容的时候,出了一个题目,叫"三句话识鸣鹤宝贝",这题目有点夸大了,不过古镇开发离开了古代的生活形态、古代的文化模式和产生思想的传统工艺,那就会走入歧途,游客不愿来也就不奇怪了。

在人间：菜市场调查小记

周争艳（中国社会科学院大学文学系）

何处是田野？田野在他乡，也在身边。2018年3月，我几次进入位于武汉市洪山区珞南街珞狮路的马房山菜场，去体会人间烟火。马房山菜场正式成立于2001年，是街道口附近的便民菜场之一，2009年之前，马房山菜场是由石棉瓦搭造而成的简易卖菜场地，2009年经过加工改造，成了现今的半地下菜场。菜场夹杂在诸多小的店面之间，位于一栋年久的居民楼旁，主要摊位都在地下，从远处望，很难发现菜场的门牌。

一、空间布局

马房山菜场实际已设立有23年之久，因为交通建设的缘故，其外部空间布局变化极大，内部空间布局变化较小。

（一）外部空间

菜场位于马路十字路口，与菜场同侧的诸多店面面积很小，且脏乱不整，小店商品都极为亲民，多经营日常百货、副食、水果、早餐等，也有修鞋、配钥匙和一些小型宾馆铺面。

轨道交通的修建给马房山菜场及附近商家带来了诸多不便。菜场原先直面宽阔的珞狮路，现今菜场外是竖立的地铁8号线宣传阻隔栏。与马房山菜场相距约500米处，原有的大型购物超市——中百仓储，因武汉市地铁8号线的修建，已于5个月前被拆毁；周围的诸多小型店面都已清空，灰尘漫布，马房山菜场在交通线路修建和周围店铺关闭的影响下，外观更为不显眼。

（二）内部空间

菜场有两个进出口，都在菜场一侧。进入菜场需要下十余层的楼梯台阶，其中西出口处的台阶上都是卖水果的摊位，再往里进就是主菜场。主菜场呈正方形，约有200平方米，分布着粮油店、生鲜店、猪肉摊位和蔬菜摊位共46家。

虽然菜场内部总体较为脏乱，但空间布局却极为规整。菜场门口分布着粮油店和干货店，都是专门的小店，店名多冠以地名，如黄陂精品猪肉、仙桃干货店等。占比最大的是蔬菜摊位，这些摊位被安排在菜场的中间，摊位之间被四横四纵的通道分割开，以便顾客挑选和行走。在蔬菜摊位的一边有两排猪肉摊位，整齐地归置在一起。菜场最内侧分布着 11 家生鲜店,此处卫生最为脏乱。

二、人际关系

菜市场内部的小贩几乎全部是武汉市内人,都是从湖北各地(如黄陂、仙桃、黄州、咸宁等)或者河南而来,在此处经营谋生,其中经营年数最少的有 2 年,最多的则经营 22 年,彼此之间都极为熟悉。

(一)亲缘与焦虑

有少数摊主是因亲戚在武汉本地工作或者此菜场谋生多年投奔而来,兄弟几人一起在武汉打拼,在菜场谋生,其中一位姓许的阿姨最为典型。许阿姨 40 岁,来自河南周口,大哥在马房山卖菜 20 余年,二哥及嫂子在武汉理工大学任教,因为两位哥哥都在武汉生活,许阿姨夫妻俩毅然决定卖掉老家周口的房子,前来武汉,在此处经营两年后买房定居。

许阿姨哥哥家的摊位就在旁边,两年的菜市场工作让许阿姨感受颇多。首先,菜市场谋生较为自由,从许阿姨处了解到在菜场工作的很多人都是奔着自由营业的工作性质而来。其次,许阿姨感慨最多的还是信息发达给固定营业的菜场人带来的冲击。"到处都是配送的,不需要我们这些菜摊的。"许阿姨认为,信息的发达让不少顾客的需求轻松点两下就能完成,并且配送公司兴盛,佐料、面粉、蔬菜都可以派送,并且在这样的竞争压力下,配送公司的服务越来越周到,顾客根本不需要出门就能"坐享其成",菜摊原本的红利被瓜分。况且,因为地铁的修建,马房山拆迁是早晚的事情,拆迁后该何去何从,孩子该到哪里就读,都是这些远道而来的异乡人要谋划的事情。

(二)业缘与娱乐

卖菜的摊主多是妇女,她们的丈夫负责进菜和运菜;买肉和生鲜的摊主多是男性。各个摊主彼此之间都相互照应,如为对方拉生意、互换零钱等,忙过早上 4 点到 8 点间的买菜高峰期抑或是吃完午饭,妇女们就会聚在一起打麻将,老人则组队下象棋。下午 1 点到 5 点是一天中较为清闲的时候,打麻将或者下象棋也多在此时进行。麻将桌就摆在菜摊旁过道上,妇女们的麻将技能娴熟,每局赌注一般都是 10 元钱,几人一直会打到下午买菜高峰期,并且有其他摊主和顾客围观。而老人下象棋的场面则较为冷清,持续时间也较短。除了打麻将、下象棋外,妇女们会在一起聊天,如菜价、顾客和孩子学业等问题,也会拿着手机看视频消磨时间。

(三)地缘与谋生

马房山菜场中,黄陂、仙桃、荆州地区的摊主较多,都是亲戚拉亲戚,朋友拉朋友来到此处，来的目的都是赚钱。

许阿姨说，自己就是被在武汉的哥嫂拉到武汉来的，"菜场卖菜也算是自由职业，比在公司上班打卡好得多，并且赚钱也快。"普遍来说，在武汉市，他们基本可以在两三年内就买到一套房。"做猪肉生意的，赚钱最多"，许阿姨说道，生肉卖主多在马房山菜场驻扎有 20 年之久。

除了物质基础不错之外，菜场中卖主家的孩子受教育程度都比较高，多是研究生学历。家在白沙洲的魏阿姨，今年 53 岁，在马房山卖菜 22 年，其大女儿是武汉理工大学本科生，北京航空航天大学研究生，现为江苏省常州市研发人才；家在荆州的吴阿姨主要卖水果，儿子儿媳都是上班族，酬金颇高，儿子还是研究生。

三、调查趣闻

滑倒。在菜场入口下台阶时，因斜坡面且地面有水极滑，一调研同伴一跤滑倒在地，站起来后，旁边卖水果的吴阿姨随即拿出灌装水让其洗手，一脸和蔼，在做了基本的处理后进入菜场内部调查。再次回到吴阿姨的水果摊时搭话极其自然顺畅，吴阿姨不吝拉家常、说菜场及自己的信息，极为友善。出糗是田野调查中拉近距离的方式。

吵架。2017 年 9 月 18 日清晨，在调查马房山菜场时，一位年轻女顾客与水果摊主发生言语冲突，声音极大，引得不少菜场内摊主和顾客的驻足围观。卖主和顾客言辞激烈，各不相让，女顾客在多人围观之下甚至出言不逊，卖主反击说哪个人家找了这样的人做媳妇简直是倒大霉，引得周围人大笑，顾客最后气急败坏地离场。因双方说的都是武汉方言，调查者听不太清楚，当转身问听得津津有味并且彼此不停交流的菜场卖主具体发生了什么时，都被回了"没事"两个字，并不再搭理我们这几个调查者，市场内部信息一般不与外人交流，他们有自己的关系网。

菜市场是整个城市最有人情味的地方，它有焦虑，有无奈，但也有关怀，有爱，有希望，人间烟火，市井百态，莫过于此。

当代民俗体育的生命经验：扁担上的下洛村

李翠含（北京师范大学体育与运动学院）

　　广西扁担文化历史悠久，是壮族农耕文明的共同记忆。在日常生活中，扁担作为稻作劳动生产的工具，多用以春米劳作，肩挑收谷等。扁担亦是壮族青年男女传情达意的定情物，象征勤劳与担当。清代李调元辑解《粤风》第三卷《苗人担歌》记载："峒人多用木担聘女，或以赠所私者。"①目前较为盛行的扁担舞已于 2008 年入选第二批广西壮族自治区级非物质文化遗产名录。扁担舞最初由"春米舞"发展而来，现以扁担敲击板凳的形式，在此起彼伏、错落有致的敲打中，表现插秧、收割、打谷、春米等劳作过程，敲击声音清脆，表演形式多样。河池金城江区保平乡有祭祀扁担的传统习俗，每年在春耕生产或者秋季丰收时，家家户户都会把扁担拿出来，杀鸡宰羊，举办祭扁担的仪式，祈求风调雨顺、五谷丰登，企盼生活富足、美满。

　　2018 年 4 月，笔者在广西做民俗体育的田野调查，为了解当地的扁担文化，参与了下洛村的扁担节。下洛村"社王庙"里供奉着一根"扁担王"，它是下洛村村民的生活"图腾"，也是当地人的"吉祥物"。自 2012 年起，下洛村依据当地的扁担习俗，融合了扁担舞、扁担传情、扁担祭祀等文化事项，将祭扁担仪式规范化、文明化、趣味化，精心打造了扁担节。扁担节于每年三月三举办，主要以弘扬扁担文化为主，综合展示民俗体育、山歌对唱、美食特色等民俗文化。

　　扁担节分为请扁担、祭扁担和送扁担三个环节，活动一般持续两天。第一天一早，身着盛装的村民便在村口陈列两队，她们双手持扁担，时而变换动作相互敲击，时而彼此配合敲击长凳，身姿轻盈，节奏明快，展示了精彩的扁担舞。9 点左右，伴随震天的锣鼓声，社王庙外两旁的火盆点燃，请扁担仪式开始。村民请来的 7 位"师公"开始走"禹步"（祭祀活动中常用的步法，也叫七星罡步），寓意与"上天"沟通，之后，进入庙门，叩拜扁担王，祈求风调雨顺、六畜兴旺。紧接着，将 5 米长的竹制"金扁担王"请出，交由一对"金童玉女"扛起。顿时，鞭炮声、锣鼓声四起。村民组建的两条舞龙队伍开始在社王庙前穿梭舞动，乐手们卖力地敲锣打鼓配合节奏。在一番热烈的庆祝过后，扁担祭祀开始。祭祀队伍由"金童玉女"肩负的"扁担王"带头，7 位"师公"守护，扁担舞队、舞龙队、腰鼓队紧随其后，其他村民一同跟随扁

---

① 　蒲泉、群明编《明清民歌选（甲集）》，古典文学出版社 1957 年版，第 234 页。

担队伍绕村子游行,分别祭拜早在村子中陈列好的春夏秋冬贡台,以示感恩扁担带来的四季平安、五谷丰登。较为不同的是,今年的扁担节增加了上刀山祭祀扁担的表演。"师公"经过严肃的禹步"沟通"仪式后,徐徐走向20余米高,由36片钢刀组成的刀阶。只见他脱下鞋袜,赤脚裸掌,沿刀刃缓缓而上,不一会儿便到达刀山顶端。随后,从容地从其他辅助"师公"手中接过长长的扁担,将它扛在肩上,吹响牛角号,以展现壮族人民勇敢无畏的精神。经过紧张惊险的上刀山展示之后,将扁担放置在祭祀广场的露天贡台上,方便村民祭拜。而送扁担环节则安排在第二天,依旧由这对"金童玉女"扛起沉重的"扁担王",村民舞龙打鼓护送,将扁担王送回社王庙。

每年的扁担节,民俗体验活动不同。两天的时间里,竹筏竞赛、乡村斗马大赛、浑水摸鱼比赛、牛王争霸赛等民俗体育项目热闹开赛;展演打扁担舞、打榔舞、扁担之歌、打铜鼓、山歌对唱等赏心悦目的民俗文化节目;扁担竞技、非遗文化展演、趣味田园寻宝、特色美食、音乐快闪、篝火山歌会、趣味啤酒节狂欢晚会等各类活动每年轮番上阵。村民与游客共同参与,在玩乐中体会民俗体育的乐趣,感受当地别样的民俗风情,体验乡村休闲慢生活,体味传统文化与现代元素的碰撞,共飨节日的文化盛宴。

据了解,下洛村的"扁担王"大有寓意。其一是担当的精神。沉重的"扁担王"压在小小年龄的"金童玉女"肩上,他们步履艰难。村民介绍,需要通过这种锻炼来培养孩子们的担当。这种担当精神源于有担当的下洛村村民。筹备第一届扁担文化旅游节时资金匮乏,困难重重,下洛村全体村民积极支持,捐钱出力,在村民的鼎力协作下,扁担节才得以顺利举办。而下洛村最有担当、最有胆识的当属村主任覃星军,他早年下海经商家底殷实,却心系乡情,毅然回乡参选村委主任,带领村民让"古老"的扁担发挥作用,为家乡人出计策、谋财路,是个有担当的人。其二是勤劳的品质。扁担用得多、挑得重,就意味着勤劳,这是村民赋予扁担的象征意义,也是下洛村村民的优良品质。除了打造扁担文化之外,村民们还通过辛勤劳作,努力改善经济状况。下洛村多山,全村2100多名村民,人均只有一亩薄田,勤劳的下洛人,精心耕耘田地,种植甘蔗、核桃树,向石头缝要绿色、要钱,一口气在荒山种植了上千亩山林。其三,扁担意味收获的幸福。在第一届扁担文化旅游节举办之前,下洛村地处偏远,距离保平街约10千米,再加上自然条件恶劣,几乎没有基础设施,一直"藏在深闺人未识"。但是,有耕耘才有收获,扁担节改变了一切。如今,下洛村扁担节已成为当地一个响当当的文化品牌,发扬了优良的传统文化,提升了村民的自觉意识。此外,下洛村的环境改善有目共睹,举目望去,青山绿水,村容整齐干净,村貌焕然一新,现已当选为金城江区首届"十佳美丽乡村"之一。

新时代背景下,下洛村抓住传统文化复兴、乡村振兴和文化扶贫等政策的大好宏利,充分利用自身的自然、文化、社会等资源优势,将扁担文化变身为振兴乡村、发展乡村旅游、建设美丽乡村的"金扁担"。这根扁担挑起下洛村发展与建设的责任和重担,为村民挑来幸福和喜悦。也许,置身民俗文化空间下的当代民俗体育也能够从中嗅到一丝生机。

"我们"的转变与镜头的"转向"：宁明花山岩画调查

刘洁洁(广西师范大学文学院)

在我进入田野之前,无论是聆听潘其旭老师的花山文化讲座,还是观看纪录片《中国影像方志·宁明篇》,我在很多地方都间接地接触过花山岩画。可是,我却一直没有机会在现场目睹神秘的花山,直到 2018 年暑假期间,我才有机会来到崇左宁明,见识到它的"庐山真面目"。

一、初识花山岩画,走进濑江屯

2018 年 7 月 16～30 日,第五期中美民俗影像记录田野工作坊在广西崇左举办,工作坊分为宁明花山组、龙州天琴组、大新土司组及凭祥边贸组四个文化小组,我有幸成为宁明花山组的一员。学员们经过为期三天的理论课程学习,分别进入设定的田野场域。

7 月 19 日,部分老师和四组学员一起乘船参观花山岩画。"花山"在壮语中称作 pay laiz(岜莱),意为有画的山。花山岩画位于宁明县城西南约 25 千米处的明江河畔。岩壁上留存有大批壮族先民骆越人绘制的赭红色岩画。花山岩画是左江流域岩画群的代表,也是目前为止中国发现的单体最大、内容最丰富、保存最好的一处岩画。岩画以人像构成主体,人像一般作正面、侧身两种姿势,此外还有狗、铜鼓、刀、剑、羊角钮钟等图像。看到这些图案,我们不禁想起消逝久远的骆越社会活动情景。

参观期间,游船在一个码头靠岸,码头边上一棵高大的古树伸展枝干,拾级而上时,古村寨门上"濑江"两个大字映入眼帘,这里便是我们花山小组的田野点。码头上方的广场视野开阔,枝繁叶茂的大榕树旁边是始建于光绪年间、2009 年重修的观音庙。庙里不仅供奉着观音像,还有壮族生育神和儿童守护神——花王圣母即花婆,班夫娘娘即壮族女英雄班夫人在此也有一席之地,由此可以看出当地民间信仰的多元化。

初到陌生的环境,我们一行人拜访了马主任家。经了解,濑江乡村旅游区是宁明县城中镇耀达村的一个自然屯,全屯共有 82 户、415 人,以马、陆、林、黄姓氏为主。该村于 2015 年获得自治区"绿色村屯"荣誉称号,2016 年获得崇左市"魅力村庄"称号。为了尽快融入田野的拍摄,我们走访村寨,熟悉了村史馆、子母池、观音庙、越人歌、民宿区、游客中心等建筑和设施。

广场公示牌上写有《城中镇耀达村村民保护花山岩画约定的条约》,该条约指出"花山岩画是我们祖先留下的宝贵遗产,是中华民族的瑰宝,更是我村的一颗璀璨明珠。为了更好地保护花山,使花山岩画存续久远,经全体村民商议,共同约定如下……"其中最显著的便是"爱护花山,敬若神明"这一明文规定,说明对于保护花山岩画的观念,当地人已经达成共识,并不知不觉中塑造着他们的精神风貌。

每年壮族传统节日"三月三",当地人都要在花山周围举行祭祀骆越王的活动。即使眼下村里的年轻人大多数都外出务工,每家每户也照样要派代表参加活动。对花山的崇拜已成为当地人祖先崇拜文化的重要表达方式。

二、申遗后的"你我他"

宁明花山岩画遗产区属于左江花山岩画文化景观第一遗产区,包含珠山岩画、龙峡山岩画、高山岩画和花山岩画四处岩画点。濑江屯的村后隔江相望的便是高山岩画,具有得天独厚的地理优势。随着2016年"左江花山岩画文化景观"正式列入世界文化遗产名单后,岩画知名度与日俱增,村寨也被越来越多的人熟知。不少专家学者、游客等纷至沓来。濑江屯是景区的壮族村寨,作为骆越的后人,当地人始终传承着骆越文化,诉说着花山传奇。

在我们调研与拍摄期间,就有来自上海和宁明县旅游局等地方的专家学者对濑江屯参观考察;广西大学的学生来此村寨,拍摄以骆越文化为主题的视频;参加暑假夏令营的中学生来此参观学习,感受花山文化的魅力。

每当接到游客将要到达濑江屯的通知时,当地人精心准备的节目表演,会使整个村子变得格外热闹。对于拍摄主题一筹莫展的我们来说,也是一件好消息。

游客没来到村子时,忙碌的广场上,兼职演出的村民们紧锣密鼓地开始准备工作。他们穿上民族服装,把铜鼓或者战鼓搬运到广场上,一切准备就绪,就等参观者的到来,一场具有浓郁特色的壮乡文化演出即将开始。

随着一声汽鸣,游船停靠,寨门石阶上一曲壮语的《迎客歌》送给远道而来的客人,举起糖波酒让来者免费品尝。此时铜鼓响起,大榕树下老人演奏天琴,村史馆前战鼓声声,此起彼伏。演出者表现出的热情与自信,也感染着我们。这时村里的老人、妇女和小孩也赶来看热闹,对于他们来说,观看广场上的演出是其次,看看今天又是哪些人来自己的村子,才是他们关注的。

经了解,演出中负责寨门前唱迎客歌、送客歌和敲战鼓的是濑江屯的村民。村主任夫人和小卖部老板娘加入唱山歌的队伍中,兼任花园餐厅厨师的陆师傅,也是敲战鼓的一员。之前他们有受过唱山歌、敲战鼓等方面的培训,平时在家做农活,接到通知时,便成为一名演出人员。

在他们学习的《花山歌》里讲道:"花山山高立壁岩,岩画骆越古祖先。几千年来不褪色,历尽沧桑赤鲜妍。明江岸竹常青翠,木棉花开红满天。花山骆越祖文化,美名远扬四方传。"他们身体力行传承着花山文化,自主参加山歌等培训,积极参加广场上的演出。演出时的村民们脱离了平日里日复一日的劳作,展现出极大的热情,迎客来、送客走,希望把花山文化传到更远的地方。

三、"我们"身份的转变与镜头语言的"转向"

在这几天的调查与拍摄中,我们与当地人从陌生到熟悉、信任、共享,由此建立了深厚的感情。在田野调查中,在观照他者的同时,我们也是被反观的对象。

岜莱贝侬合作社是当地制作并销售古法红糖、糖波酒等土特产的地方,在我们拍摄合作社的时候,老板娘起初以为我们是某个电视台的,也在用手机拍摄我们的到来,形成了双方互拍的"他观"与"我观"的有趣场景。

在起初的几天,很多村民以为我们是普通游客,后来随着出现频率的增多,他们把我们与来去匆匆的游客区别看待。

田野期间的吃饭问题,主要是由大厨陆师傅负责解决,从起初的见面问声好,到后来一起吃饭、聊天、合照。导游小岑姐姐在送完游客走时,见到我们在拍摄说:"好开心,又见到你们啦!"外来者与本地人的界限变得模糊起来。在广西大学的同学们拍摄民俗表演后,她们与山歌爷爷聊天中,提到我手机里有拍摄他孙女照片,示意让我过去给她们看看,"我"的角色仿佛从局外人变成了村子的局内人。

在田野中,我们不断融入当地,亲临民俗表演现场,本能地跟随本地人一起等待游客的到来,置身于热闹的活动氛围中,同当地人一起忙碌与兴奋。随着田野工作的深入,一步步地获得"本土感"。于此,我们不仅需要理解他者文化,也要不断反观自我,以自觉和他觉,不断构筑重叠共识。

在"我们"身份的转变过程中,摄像机的镜头也发生了"转向"。随着时间一天天过去,在濑江屯经历了几场民俗节目表演后,我们拍摄的主题也越来越明晰,镜头的视角也有所转变。对于广场上的民俗表演,我们的镜头从起初的拍摄演出节目到来访的游客,再聚焦于演出人员的精神面貌。

文字是无声的语言,镜头可以记录声音与图像。镜头语言和书面表述,其表达的效果有很大的差异,但是两者都是一个文化阐述的过程,它们既不是"原汁原味"的本土知识,也不是他者文化的自然投射,而是一种再创作,是自我与他者合作生产的第三种产品。不管怎样,都需要我们关注其文化和采访者的故事与生命感受,用专业知识帮助他们释放声音,表达他们的所思所想。

"中华第一卯"：走进荔波水利大寨

王新宇（广西艺术学院人文学院）

什么是田野调查？做田野调查是为了什么？这些问题，在未读研究生之前，对于我来说都是陌生的。然而，当我真正进入田野的时候，发现田野调查原来是那么有意思的事情。2017年6月，我与另外两个小伙伴到黔桂交界地区的龙江、都柳江一带进行了水族卯节的田野调查。

水族是我国特有的少数民族，虽然人口不是特别多，但其民族文化却独具特色。2017年6月21日是水书上的卯日，这一天要过卯节。卯节是水族的盛大节日，分四批轮流度过，过节日期选择在插秧结束之后的水历九月、十月（阴历五月、六月）的卯日，是"绿色生命最旺盛的时节"。卯节除了宴请宾客之外，最热闹的环节就是卯坡上的对歌活动，被中外人类学者称为"东方情人节"，水利的卯是第一个卯，所以我们此次来到了荔波县的水利大寨。

因为已经来过一次，所以和这里的老乡已经熟悉了。刚进寨子，便看到到处张贴的宣传标语，觉得有那么一点节日的气氛了。提着各种设备，我和小伙伴就来到了歌师吴国立老师家（过卯也是吴国立老师打电话通知我们的），本想着在吴老师家门前休息一下，却看到了上次在茂兰的妮滴（"妮滴"是水语阿姨的意思），我们过去打招呼，寒暄了没有几句，妮滴便邀请我们去她家吃晚饭，寨子里人们的热情是出了名的，我们也没有拒绝便跟着过去了。在田野调查当中，我最无法逾越的便是酒，在妮滴家里比较实在，所以那一晚便搪塞了过去，没有沾酒。边吃边聊的时候，妮滴的侄女趁卯节来看望奶奶，刚好与我们年龄相仿，便聊了起来，她们家已经搬到县城住了，如今很少回到寨子里，只是逢年过节的时候回来看看。吃过晚饭，她让我们去她家休息。她家的房子是新建的，在街道办对面，要走10多分钟的路程，我们便一起过去了（田野当中总是无法拒绝老乡们的热情）。由于第二天要赶卯节，我们便早睡了。

夜里两三点，窗外传来声嘶力竭的吼叫，我们还以为出了什么事，仔细听来，是家家户户开始杀猪宰牛了，此时过节的气氛越来越浓。清晨，天刚蒙蒙亮，各家的妇女们都开始张罗着在自家的门前支起遮阳伞，搭建起临时的小商店，售卖饮料、西瓜等小零食，也有从外地赶过来的民众，像是赶圩日一般。在水利大寨里，男人们相对来说还是很悠闲的，他们或是三五个一起去卯坡对歌，或是在家里迎接亲朋好友。我们到的前一日在卯坡还见到了几个男人聚在一起练习山歌，以便更好地迎接今日的对歌。太阳越升越高，气温也越来越热，赶卯节的人陆陆续续地奔赴卯坡，不仅是寨子里的老乡，其他寨子的兄弟姐妹们也都赶过来参加节日，共同庆祝；当然，这里面也不单单只有水族民众，还有布依族、壮族、瑶族等少数民族同胞，都是为了自己喜欢的山歌而来。

吃过早饭，我和小伙伴们便直奔卯坡，烈日灼烧，但是烧得人热情更加高涨。我们到卯坡时，已经是人头攒动了，表演的舞台也都已经搭建好，只是开始的时间还没有确定。在这间隙，主舞台的左边，不知是哪里来的剧团，在表演着一些现代流行歌曲，吸引观众驻足观看。县、乡、村里的领导嘉宾到卯坡顶的木屋吃饭休息去了，待他们结束后，整个卯节才正式开始。在卯节这一天，对歌不受任何限制，青年男女都可选择自己心爱的人，在卯坡的树丛中、草地上、山石旁，或站或坐地撑起各色花伞遮住脸唱起歌来，而四周几个男青年围成一个圈，相互对歌，以歌传情。若是两人对唱得合心合意，事后只要由男方家带着猪、酒、糯米等认亲礼品前去女方家认亲，选好了婚期便可成婚，一般家中老人很少干涉。伴随着舞台上的表演，台下的对歌活动也在继续，只是现在以这种形式结合在一起的男女已经很少了。

过卯节也是水族族群之间走亲访友的时候，犹如汉族的春节。男女青年在卯坡对歌的同时，山下各家各户也在迎接着亲朋好友的到来，送走一波儿宾客又来一波儿，吃着流水席。我的小伙伴在整个下午就赶了四场宴席，这不仅是节日的因素，更是水族人民的热情。这种聚会不会随着卯坡对歌的结束而结束，而是要持续到夜里十点钟或者更晚，以节日的名义来增加民族之间的认同。

近年来，政府在保护和传承民族文化过程中，发挥了至关重要的作用。但是，民众的活动要以民众本身为主，文化的变迁需要民众的文化自觉，民众开始自己参与他们的文化活动中，这样的集体记忆才能够可持续发展，精致的民族文化才能一代代地传下去。

丰盛古镇田野行

西　萍（重庆工商大学社会与公共管理学院）

2019 年 5 月 16 日，我们一行五人来到位于重庆东南边陲、隶属巴南区的丰盛古镇，踏上了期盼已久的田野之行。这座建于明末清初至今保存完好的古镇位于深山之中，平均海拔 500 余米。

作为一个在华北平原长大的女孩，我对这盘旋而上的山路、高低起伏的山峦以及与山中绿树遥相呼应的蓝天白云构成的景象深深地迷住了。同行之中，有一位土生土长的重庆人，她说她家后面就是一座山，家门前有一条河，目光所及尽是青山绿水。不知道目染这般风景长大的人此刻是依然沉醉于此还是不以为意了呢？就像某些民俗文化，我们认为它很独特很珍贵，而身处其中的人又是如何看待的呢？在这个日新月异的时代他们是否还会珍视其文化传统呢？自我与他者的文化认知和行动策略是如何协调运转的呢？

一声"到了"，打断了我的思绪。回过神来，便拿起背包下车，踏上丰盛这片土地。

进入古镇，右手边矗立着一座写有"木洞场口"的牌坊，因为丰盛曾是重庆去南川、涪陵的重要驿站，后来在驿站的基础上逐渐扩大，进而发展成了集镇。"木洞场口"，即从丰盛到木洞的道路路口。同样，在古镇的东部有通往涪陵的道路，那里也立有"涪陵场口"的牌坊。在"涪陵场口"依稀还能看到小路上老旧的青石板。今天，我们出行有多种交通工具可供选择，但在那个只能依靠马车行路的时代，不知要翻越多少山头。沿着"老辈子"走过的路前行方能启迪我们生命的意义，发现民众的生活智慧才更有益于我们今天的生活。我想，这就是民俗学的意义所在。

走在古镇的小巷里，我发现家家户户的门口都贴有家训，如邹氏家训：孝老睦邻、尚文守法、克勤克俭；陈氏家训：做人要诚，做事要勤……这些家训是一个家族所遵循的礼法，是对家族内每个成员定的规矩，家训在无形之中规范着人们的行为，这正是民俗文化对民众潜移默化软控制的体现。

也许是自古就注重孝善家风建设，古镇丰盛是远近闻名的长寿古镇。据 2018 年底统计，全镇户籍人口 1.96 万人，80 岁以上老人有 868 人，其中 90 岁以上的就有 132 人，100 岁以上有 2 人。在我们与当地老人的接触中，更是真切感受到丰盛古镇老年人长寿的秘诀：勤劳与乐观。我们在一家主营豆花的餐馆吃了午饭，餐馆由三个人运作经营：一位老婆婆和她的儿子、儿媳。儿子负责后厨掌勺，儿媳负责点餐、送菜和结账，老婆婆则专管豆花。由于分量很足，我们五个人只点了三碗，在婆婆盛上来时，我们问："您今年好多岁呦？"（重庆话"好多岁"即"多少岁"）婆婆一边用手比画一边说："明年就 80 啦！"说完就赶忙给另一桌客人送豆花去了。当有客人催促时，婆婆就会笑着说："不要急嚓，心急吃不了热豆花哟！"看着婆婆忙碌的身影，我想，她一定对这一碗碗热气腾腾的豆花充满了热爱。在这个节奏飞快的时代，婆婆的豆花却浸入古镇的历史长河，伴随时光缓缓流淌。

　　除了豆花外，古镇的"慢时光"中还有竹编和手工秤杆。我们在一家制作竹编的店铺门前驻足观看了老艺人编制箩筐的过程——起底、编织、锁口……在经纬编织的基础上还可以穿插各种技法，使竹编图案花色变化多样。这种有着悠久历史、富含中华民族创造智慧的传统手工技艺在 2008 年 6 月被列入第二批国家级非物质文化遗产。和竹编一样，秤杆的历史同样久远。在一家名为"称心如意"的店铺门前，我们和一位人称"王秤杆"的爷爷聊了起来。王爷爷告诉我们，他做秤杆已经 30 多年，每天早上打开店门，坐在陪伴他多年的工作台前，打磨秤杆、量刻度、装秤砣，总会吸引很多游客来观摩、拍照。虽然很少有人购买，但老人从不介意。因为他看重的不是把秤卖出去，而是把这项古老的技艺展示给大家，正如其店门上挂的家训"一丝不苟制秤，公公正正做人"。如何让曾经的发明创造存活于当下是个需要思考的时代课题。我想，"存活"既可以指物质实体的存在，也可以是精神层面的延续，也许某些技艺在当代确实没有了生存空间，但这些灿烂遗产所蕴含的精神价值却是可以流传千古的。因为作为一个时代的印记，它们见证了中华文明的发展历程，是能够在日常生活中给予人们情感与精神支撑的。

　　古镇清幽的环境，淳朴的民风，给我留下深刻印象。都说现在的古镇商业气息太浓，建筑风格千篇一律，缺乏特色，但这种感受不属于丰盛。自身有底蕴，有历史沉淀，才会在民众的日常生活中将这种存在方式静静地呈现出来，让人领悟到其存在至今的理由。丰盛之行，收获丰盛。

岩鱼村的"红黑榜"乡村治理模式

徐 斌（贵州师范大学历史与政治学院）

党的十九大以来,中共中央始终把民族地区乡村治理模式建设置于民族工作的突出位置,民族地区乡村治理发生了历史性、转折性、全局性变化,民族地区乡村治理建设取得显著成效。贵州是少数民族聚居大省,积极响应党中央国务院的号召,结合民族和地域传统,创制出多种深具特色的治理模式。而黔西南贞丰县岩鱼村"红黑榜"模式正是民族地区乡村治理模式的良好实践,对我国其他民族地区基层治理工作具有借鉴和启示意义,可持续为乡村振兴新发展助力。

岩鱼村隶属贞丰县永丰街道办事处,位于贞丰县城东面,距县城 4.5 千米,海拔 1045 米,占地面积 11.6 平方千米,常住人口 565 户,2437 人,共 17 个村民小组,分布在 2 个自然村,绝大多数为世居布依族。2020 年 7 月,笔者在调研该村治理模式时,发现其创制的"红黑榜"颇有特色且运行良好。岩鱼村脱贫攻坚指挥所具体负责本村"红黑榜"评选,并组织召开本组群众会议,宣传"红黑榜"管理办法;评选结果在岩鱼村公示 7 天,仍然不改者,将按照《岩鱼村脱贫攻坚战战时公约》给予处罚,由村级上报,在全县"红黑榜"曝光。可见,设立"红黑榜"的重要初衷便是扎实推进脱贫攻坚战,而从其总体实施效果来看,这种乡村治理模式不仅符合当地、当下实际,对于持续推动乡村全面振兴也有着深远的影响意义。

"红黑榜"分为"红榜"和"黑榜",其规定及实践个案举要如下。

其中,"红榜"规定如下:

1. 孝敬父母,尊重长辈,夫妻和睦,兄弟姐妹团结友爱,家庭生活温馨和谐的;在父母、家人有伤病、残疾等困难情况下,做到不离不弃、守护相助、患难与共的。

2. 改善老人居住条件,给予老人精神慰藉,经常看望老人的;帮老人做家务,及时为老人清扫居所的;保证老人衣食住行、生活费用充足的。

3. 诚实守信、遵纪守法,集体观念强,在服务村集体工作岗位和公益性岗位上,工作勤恳踏实,任劳任怨,有高度的责任心和上进心的。

4. 助人为乐,见义勇为,爱护公共财物,义务赡养帮助社会老人、残疾人,热心帮助需要帮助的人的。

5. 家庭文明卫生,房前屋后整洁干净,屋内收拾整齐。

6. 脱贫愿望强,不懒惰,能通过自身劳动,吃苦耐劳改变现状,摆脱困境的。

以 2019 年第 2 期"红榜"为例：

姓名：余××

家庭住址：岩鱼村这外二组

主要事迹：室内外环境卫生整洁，彰显了岩鱼村村民爱护环境卫生、勤劳朴实的淳朴民风，在各项公益事业建设中积极支持。

其中，"黑榜"规定如下：

1. 不支持、不拥护脱贫攻坚工作，发表不利于脱贫攻坚社会舆论，做不利于脱贫攻坚工作行为的。

2. 不搞好自己家庭个人卫生和屋内环境卫生，不参加村（居、社区）村（居）民集体环境卫生行为的。

3. 滥办酒席，红白喜事大操大办铺张浪费，薄养厚葬行为的。

4. 不孝敬父母、不奉养父母、打骂父母的，让父母居住老旧危房，自己住安全房屋行为的。

5. 不积极缴纳养老保险和农合保险的，催缴三次以上仍然不缴纳行为的。

6. 不管教子女，子女未满十六周岁辍学在家和外出打工的。

7. 不执行村支"两委"重大决策，在征地拆迁工作中提超政策和法律的条件，非法组织上访行为的。

8. 不按产业结构调整政策规范种植，违规使用农药，隐瞒家庭收入行为的。

9. 不按规划报批乱建房屋，在公益事业上扯皮推诿的行为。

10. 违规乱纪，不遵守交通管理有关规定，造成不良后果和影响行为的。

11. 不遵守村规民约形成不良影响。

2019 年 7 月 24 日

以第 1 期"黑榜"为例：

姓名：周××

家庭住址：岩鱼村这外一组

主要原因：环境卫生差，多次督促，屡教不改。根据《岩鱼村脱贫攻坚战战时公约》规定，坝桥村委会将周××户列为失信农户，进入村级黑榜管理，暂停办理相关优惠政策和服务，村支"两委"暂不为其办理一切手续，直至考察合格退出黑榜，才给以恢复。

透过"红黑榜"治理内容可以发现，对于岩鱼村的"治理者"村"两委"来说，其秉承的主要是"以自治添活力、以法治强保障、以德治扬正气"的管理原则，在"红黑榜"中，"以自治添活力"主要体现在"诚实守信、遵纪守法，集体观念强，在服务村集体工作岗位和公益性岗位上,工作勤恳踏实,任劳任怨,有高度的责任心和上进心的";"以法治强保障"主要体现在"违规乱纪,不遵守交通管理有关规定,造成不良后果和影响行为的;不管教子女,子女未满十六周岁辍学在家和外出打工的;不执行村支'两委'重大决策,在征地拆迁工作中提超政策和法律的条件,非法组织上访行为等情况的";"以德治扬正气"主要体现在"孝敬父母,尊重长辈,夫妻和睦,兄弟姐妹团结友爱,家庭生活温馨和谐的;在父母、家人有伤病、残疾等困难情况下,做到不离不弃、守护相助、患难与共的;改善老人居住条件,给予老人精神慰藉,经常看望老人的;帮老人做家务,及时为老人清扫居所的;保证老人衣食住行、生活费用充足的;助人为乐,见义勇为,爱护公共财物,义务赡养帮助社会老人、残疾人,热心帮助需要帮助的人的;家庭文明卫生,房前屋后整洁干净,屋内收拾整齐"等诸多方面。

同理,对于作为"治理对象"的广大村民来说,他们主要是遵循"以自治来参与、以法治立约束、以德治显功德"的原则配合村里各项工作,这在"红黑榜"的相关规定中亦有体现。笔者在访谈岩鱼村村民的过程中了解到,村民对于"红黑榜"的相关规定普遍持赞同态度,认为"红黑榜"规定主要源于他们的生活传统和村规民约,合情合理,因而乐于遵守。目前,村民积极配合村"两委"推行"红黑榜"模式,对于"红黑榜"的内容,也大多能够做到烂熟于心。在"红黑榜"模式影响下,岩鱼村的村容村貌和社会秩序发生很大改观,为完成脱贫攻坚任务奠定了良好基础。同时,值得一提的是,"红黑榜"模式已经逐步推广至周边村寨,正在为更大范围内的乡村治理建设提供有益经验借鉴。

以其人之礼，报其人之恩

田　晶（云南民族大学文学与传媒学院）

我在西双版纳勐海县做田野调查的傣族村寨是一个景区，景区里有镇上最好的花园酒店，毗邻村寨的民居，但是我从未去住过，而是一直住在村民的家中，不仅是因为寨子的民宿有烟火气，更重要的是我需要尽可能地消除他们与我之间的距离感。

几次田野我先后在三户人家住过，然而关系最为密切的还是玉儿叫妹子家。那是2019年7月的一天清晨，我在水井旁的早点铺子吃完米干，随心地往寨神的方向走，远远就看到有位"老波涛"（傣族对男性老年人的尊称）往神龛里放了一壶水，在神龛前的陶罐里点了一根蜡烛。当我好奇他在做什么，向神龛靠近的时候，雨点突然大了起来，他步履匆匆地离开了寨神。我一路小跑追到"老波涛"家里，在进行了简单的交流之后，明白了今天寨子里有人要去考驾照，所以找他帮忙做了简单的祈福。由于"老波涛"的汉语不太流利，我又无法用傣语和他交流，交谈一度陷入尴尬，这时候，在一旁做傣装的傣妹用一口清晰流利的普通话转移了我的注意力——她可真漂亮啊，白净的脸庞眉目清秀，高高的环发髻，穿了一套鲜绿色撞粉红的傣装，上穿无领斜襟盘口中袖绿色紧身衣，下穿粉红与绿色相间条纹的筒裙，这两个配色在她身上一点也没有俗气，反而显得灵动活泼。做活的时候她和寨子里很多妇女一样将裙摆折入腰间，筒裙瞬间变半裙，方便行走。

对于突然闯进家里，并且接二连三地抛出一系列疑问的奇怪访客，她并没有表现出厌烦，还切了正在售卖的菠萝和番石榴让我坐下来吃，边吃边和我聊天，我这才知道，她名玉儿叫，娘家是邻寨的，结婚之后丈夫在她家上门两年，今年才回到公婆家来住。"老波涛"是她的公公，也是这个中心寨的"召勐"①，平日里负责养"寨神"，因此才会有我之前看到的那一幕——帮寨子里的人祈求通过驾照考试。

从那天起，我就成了他们家的常客。

玉儿叫家除了割胶、种植火龙果、番石榴、甘蔗、波罗蜜等，还附带售卖自制的烘烤果干，公婆待她特别好，农活都不用她干，她就在家制作售卖果干，同时给寨子

---

① "召勐"："勐"是西双版纳过去行政区划的单位，"勐"代表一片地区，西双版纳最高统治者"召片领"（清王朝时期所称的"车里宣慰使"）会分封自己的血亲到各勐去当"召勐"，简单来说就是王公贵族有各自的封地。"召勐"即这片封地的领主。

里的妇女缝傣装。当然，和村里很多人家一样，他们家也做民宿。

在这个开发为景区的傣寨里，全村都是木结构干栏式建筑，一楼不允许有围墙，也不能够养牲畜、家禽，甚至宠物狗，几乎完全向游客敞开，通往二楼的楼梯也不设门，只要得到主人的允许脱鞋就可上楼参观。在二楼生活区，村民自己居住的空间并没有和客房完全隔离开，在同一层楼，甚至厨房、卫生间、浴室等都是共用的，除了供奉家神的家屋不对外人开放外，其他区域客人都可以自由出入。

民宿房间的陈设一目了然，通常就是一个铺在地上的床褥，一台悬挂在木墙上的电扇，偶尔会有桌子和榻榻米的房间，我需要码字的时候就自己搬个椅子当电脑桌。夜深人静的时候，总是有些虫子迎着窗口的亮光扑腾，早晨醒来还会看到壁虎在我枕边下的蛋，我是调整了一段时间才适应这种与自然和谐共处的感觉。

当地人做生意很随性，他们作息时间都围绕每日的农事活动，做农家乐、民宿都是附带产业，农家乐一般只做早餐、中饭，下午四点半以后就是自家人休息享受的时间，不再对外营业了，民宿一般也不提供饭食，所以我之前每天吃饭都没有固定的地方，有时候通过外卖平台叫镇上为数不多的几家外卖，有时候到佛寺帮忙做饭顺便吃饭，更多的时候是在寨子里东家一顿西家一餐，村民们都很热情，但是做田野工作毕竟不是一两天的事，时间久了我也是不好意思的。

玉儿叫妹子一家特别细心，他们清楚村里人的习惯，担心我吃饭没着落，即使我住在别人家的日子也常会叫我吃饭，起初我还客气，越来越熟之后我索性搬到她家住，后来两次田野调查都是在她家住宿，吃饭的问题再也没愁过。晚上他们睡得早，常常我跟完仪式或者访谈完回来他们已经入睡了，只是在楼梯口给我留了一盏灯，每次摸着黑听着虫鸣水声回到家里，看到那盏灯就感觉踏实了。木板的建筑，走起来会"咯吱咯吱"的响，为了不影响他们休息，晚归或者早起我都是踮着脚尖慢慢挪。

玉儿叫和她老公都是活泼开朗的人，虽然对于我所做的事情似懂非懂，但是在我遇到困难的时候他们都尽力帮忙。为了满足我的好奇心，他们去地里收果子、割胶，去亲戚家帮忙、赴宴都会叫上我。

时间就这样在充实和愉快中溜走了，又到了要离开的日子，当我询问他们房费和伙食费时，他们一家坚决不要，说是我已经跟他们相处得跟亲戚一样了，怎么能收我钱。

于是，我犯难了，怎么好意思"白吃白住"。他们虽然不会说很多客套话，甚至跟家里的"老波涛""老咩涛"（傣族对女性老年人的尊称）语言交流都有些困难，但是他们用行动多次帮我解难，教我傣语的日常用语，带我熟悉寨子里的各种礼仪，特意给我做汉族的饭菜，送我亲手做的傣装……

虽然我知道谈钱很俗，但是不谈钱一下子又表达不了我对他们深深的感激之情。

正在我发愁的时候,另一位在镇上的田野工作者邀请我一起去佛寺给大佛爷做"苏玛",八月正值傣族的"关门节"期间。我豁然开朗了,这不就是最好的感恩方式吗? 其实我在寨子里看过很多次"苏玛"仪式,但每次都是看老乡们做,自己没有亲力亲为过。

每年的"关门节"大致是公历的七月开始,直到公历十月结束,为期三个月的时间里,是信奉南传佛教的傣族为夏季祈求平安的日子,也就是俗称的"雨安居",在这三个月中傣族人都要到佛寺拜佛祈福,遵守生活上的规定和禁忌。"苏玛"仪式在这期间频繁举行,在西双版纳傣族地区,"苏玛"的含义很广,不仅仅是对僧人,也是对父母、长辈、村里的长老以及各种对自己有恩的值得自己尊敬的人,都可以行"苏玛"礼,用汉语的意思理解大致就是"祝福、感恩、致歉、祈福"的含义,这是傣家人和睦相处之道,在安静祥和的气氛中增进相互之间的关爱。

临走前的头一天晚上,我们相约去给大佛爷行了"苏玛"礼,并请他给我们拴线。根据当地的习俗,我们摘了几朵漂亮的鸡蛋花和龙船花放在托盘里,准备了一些零钱和一人一根蜡条,请他为我们诵经祈福并拴线。"拴线"是傣族的一种传统习俗,傣族在很多仪式中都会用到拴线。在传统的傣族世界观里,人有灵魂,而灵魂有时会乱跑,灵魂乱跑就会导致人生病。拴线可以把灵魂牢牢地系在身上,灵魂在身上不乱跑,人就会身体健康,不怕疾病和鬼怪侵扰。因此,村民外出远行时,一般都会请佛寺的佛爷或村寨里的长老为自己拴线祈福,祈求一路平安。家里的老人也会给晚辈拴线,代表着长辈对晚辈的牵挂。

有了头一晚的实践经验,第二天清晨,我早早起床,跟玉儿叫妹子说了要给她公婆行"苏玛"礼,她立马转告了公婆。我到路边寻找开得正艳的鲜花,准备好两根蜡条和人民币,一起整齐地放在一个小竹盘里。早晨七点半的时候,玉儿叫的公公在二楼客厅的一个角落里,接受了我的"苏玛"礼,此时她婆婆已经去干活了。

我双手将放着物品的托盘举至额头呈递给"召勐",用汉语表达了这些日子对他们一家关照的谢意。"召勐"接过托盘之后放在一边,然后用他准备好的白线分别在我两只手的手腕上缠绕,边缠绕边用傣语说祝福,收尾处打了一个活结,告诉我要佩戴三天以上才可以摘掉。拴好线之后,我听他给我念诵了一长串祝福语,前面的我没有听懂,但最后一句我听懂了,说的是"祝你一路平安、吉祥如意"。

之前下田野的时候,我一直为调查过程中怎么礼尚往来而苦恼,虽然每次都会从昆明给他们带礼物,但总感觉不足以表达我的感激之情。直到这一次,我终于悟到了,"以其人之礼,报其人之恩"是最好的方式,真正地融入是以他们的思维方式行事,虽然语言交流有障碍,但有的时候不需要多的语言,行动更能表达心意。

在熟悉的田野上做陌生的调查

——云南省迪庆州上江乡傈僳族勒巴舞调查笔记

邓　芝（云南大学文学院）

　　上江乡位于云南省迪庆藏族自治州香格里拉市西南部，汉、藏、纳西、傈僳、彝、白、普米等九种民族杂居于此，是一个多民族文化交融并存的乡镇。上江乡的傈僳族主要聚居在山区或半山区，如良美村的核桃坪，格兰村的迪古、巴迪（此次做调查的自然村）。笔者本人是香格里拉市上江乡人，在这个多民族文化圆融并存的区域中，曾在各种年节上经常看到各民族民间艺术的展演，其中傈僳族的勒巴舞尤为引起我的关注，却从未进行过系统的了解和调查。

　　在 2020 年暑假一次偶然的闲谈中，笔者结识了上江乡的勒巴舞省级传承人和正文老人，一番畅谈后才发现原来民俗并不是脱离生活的奇特事象，它其实就是我们生活的一部分。正是从那时起，我便开始关注家乡的民俗事象，并产生了强烈的想要将它们挖掘和记录下来的意愿，于是决定将其作为我的硕士毕业论文选题，开始在家乡这片熟悉的土地上做起了不熟悉的调查。2021 年 2 月 14 日，我迈出了田调路上的第一步，准备到傈僳族村寨中去一探究竟，于是带上提前准备的礼品、搭上村民驾驶到镇上购买年货的三轮摩托车到了巴迪组勒巴舞传承人和正文家中。因疫情原因，很遗憾未能看到勒巴舞现场展演。稍做休息之后，正文老人召集来的两位年轻弟子，开始给我讲述上江勒巴舞的历史源流、传承方式、主要的舞蹈动作、唱词和服装道具，翻箱倒柜为我搜集有用的视频、照片和文字材料，在 DVD 中播放着之前跳勒巴时刻制的视频光盘，为我讲解每一个动作细节、向我展示跳勒巴的傈僳族服饰。

　　勒巴舞与藏族热巴舞有着密切的关联性，但是勒巴舞中对动物的模仿独具特色，尤其是"金鸡马鹿舞"。它主要以模仿牦牛、凤凰、马鹿、鹤的动作为主，表现傈僳族先民驯化野生动物为家畜的复杂过程，意在祈求丰收幸福，从而使传统的"勒巴舞"具有更高的观赏性和重要的艺术价值，在长期的继承、发展、演变过程中，不断融入傈僳族的文化元素，逐渐在迪庆境内发展成独树一帜的舞蹈。金鸡马鹿舞主要由一头牦牛、两只金鸡、四只马鹿、四匹马、四只白鹤和两只凤凰组成，穿插在勒巴舞表演中间，每个动物的舞步动作均模仿动物本身走路、进食、喝水的动作。

以前傈僳族先民全靠人力种植和收庄稼、建房等，后面有了马之后靠马驮，减轻了人们的负担，所以对马怀有崇敬之心，马是最先出场的动物；牦牛是由七仙女中的大姑娘和二姑娘"阿日买"牵着入场，她们边走边唱着高亢的藏语调子；马鹿在出场时也唱调子，有藏语、纳西语，也有傈僳语；凤凰出场前先在旁边转三圈，观察火塘边有没有食物可以找寻、周边环境是否安全（火塘代表以前凤凰觅食的水塘），转三圈之后到边上把金鸡接出来共同进食，然后欢快地舞蹈，舞蹈过程中的动作是模仿凤凰和金鸡采花、下蛋、进食等各种动作。跳完退场时凤凰先把金鸡送出去然后自己回到火塘边做好标记，认真记住火塘的样子后才离开。"金鸡马鹿舞"以祈求吉祥、安康、鹿鹤同春、麒凤呈祥，祈求人间丰衣足食的美好生活，并逐渐演变成为上江傈僳族民间传统的舞蹈表演形式。所有动物模型均由传承人亲手扎制，制作材料主要有竹篾、毛笔、墨、彩色颜料、彩纸、皱纹纸、动物毛皮和线等，制作动物模型工序复杂，操作难度较大，先用竹篾编成原形骨架，再用白纸糊裱，最后用墨、颜料、彩纸装饰，每个部位是什么颜色都很讲究。道具模型和动物原型一般大小，制作过程十分复杂和精细，对制作人的技艺水平要求较高。

中间有一段小插曲就是在观摩道具的过程中，我发现长柄小鼓很有趣，便拿起来敲了几下，还很兴奋地想要问传承人是不是这样用的。这时其中一位年轻的传承人立马制止了我的行为，并很严肃地告诉我在没有请神和送神的情况下，所有道具是不能发出任何声响来的，不然会触犯神灵、会有不好的事情发生。我当时羞愧得无地自容，很真诚地向传承人道歉。和正文老人笑了笑，很宽容地对我说："不怕不怕，你认不得不怕，不知者无罪。"然后用傈僳语对着门外颂了一段祝词，事后我问起才知道他是在向神灵道歉，在向神灵说明我是外来人，不清楚傈僳族的禁忌，祈求神灵的原谅和保佑，愿一切平安。之后我也对自己的行为进行了深刻的反省与反思。

在我正式进入村庄调查之前，以上内容完全是我的"知识盲区"，可它却是我再熟悉不过的家乡"名片"之一。正如安德明所言："无论对当地文化中只可意会不可言传的诸多微妙内容还是环境、田野关系建立或是心理建设，我都具有得天独厚的优势并能迅速领会和适应。"（参见《家乡——中国现代民俗学的一个起点和支点》）但是当我掌握了相关的学科知识，以研究者的身份进入家乡时，就会在心理上具有一个"跳出"家乡的过程，所以现在我和家乡文化之间就处于一种既相融合又相脱离的关系中。我自以为非常熟悉的家乡民俗事象，当需要讲清楚它的具体内容时才发现其实自己根本不了解。所以，不是追逐奇风异俗才是做民俗研究，其实调查对象就在自己的生活中；但也不是熟悉的环境就能得出完美的调查结果，在家乡做调查更需要我们少一些主观判断、多一些警惕和反思。这次田野调查有收获同时也存在太多不足之处，好奇心能促进调查的顺利开展，但在对当地人生活环境和文化禁忌了解不够充分的情况下，它会让我们犯下一些低级的错误。所以，在以后的田野研究中，学科知识与家乡情感、田野调查与返乡回家、学术研究与族群认同等都是我要自观与权衡的。

雨中情漫基诺山

谢红萍（中央民族大学文学与新闻传播学院）

当此次田野调查地点确定为云南省西双版纳州景洪县基诺乡的基诺族时，笔者就对它开始了想象，这是个被确认为中国第 56 个民族的地方，它有着怎样别样的文化？回顾"田野是试验场还是生活本身"的讨论，在田野调查中，是将调查对象看作纯粹的客体还是文化的主体，不言而喻，田野是流动的生活，它不仅体现着每个地方文化持有者的生命存在，也包含着每个调查者的亲历视界与真实感受，在此基础上的田野书写便应呈现出个体的温度。

2015 年 7 月 23 日，从小雨转中雨的一天。一声声鸡啼打破了基诺山里巴朵寨的静谧，推窗而望，西面的远山雾霭弥漫，群山环绕中的基诺乡各村寨沐浴在雨中，迎来了新的黎明。

基诺山寨调研小组今天没有集体活动，由于雨越下越大，大家便各自在寄居的住户中帮做农活或是喝茶聊天，只有朱映占老师和两名小组成员去基诺乡文化站把明天要在这里挂的"云南大学调查研究基地"的牌子安置妥当。

不知不觉来到巴朵寨已是第五天了。我们 12 人分成四个小组住在四户人家中，和他们同吃同住同劳动，彼此已是老相识了。我们小组住在何桂英阿姨（基诺话叫阿蒙英）家中。阿蒙英今年已经 50 岁了，皮肤黝黑，牙齿洁白，双眼有神，一头乌发，身材苗条，如今风采依旧，尤其是在现场表演时就更加光彩熠熠了。

阿蒙英能歌善舞，自幼在村寨耳濡目染学会了很多民歌，之后师从沙车、白佳林等长者学习基诺古歌，被当地人赞誉为"高音喇叭"。她说："我很喜欢唱歌，以前常常在劳动时唱，见到什么就唱什么，往往在这座山头唱，那边山头的人都听得很清楚。"一提到唱歌她就神采飞扬起来，我们围坐在她的身边，期待她能给我们唱一首。她却面露难色地说，自从她的前夫死后就不唱了，再加上现在年纪大了，有些高音唱不上去了。在我们百般央求下，阿蒙英还是愉快地给我们唱了一首民歌，虽然我们听不懂基诺语，但那美丽动听的旋律令我们陶醉，久久难以忘怀。

阿蒙英 2004 年就被选为州级传承人，2006 年随着基诺族大鼓舞成功入选国家级非物质文化遗产，她也成为省级传承人之一。她一直在基诺山从事大鼓舞的民间传承活动，近年来活动越来越频繁。我们入住的这几日恰逢农忙季节，除雨天外，阿蒙英阿姨都要和叔叔（基诺话叫阿齿亮）、儿子在夜里一点去割橡胶，早上五六点才回来。天亮了还要给大家做饭，白天再做些其他农活，傍晚待大家吃过晚饭后，又要去寨子的操场上组织村民们编排舞蹈。可见，她的日常生活是多么辛劳。

雨越下越大，听着刷刷的雨声，却别有一番滋味在心头，因为阿蒙英下午就要动身前往上海参加一个刺绣班的培训，为期20天，我们要提前和她告别了。早上，阿齿亮上山去采摘大芫荽和甜笋了，阿蒙英就穿上雨披骑着摩托去乡上买回米线和菜，准备给我们做拿手好菜，前几日做饭我们都会帮厨，但今日，她执意要自己给我们做特色饭。

吃完香喷喷的早饭米线，她就开始准备午饭了，基诺山处处都是宝，食品全是原生态，山泉水、茶花鸡、冬瓜猪，各种鲜菜水果，在这里随处可见。午饭，阿蒙英为我们准备了烤肉、包烧肉、包烧鱼、炒甜笋、炒豆腐、春茄子和甜笋炖排骨，丰盛的菜肴不仅让我们过了把舌尖上的基诺瘾，也让我们大饱眼福，享受到这些美食的制作过程。

其中，包烧肉和包烧鱼的制作最为复杂，先是将猪肉剁碎、大芫荽和香草切碎，然后将香巴果、辣椒、盐放入春槽春好，再把这些材料放入剁碎的猪肉中拌匀，随后取出新鲜的芭蕉叶(叶子的光面要朝外，办丧事时才将光面朝里)，把拌匀的猪肉包好，连续包三片叶子才算完成第一道工序。之后将包好的肉包放置一段时间待充分入味后，就进入第二道工序，即把肉包放在火炉上的支架上正反翻烤，20分钟左右就完成了。而包烧鱼是将上述材料放入片了口的鱼身中入味后烤制。

相聚总是短暂的，整理好卫生所的工作，准备好基诺族的刺绣样品，看望过小孙女后，阿蒙英就要整装出发了，临别之际，她又为我们准备了野生木耳和茶叶作为礼物，因担心我们之后几天的生活，又跟阿齿亮反复叮咛，和我们互相拥抱了良久，才依依惜别。

雨一直下，远山依旧雾霭漫漫，却挡不住巴朵寨的热情和基诺山的温情，这股暖流让我们在雨中驻足，望着阿蒙英远去的背影，遥想她的明天将会越来越好。

再思非遗视阈下的"地方主位视角"

——石林大海子"阿诗玛"的田野启发

杨慧玲（云南大学文学院）

2006 年,《阿诗玛》以"彝族撒尼语口传叙事长诗"的性质入选第一批国家级非物质文化遗产名录,分类为"民间文学",正式进入非遗语境。而《阿诗玛》当前的国家级非遗传承人王玉芳,就住在石林县长湖镇宜政村委会下属的大海子村。怀着对非遗实践中社区民众角色问题的疑虑,我选择了此地作为田野调查点。

一入大海子的"欣喜"与"发现"

初次到达大海子,在王玉芳老人的热情帮助下,我落脚在了其亲戚 L 家。当晚,我与 L 家的家人们在火塘边聊天,意外得知女主人 L 和 L 的母亲正是跟着王玉芳老人学习《阿诗玛》的传承队伍成员。这让当时的我感到"欣喜",以为找到了《阿诗玛》在大海子传唱情况调查的切入点。在接下来的一段时间内,我围绕着一家人参与传唱活动的动机、过程等展开了多次随机访谈和深度访谈。以王玉芳老人为中心的《阿诗玛》传承队伍,在当地叫作"阿诗玛传习小组",这个没有官方认证却又保持着传唱积极性的队伍被我圈定为调查的重点。

当时刚进入腊月不久,恰是撒尼人家家户户操办"杀猪饭",大邀亲邻好友共同吃席的时段。在主人家的盛情邀请下,我有幸跟着吃了几次饭,对撒尼人紧密的人际互助关系也有所感受。一次杀猪饭中,主人用电视放起了儿子周岁时的筵席录像。我注意到筵席过程中有着多个队伍的民族歌舞表演,并就此和村民们聊了起来。聊天中获知,阿诗玛传习小组平时除了完成政府的表演"任务"外就是参与本地人的红白事仪式表演。而歌舞表演进入当地仪式也是近些年来才有的。

在王玉芳老人这边,她对早年《阿诗玛》学习过程、传承过程的叙述已十分"娴熟",提到一个重要变化就是传承场所由火塘边转移到了专门的阿诗玛文化传习馆。因为疫情,传习馆的排练活动被叫停,老人特意召集了一次队伍,"安排"了一场排练给我们看。在阿诗玛小组成员们开口合唱的瞬间,语言不通的我在现场感受到一股扑面而来的涌动着的力量,这是只有在田野中才能感受到的。这里实际上已为我第二次进田野埋下了伏笔。

此次田野调查中,我以访谈为主,自以为有所"发现":以作为非遗的《阿诗玛》

为中心统摄其在大海子多层次的传承人群、多样并存的传承场合和多元的表演情境,并强调当前大海子村落生活中对《阿诗玛》演唱的内生需求,似乎凭此就可以与"非遗由外力主导塑造"的叙事对话,就是在表述村民们的"能动性",这些"自以为是"的观点在我的二次田野调查中几乎被全部推翻。

二人大海子的"震撼"与"羞愧"

二人的契机是我从村民 L 处得知,阿诗玛传习小组中一个成员的儿子要结婚,小组即将在婚礼上进行表演。只在访谈和影音资料中听过、见过仪式歌舞的我来到了婚礼的现场。

大海子撒尼人的婚礼筵席一般都在村子的大礼堂举办,要吃三天,其中第二天是正式的婚礼举办日,歌舞表演也在这天的下午。我到达时是筵席的第一天,L 在这一天的白天帮忙准备洗菜,晚上则要紧锣密鼓地排练小组的节目,而我的"震撼"就是从排练铺开的。

成员们都有各自的农活、家务要忙,聚得差不多已经是晚上八点半左右了。大家各自背着乐器、道具、扩音器等表演用品,带着音箱,在大讲台上站好队形,开始排练。成员们共准备了五个节目,节目排演中换道具、休息的间歇,几个成员就在一起讨论存在的问题,交换意见,再来一遍时再改进,循环排练直至快零点。

这个叙述起来并不复杂的过程对在场的我形成的"震撼"却是多层的:一在于表演本身的内容与形式。两个节目与《阿诗玛》相关,但已全然不同于王玉芳老人的人声独唱、合唱模式,而是加入舞蹈、乐器甚至包括撒尼生活情境的创意还原,其余三个节目也是元素颇多,完全脱开了阿诗玛小组标签。二在于成员们参与的热情与笑容。白天做着农活的她们,晚上继续高投入、高精力损耗的排练直到 12 点,成员口述有时还会到凌晨一两点,这种内生的动力与投入绝不是一个"非遗传承"所能统摄的,而其表演的内容本身也早已超出了非遗所圈定的部分。还有排练和表演过程的平等与开放……

我当时就感受到了一种羞愧,在理论上学习了那么久的"主位"视角,到实践中,还是未能避免先入为主:用一个强体系如"非遗"将田野中所见所闻的碎片综合以来,就自以为获得了怎样更具"整体性"的呈现,但实际上根本没有深入当地社区的生活,真正地理解当地生活文化逻辑和当地民众自身的体验。在这个排练场,我感受到的是非遗的边缘和自身的偏见。

而这一"震撼"和"羞愧"在第二天婚礼现场的队伍表演中继续加深。这种在仪式中新拓展的文艺队表演并不是机械地新增一段表演时间,而是与当地的人际网络紧密结合,队伍的数量、队伍的名称、表演的次序都有着撒尼人的生活依据。其中不乏所谓"现代技术的侵入",我们感受到的却是撒尼人亲缘关系和人生礼仪的当代表现形式。民众传统与生活"新变"的互渗能力让我震撼,更让我为之前的粗糙理解感到羞愧。

思考:何为非遗视阈下的"地方主位视角"?

作为一个民俗学学生,大海子之行算是我第一次较为完整的独立田野调查。从"一入"到"二入",我踌躇满志地要从社区民众视角出发,却得到了"非遗中心—非遗边缘"两种完全不同的结果。这让我不得不思考:到底何为非遗视阈下的"地方主位视角"?

我们惯于将政府主导的非遗实践视为"大",民众日常生活是被改造、被影响的"小";但在地方民众的生活历史与生活图景中,非遗是"小",生活才是接纳并与之互动的"大"。我们惯于站在非遗统摄民众生活的视角探求非遗实践带来了哪些影响,却较少地站在地方主导的视角,去描述地方民众怎样在自己的生活文化实践中以自己的文化逻辑去与作为非遗的文化事项及体系实践交互。

地方社区的主位视角,不仅仅意味着社区民众的文化主体地位,意味着社区民众在非遗实践中的主动性、能动性甚至是主导性发挥,更意味着将非遗进程所带来的一系列变动还原于社区民众丰富的生活网络中,展示民众是如何看待、应对并与之互动的。换言之,这一主位视角不再局限于非遗进程中的文化主体做了什么以传承非遗,而是主体在自己的生活文化实践中与作为非遗的文化事项及体系实践发生怎样的交互,以抵达自身。

寻找废墟里的杨大人

张月琴（中国海洋大学文学与新闻传播学院）

"火塘里柴火烧得正旺，黑黑的烧水壶架在柴火上，老人坐在火塘边的专属位置，一边煨罐罐茶一边讲着古老的故事，断断续续，今天说的和昨天说的有时候重复了，但是小孩子很认真地听，很相信很神往，心里还想着怎样才可以看见那些故事里的场景。"一提起杨大人的传说，脑海里总会浮现出这样的画面，杨大人的传说就在火塘边，就在老人们的嘴边，在小孩子满是憧憬崇拜的眼神中……杨大人的传说也在我的童年里扎根，后来每每回想亦觉温暖，一如柴火正旺老人小孩围坐的火塘。

杨名飏，号崇峰，白族人，云南省大理州云龙县石门人，生于清乾隆三十八年（1773），卒于咸丰二年（1852），是道光年间一位著名的政治家。杨名飏少即学成且为官政绩突出，退隐亦造福一方，在为官的秦地和家乡，他在农业、教育、交通、文化等方面都做出了卓越的贡献，也因此在家乡多有相关的故事流传至今。

我小时候听说过一些关于杨大人的传说，也在这些故事中得到激励，在2016年完成本科毕业论文时候决定进一步深入了解关于杨大人的故事。想时容易做时难，当着手准备写作资料的时候才发现书面记载的资料少之又少，便赶紧趁着寒假回老家找相关资料。

一放寒假回到家就去问爷爷奶奶外公外婆和村子里其他的爷爷奶奶们，记忆中他们讲起这些故事如数家珍，但是这次没那么顺利，都说好多年没有说过了，忘记得差不多了，只能断断续续地讲述。故事收集不是那么顺利，打算去一趟杨大人墓地并问问墓地周边的居民以了解更多相关的传说。关于杨大人的真实墓葬地点目前仍是个谜。一说其去世后有9个棺椁出殡并埋于9个地方，另一说则为12个棺椁出殡并埋于12个地方，关于其埋葬地点，现在还可以在云龙县内多处找到规模较大的墓葬群。除了虎头山杨家坟外，大多都在深山老林里，传说出殡时候抬棺椁的人将棺椁、陪葬品放入墓中后，杨大人儿子邀约他们在墓室吃饭，最后将所有人都锁在墓内，导致其余人再也不知道他真正的墓地在哪，墓地里的金银财宝也被老百姓们传得神乎其神，因此，杨大人的墓地成了众多盗墓者的目标。这次我们去了平时被大家最认同的墓地地点，也就是离县城70多千米的云龙县苗尾乡天灯村麦地地区的墓葬群，一说要去看杨大人的墓，大家都很感兴趣，早早地我们全家人和表哥表嫂就骑着摩托车去，差不多中午才到了麦地地区。一进入麦地地区就找路人问杨大人的墓在哪里，杨大人的传说可否知道一些。很遗憾，问的人里面很多都听说过杨大人的墓地大概在麦地，但是具体哪里不知道，说起相关的传说，也是简单笼统两三句或者说小时候听说过但忘记了，我们只能一直往前走找当地人问，最后终于问到了一个放羊回来的老奶奶，她跟我们指了指东北边的小路，大概沿着小路一直走一个小时再爬过一个比较缓的坡就到了。我们一行人都没去过墓葬群所在地，只能把摩托车停在路边沿着窄窄的山路去寻找。树木苍郁高大，长长的树胡子就像每棵树自己做了个帘子，路边野生杜鹃花还在零星地开着，还能看到红豆杉和榧木。偶尔看见种植的核桃树和砍好的木材，但是再也没有见到人家或是遇见路人，走了差不多一个小时我们已经有点迷茫了，只能把刚刚老奶奶指的路和之前听说的故事传说放一起，分析接下来该怎么走，最终决定弃小路穿过旁边的杂木树林再到坡顶看看。等我们爬到坡顶，看到对面有一个小山头紧紧靠着后面的大山，跟传说中的描述有点像就决定过去看看。我们先往小山头去，看见一片刚刚被开垦出来的山地，旁边还有一条小路，顺着小路过去，看见了一半枝干干枯一半郁郁葱葱的香柏树，旁边还有剩一半土墙的房子，这就见到了传说中的香柏和以前守墓人的房子了，但是周围没有见到墓葬群。于是我们沿着小路再往下走，看见树林里被丢弃的石马头，再过去就是墓葬群，位于柏树下面的是下墓群，墓地周边有被清理过的痕迹，可能是后代子孙有人来整理过，但是整理过的墓地仍显得一片狼藉。从留下的痕迹稍微能看出曾经的宏伟和精致，拍了照片仔细看了下墓群之后我们又往回走到后面紧挨着的山找上墓群，上墓群跟下墓群一样被严重破坏，环顾周边，拍了一些照片，我们便原路折返了。大家心情都很低落，一直感叹没想到被破坏到这样的程度！

后来我又去当地名山寺庙看了杨大人题的诗碑和题字，看了他资助的青云桥等相关痕迹，走访了更多认为可能知晓相关故事的人。一开始写论文选定杨大人传说可以说是对童年的美好回顾，是对心中童年那些神话传说故事的热忱情怀，但是在不断搜集资料的过程中，我是越来越失落的。老人们对于神话故事和传说随着年龄增大和长时间不说起已经慢慢淡忘了；年轻人会说小时候好像听说过但是忘记了，有人甚至会质疑搜集这些故事有什么用；小孩子们显然不感兴趣，甚至对神话故事和传说这样的概念还没有游戏和动画片熟悉。所以，传说的传承慢慢出现一个"断"的状态，长此以往，接续的可能性微乎其微。

另一方面，杨大人是所在时期著名的地方官，但是就当前来看，相关部门对其并没有太多重视。在地方图书馆，只在《云龙县志》和一本《云龙县林业志》中看到其简单介绍和少许作品，其相关传说在《中国民间故事全书·云南·云龙卷》中收录了5则，其实，这些实物的存在是有着重要意义的，它们承载了故事也承载着历史，更承载着一个人不朽的精神。时间过去，人物的音容面貌已经淡去、历史事迹偶尔提起，但是代表的实物还是存在于我们眼前，无论如何，我们不管看这些文物的价值还是杨大人对家乡的贡献都应该给予重视和保护！

记忆中的"西和春官"调查

马向阳（甘肃武山第二高级中学）

谈到田野，想必每个深入田野者，都会有自己的感受和体验。在此，我愿意与同行分享自己的一些感想与收获。每个做田野调查的人，在调查之前，或多或少的都会阅读相关的田野调查书籍，以对于田野工作做出初步的了解。但对于一个初次做田野调查的人来说，不管是在理论方面，还是在实践方面都是相当欠缺的，特别是在实践方面，没有导师或有田野经验之人的指导，总会显得捉襟见肘。

我初次进入田野是在大学本科期间。我的一位老师让我在寒假期间，试着对家乡的春官文化做一次田野调查。当时，我心想做田野不就是随便问问，和访谈对象随便谈谈，列好访谈提纲就可以了吗？

西和春官在西和县石峡镇，石峡镇处于西和县南部。由于离家相对较远，为了访谈顺利，我特意找了一个朋友做向导。他对坦途关相对熟悉，并知道那里有一位"春官王"。

那是下过大雪之后的隆冬，崇山峻岭，高山峡谷，沿途可以看到蜡烛状的冰瀑悬于崖边。我与朋友相约在坦途关见面。怕与朋友错过，刚一进坦途村我便下了车，沿着蜿蜒的道路向前缓步行走。踩在雪地上，咯吱咯吱地响，两边的山岭被松树覆盖，苍翠挺拔的松树将山岭点缀成一幅天然的水墨画，在冰雪的映衬下，青白相间，生机盎然。山岗下坐落着百十户人家，或三五家，或数十家分散而居。生火取暖的青烟冉冉上升，不时能听到鸡鸣犬吠，冰封的河水咕咕作响。这便是我田野调查的地方了。

与朋友在约定的地方见了面，简单地寒暄了几句，我便在路边打听起了"春官王"居住的大体位置。沿着羊肠小道上山，因路上有积雪，走起来有些滑。我俩一边打听一边寻找，终于在一位热心村民的指引下，顺利走到一座只有两间低矮屋檐的房前，在被烟熏火燎过的老房子前，我们见到了号称"春官王"的唐东亮老人。我俩向老人说明了此次专程找他的缘由，老人一听相当高兴，便和我俩聊了起来。

老人讲到最近十余年来有很多人采访过他，有省上的，有市上的，还有省外的，老人一一叫出他们的名字，而他们都是奔着了解"春官说春"来的。

我小时候见过"春官说春"，对于"春官说春"也不算陌生。但由于我准备仓促，只是问了老人一些十分简单的问题。如关于春官起源的传说、春官的传承模式和春官的当下状况等。老人把春官的标志性东西拿出来,一个骑着牛的木雕,向我俩展示。这只木雕高约 3 寸(约 10 厘米),长约 3.5 寸(约 11.7 厘米)。老人介绍骑黄牛的是春官的祖师爷,称为"三皇爷"。他就是骑着黄牛到处教农民耕种,传播二十四节气表(即春贴)。老人自豪地说:他家已有九代说春历史,他即为第九代春官。春官基本上是子承父业,也有少数是拜师学艺的。老人将自己儿时写的《春官歌》拿出来,在大约 32 开大小的麻纸上抄写着十几首《春官歌》。老人说,那是父亲在世时,听着父亲的唱词记下的歌本。我们详细查看了歌本,在歪歪扭扭的字迹中发现了不少错别字。虽然这只是一个 20 来页的小本子,却是历代春官的智慧结晶。在征得老人的同意后,我俩复印了一份作为研究西和春官的资料。

　　我们自认为访谈已然达到了目的,也得到了所需要的全部口述资料,但在后来的整理工作中,却发现很多关键问题都没有涉及,甚至还有一些基本信息的缺失。为此,我们又跑了一趟,但还是有些问题在整理的过程中暴露出来,因此我们对西和春官文化的研究,只能借助不断的往返来弥补前次遗漏的事项或将相关疑问向具体人员加以求证。

田野是知识的"试验场"：
新疆察布查尔锡伯自治县田野调查随笔

韩宜铮（新疆大学人文学院）

　　从学习民族学专业起，老师们就时常将"田野调查"挂在嘴边，我也记得一位英国人类学家赛里格曼曾说："田野调查工作之于人类学就如殉道者的血之于教堂一样。"①于我来说，田野调查是个既神秘又复杂的工作，说神秘是因为之前从来没有长时期深入一个陌生的地区和陌生的人打交道，还要想方设法获得尽可能真实的一手资料；说复杂是因为看了之前民族学家、人类学家们深入田野时有太多不确定因素，有时还会冒着生命的危险。所以进入田野之前，内心是既兴奋又忐忑的。

　　我们选定了伊犁州察布查尔锡伯自治县第一中学与第三中学作为调查对象，其中第一中学拥有比较悠久的办学历史，第三中学以"双语教育"知名。第一天上午的调查结束，我们可谓是收获满满，小组里的每个人都有一定数量的访谈资料与已经发放的问卷，心中暗自窃喜，"田野调查也没有想象的那么苦和难嘛！"但我在进行资料的整理时发现，访谈资料中中学生们回答的同质性极其高，就好像他们提前商量好似的，问卷的回收率达到100％，但有效率却不及一半。这样看来我们忙了一上午但几乎是一无所获。

　　我们很迷惑，运用的方法就是书上写的啊，制作了访谈大纲与问卷设计，用怎样的先导语，怎样追问，怎样表现得友好等等，但为什么获得不了有效资料呢？正当我们苦闷时，指导老师高老师指出了我们的问题：我们太急于获得资料，还没有和被调查者相互了解就想让别人告诉你他的想法是不可能的，我们的问题太直截了当，一些问题被调查者由于自身原因不想做出回答，这就导致几乎对问题的回答是一致的，这是他们不想回答问题的一种表现。在经过和老师几次模拟访谈之后，我们再次进入田野。先从观察开始，观察他们的作息时间，观察他们的喜好等等，从观察中了解他们现在这个年龄段在想些什么，了解他们的苦恼。我们不再那么急切地想获得他们对我们问题的回答，而是先将时间用在和他们做朋友上，和他们聊我们在不同年龄段喜欢的事、喜欢的歌等等，先拉近心的距离再进入访谈。

　　大学三年，我们进行了系统的关于田野调查的专业学习，对民族学调查方法可

---

① 转引自〔美〕威廉·A·哈维兰《当代人类学》，王铭铭等译，上海人民出版社1987年版，第21页。

以说是比较熟悉了。分享了前辈们的田野调查日记、笔记、心得，似乎觉得不进入田野也是可以的，有这些资料就足够了，况且关于这里的调查也都有人做过了。没有进入田野之前，我的心态偏向于此，但事实却将我从梦中叫醒。正如林耀华先生说："民族学的材料，主要不是来自现成的书本，也不是取自官方的文件，也不像某些自然科学学科得于实验。它的基本来源只有一个：民族学实地调查。"[1]书斋是民族学、民俗学积累知识的殿堂，但真实的"试验场"却是在田野，这次田野调查改变了我对民族学、民俗学的看法，在今后的学习中迎接我的是更多地进入田野。

---

[1]　林耀华主编《民族学通论》，中央民族学院出版社 1990 年版，第 129 页。

第三部分

口头传统·民间艺术调查

难识之图,何以叙事?

——浙江创世神话图像调查随感

孟令法(重庆工商大学法学与社会学学院)

神话对追溯人类起源具有借鉴作用,它不仅能推动现实生活的发展,还能激发族群凝聚力。虽然神话是口头文类之一,但从不同叙事媒介可以表现同一被叙对象的论断可知,作为口头传统乃至文字传统的神话可为图像转化,从而在"语""文"及"图"间产生显著的交互指涉关系。随着时代发展,图像早已从平面走向立体,从静态步入动态,从信仰转为欣赏,但这并非说前者就失去了社会效能。相反,很多寺观祠庙甚至旅游景点依然采用平面且静态的图像表现所敬奉神祇的事迹或装饰神祇居所。可是,为当代艺术家创作的很多神话图像,特别是以影视、动漫、游戏为代表的视觉表达模式,却在展示(借用)神话元素(片段)的过程中成为"一次性"视觉消费品。如此,似乎尚未达到保护、传承并弘扬神话的目的。之所以这样,难道仅是由于神话图像个性化过强的艺术改编或脱离集体认知的个体创作,还是时代变迁下的大众对神话图像关注点的心理转移?或许回归民间,从民众对当地寺观祠庙之壁画的理解出发,方能找到部分答案。

我于 2018 年 8~11 月,对浙江的 11 处盘古、神农、黄帝、虞舜以及大禹宫庙做了调查。由此发现,人们对神话图像的认知具有两种倾向,即对"像"维持虔诚的信仰心理和对"图"表现出一定的漠视态度,而这正反映了"难识之图,何以叙事"的猜想。于此,仅取四例予以说明。

例 1: 大禹图像可谓遍及绍兴市区的各个角落,但其形象均凸显了"治水"的劳动样貌,特别是大禹陵中的几组雕像和壁画。然而,人们对大禹图像的认知度却不尽如人意。在大禹陵,我分别于祭祀台、享殿、禹庙以及禹迹亭等雕绘有大禹图像的景点,向"观光客"咨询了他们对大禹图像的理解。一群本地老年妇女不仅将通往石帆山顶的神道称为"健身步道",数年来也未曾关注祭祀台、享殿及禹迹亭的大禹图像,但在"禹陵祭"时,则会前往禹庙向大禹帝王立像行跪拜礼。他们认为,禹庙才是真正的行祭地点,其他图像则是当地政府在开发景区时特制的非传统存在。更重要的是,"凌乱"的画面不仅没有标识牌,更无人解说,所以他们来景区纯为锻炼身体。在享殿,三位绍兴文理学院的学生对左右壁画虽能阐释一二,但也无法全面识别。他们认为,壁画需在文字说明中发挥叙事功能。在禹迹亭,一位自称大禹后裔的姒姓清洁工告诉我：他"知道这里刻的是'大禹治水'，但这些东西太抽象，不知哪里是头，哪里是尾"，或许也该有个说明牌。

例2：位于绍兴王坛镇的大舜庙供奉着虞舜及其二妃。在前往此庙的路上，我于肇湖村看到十幅绘于竹箩的虞舜生平故事画。一位老年妇女告诉我，此套图像是在2018年农历九月二十三日举行"绍兴虞舜文化旅游节"前，由村镇两级组织制作的，但她并不清楚上面画了什么内容，因为此前该村并无绘制舜帝故事画的传统，而村民对舜帝形象的认知均来自大舜庙神像。在大舜庙中，我于前殿神龛下看到四幅类似汉画像石拓片的舜帝故事画，而来自肇湖村的庙管此时才意识到其存在。由于图像有些模糊且上面所刻字迹乃篆文，故而庙管也无法解释这些图像绘制了哪些故事。一对来自绍兴城区的中年夫妇在虔诚地叩拜舜帝后，开始欣赏宫庙中精美的砖木雕刻，直至我上前告知他们前殿下有舜帝生平故事画，他们才饶有兴致地前来观看。他们告诉我，以前并未关注过这些位于神龛底部的图像，只是出于舜王爷的灵验，才常来为家人祈福。之所以出现上述情况，或许还在于设计者不够显著的图像安排。

例3：在缙云仙都，黄帝及其事迹图主要集中黄帝祠宇的轩辕殿、轩辕洞及缙云堂，但内中图像对仙都居民来说也很陌生。一位在此开民宿的当地人指出：同过去相比，他们已不能随意进出景区，但在官方举行"黄帝祭典"时，也会到轩辕殿叩拜黄帝立像，而对内中壁画却很少关注。进入轩辕殿的游客几乎都会在仰观或跪拜黄帝像后，从左右两侧的壁画旁径直走过。一位带子叩拜黄帝的父亲告诉我，对于这些图像他也能讲上一些，但尚不能说出具体故事，尤其是右侧图像，哪幅是炎黄大战，哪幅是擒杀蚩尤，很难分清，因而为了不给儿子传递错误信息，索性向后参观更为妥当。轩辕殿后的缙云堂放置着一块巨大的青田石雕，其图乃"黄帝巡视天下"，但参观者常将之视作"黄帝飞升"，因为他们并未转至石雕背后看木板上的解说词。另外，由于轩辕洞在轩辕殿下部，内中"黄帝飞升图"灰塑也少有人了解。由此可见，黄帝祠宇中的图像之所以不为大众所关注，其原因或许就在于文字解说词的缺失或错位以及图像所处观览点的相对隐蔽。

例4：药皇圣帝殿是宁波海曙区一处兼具信仰、医疗及文保为一体的建筑群，其内所供主神乃药皇圣帝，即炎帝神农。我于此殿外间看到一组表现神农成为"药皇"经过的木质浮雕，但此套图像不仅未能引起外来者注意，就连此地员工也几不知情。我在拍照时，有工作人员提醒，这是新构建的并非古董。我将适才所见内容告知后，他们才恍然大悟般地说道，工作五六年都不知上面刻的是神农故事，而来人皆是去叩拜里面那尊神农坐像，还没见过看这个图的。的确，我于此也仅看到拜像的信众，未看到观图的民众。一位朱女士好奇地问道："这是什么图，看你那么认真地拍？我们平时没谁关注这个。"我又将来意及所见告知后，其似有惊异地说道："原来是神农成为药圣的经过，以前都不知道，今天算是学到知识了。"在交流中，周边已聚拢十多人，应他们要求，我将此套图像按序描述了一遍。从中我意识到，"神农传奇"未能引起广泛关注的原因，不仅来自画面所在位置及大小不够显眼，更在于其目的不为神话而在装饰。

寺观祠庙的性质在当代社会已经发生巨大变化，此乃上述四例所彰显的社会事实，而神话及其图像表达的时代变迁也在个体与集体的需求矛盾中愈发突出。不过，寺观祠庙的神圣性并未在社会变迁中彻底消亡，而内中之"图"所受关注度的逐渐弱化似乎尚未干扰"像"的神圣地位，因此拜"像"不观"图"或不解"图"的现象才如此普遍。

图像是有歧义性的人文创造。通过实地调查以及观看相关视觉作品，我意识到不论上述四例中的神话图像，还是影视、动漫或游戏中的神话因子，其创作模式都突破了单项间叙事模式（以年画、纸马、剪纸等为代表），而传统多项间单幅画作则多集中于明清插图本小说。因此，除肇湖村"虞舜图"和药皇圣帝殿"神农图"外，其他图像无不是"凌乱"的多项间制品，而这正是图像难以识读的一大原因。此外，个性化艺术创编并未抓住"决定性叙事项间"对图像识读的助推作用，从而错失图像对观者的吸引力。其实，很多俗民会在参观寺观祠庙时拍下相关图像，但其目的多为证明自己"来过"。再有，寺观祠庙中的神话图像依然是表现神祇及其事迹的神圣创作，而某些"一次性"视觉消费品却将人间英雄置于"后神话时代"以表现"反神"意识，即人间英雄化解神所遗留的各种问题。前者无观者区分，后者多赋予年轻人。总之，难以识读是图像无法回返口头传统的根本原因，而如何平衡创作主体、绘制目的、刻画模式、安排位置、供给对象、说明文字以及社会变迁所带来的人心变化（个体与集体）等因素则是解决这一问题的关键。

传统文化的现代表述
——盘古神话调查记

刘艳超（中国社会科学院大学少数民族文学系）

2018 年 7 月中旬，因为导师课题项目的需要，我们对盘古神话的相关流传地进行了考察。

盘古神话流传于多个地区、多个民族中。河南省桐柏县、泌阳县是这一神话的代表性流传地。2008 年，桐柏县、泌阳县的盘古神话群被列为第二批"国家级非物质文化遗产"。这一神话群主要包括创世神话、人类起源神话及惩恶扬善、恩泽子孙的神话等，内容涉及开天辟地、世界毁灭、滚磨成亲、繁衍人类、体化万物等。如今，盘古神话在两县以新的表述形式发挥着强大的影响力，这也使其成为我们首要的考察点。

走进桐柏县和泌阳县，我们着实感受到这一传统文化焕发出的生命力和影响力。

作为盘古神话的代表性流传地，桐柏县和泌阳县于 2005 年被中国民间文艺家协会授予"中国盘古圣地"和"中国盘古之乡"的称号。两县在诸多方面关联密切。在地理位置上，两县分别位于盘古山两侧。盘古山又名九龙山，依托这一山脉，两县都开发了与盘古神话相关的文化景区。同时，两县每年都举办相关的祭祖活动。在 2003 年之前，泌阳县仅以庙会这一传统形式来传承盘古文化。2003 年以后，泌阳县为了进一步弘扬盘古文化，遂将传统的庙会改为"泌阳盘古文化节"，这一文化节于每年农历三月三日在盘古山文化景区的拜祖广场上隆重举办。至今，泌阳县已连续举办 18 届盘古文化节。与之相似，桐柏县也有祭祀盘古的文化活动。该县于每年重阳节在水帘洞景区内的盘古祖殿里举行祭祀盘古的典礼。

在访谈中我们了解到，两地民众对盘古大神的认知具有一致性，即盘古是开天辟地的创世大神，是创造人类的始祖大神。两地举办的祭祖活动，为后人提供了认祖溯源的有利场合。据村民们讲述，每年举办的祭祖活动场面极为盛大。来自四面八方的游客汇聚于此，参加祭祀活动，祈求大神护佑。在共同的祭祀活动中，人们增强彼此的交流和互动，延续千百年来民众赞不绝口的盘古精神。这种方式对于增强民众的认同感和归属感，扩大盘古文化的影响力和感召力以及推动文化和经济的发展大有裨益。

此外,在两地的文化景区中,存在诸多与盘古神话相关的文化遗迹。如泌阳县盘古山景区内的拜祖广场、盘古塑像、甜水河、盘古文化纪念馆、盘古井、石狮子、盘古化身图、盘古磨、姊妹石等,桐柏县水帘洞景区中的盘古祖殿、盘古大神化身图、盘古湖、盘古坐像以及县内的盘古文化广场、十二图腾柱等。这些文化遗迹既有相似性也有特殊性。相似性体现了民众对神话核心元素认同的一致性,而特殊性则表现出神话在两地流传中的本土化。这种本土化也体现在其他方面,如两地祭祀盘古大神的不同时段,村民对当地流传的盘古神话的叙述差异,乃至景区中盘古塑像的差异等等。近年来,争夺盘古神话起源地的事件在两地接二连三地出现。文化遗迹成为他们争夺神话起源地的有力证据。

盘古庙是两个景区中具有代表性的建筑。这一空间作为人们祭祀盘古大神的场所,是盘古文化的集中展现地。引人注目的是立于庙中的盘古大神塑像,其高大威严的形象,让前来祭拜的信众无不肃然起敬。时至今日,盘古大神的功能也呈现出扩大化的趋势。据泌阳县盘古山文化景区中一位民众的讲述,如今除了一年一度的祭祖活动外,逢年过节,或民众在有特殊需求之时,就会置备简单的祭祀品,到盘古庙中烧香祭拜,祈求这位大神的庇佑。在当地民众的信仰体系中,盘古是一位神通广大的神。

两地的民俗中也融合了丰富的盘古文化元素。在对桐柏县文化馆馆长李修对先生的采访中,他详细讲述了盘古神话对桐柏县民俗的渗透。在当地的婚俗中,女方出嫁时有送竹叶帐的习俗。竹叶帐一般是由新娘的弟弟来扛,远远望去好似一把大扫帚。这一习俗与神话中盘古爷、盘古奶在造人时遭遇下雨,用竹子当扫把,将泥人扫进屋内的叙事情节相关。在当地的春节习俗中,经常会有"石狮子吞小孩"的表演。这与盘古神话中所讲述的"石狮子张开大嘴让盘古兄妹钻进去,由此躲过天塌地陷灾难"这一叙事情节相关。此外,当地家户的门头上经常悬挂太极图或镜子。这种习俗与"盘古开天辟地时用的神器是太极图"这一情节相关。显见,盘古文化已渗透到民俗生活的诸多方面。

总之,盘古神话在桐柏、泌阳两县民众的现实生活和信仰世界中扮演着极为重要的角色。在长期的流传中,该传统文化与两县的山川地理、自然气候、村落建筑、风俗习惯等相融合,呈现出相似性与本土化的特征。同时,这一传统文化的存续现状不由地让我们慨叹,在现代社会中,传统文化并没有消逝,而是借助新的表述形式昭示出强大的生命力和影响力。

壮族村寨中"活着"的神话：
云南省西畴县"女子太阳节"调查

郭　星（云南大学文学院）

　　此次由云南省民间文艺家协会组织的田野调查在文山州西畴县开展,调查内容是"女子太阳节"祭祀活动。按照带队老师的安排,我满怀期待地展开了调查前的案头准备工作。由于当时相关的学术研究成果还比较缺乏,因此我只好利用州县的"三集成"来查阅"女子太阳节"的相关资料,来对于它的文化背景做一大致了解。

　　"女子太阳节"是西畴县上果村的传统节日,在当地的传承已有千年,目前是省级和国家级非物质文化遗产保护项目。我们这次田野调查的主要任务是观察记录节日祭祀仪式的全过程,搜集整理与节日神话有关的文本。这对于从小生长在中原地区的我来说是一次极其特别的田野体验,也是我在"尚未崩溃的神话王国"——云南的第一次神话考察之旅。

　　每年农历二月初一,西畴县上果村壮族村民都要举行"女子太阳节"祭祀活动。关于"上果村",地名志解释:"上果",壮语即"探果",有"源头"和"躲藏"之意。我们可以暂时将它理解为"壮族文化的源头和太阳躲藏的地方"。这一村名引起了我的好奇——究竟上果村的村民们讲述着怎样的神话呢?

　　在上果村村头,我们开始了第一天的田野考察工作。壮族的县委书记为大家讲了太阳节的神话故事。随后我运用神话"母题"的方法将其概括如下:12个太阳并出;朗星射日;最后一个太阳躲藏;乜星寻日;路途生女;寄养上果村;几年后寻日不得,哀哭村旁;母女相认;感动太阳;村中女子沐浴祭祀;化作飞鸟驮日升天。正是这一神话,不仅使上果村成了"射日神话"的重要演述场地,而且还传承了千百年来的祭祀仪式。

　　祭祀活动的第一项仪式是年满16岁的成年女子在村边鸡街河中沐浴净身,换装后前往太阳山。在田间的岔路上男女被分开,只有成年女子可以去河边,男人们需要远离,也包括随行的调查人员。在树丛后,我听到了潺潺流水和嬉戏歌唱的声音。由于我是成年女孩,在征得了大家的允许后,也脱下了鞋袜,下到清凉的河水中,与当地壮族女子嬉水玩耍,贴近观察对象,体验那份净洁与欢快,聆听她们那悦耳的天籁之音。女人们认为这样可以去除污垢,以更加纯洁的身体和灵魂来参加祭祀太阳的仪式。

　　太阳山祭祀仪式在正午太阳当空之时举行。太阳山位于村寨西侧,山头平缓,树林郁郁葱葱,祭台位于中央。主祭司布摩是男性,还有几位男性助手。在山脚的小路口,横放着一截树枝,它是神圣与俗世的"阈限",表示着村寨中无关的男性和未满16岁的小女孩都不得在此时上山。

　　我们随着祭祀队伍一起来到太阳山,记录完整的太阳祭祀仪式。一路上女人们挥动着白毛巾,用壮语呼喊着"找着太阳咯!",主祭司布摩穿着整洁的祭祀服装,为即将到来的祭祀仪式做认真的准备。祭品有献祭的红公鸡,有用"朵亨"花染色的黄糯米饭,整个祭祀现场充满了肃穆、敬畏和神秘的气息。我想,这也许便是神话的力量吧!

　　祭祀仪式正式开始。首先由参加祭祀的女人们分段唱诵《祭太阳古歌》,内容便是太阳神话的情节,歌声舒缓悠扬,极富叙事性。接下来,祭司布摩请太阳,布摩在祭祀台上献上各种牺牲,杀鸡滴血,摆放金黄糯米饭,跪拜、燃香、上香,祭台前围成半圆的女人们又开始唱诵古歌,在歌声中送太阳升空。我抬头看看头顶上刺眼的太阳,感受到了天地间的温暖。仪式结尾是把第一碗黄糯米饭给今年村里满16岁的女孩子吃,标志着女孩成年,从此可以谈恋爱了。随后其他人也可以吃黄糯米饭,表示一年中的吉祥平安。祭祀中保留了女孩子的"成人礼",是上果村神话祭祀仪式的独特之处,我想这是对古歌中颂扬的千辛万苦寻找太阳的乜星和长大成人的女儿的"嘉奖"吧!正是女人们一代又一代的辛苦和担当才有了生活的幸福。

　　在整场祭祀现场中,除了祭司、记者和学者外,没有当地其他的男人。在跟随妇女主任回去的路上,我发现男人们都在各自的家中忙碌着。妇女主任告诉我,今天女人不需要承担家务,"女子太阳节"是女人自己的节日,而男人们要在这一天体验女人操持家务的辛苦。

　　这一天晚上,全村女人集中在小河边的田坝里享受着男人们做出来的晚餐。整个席间只有女人,大家在杯盏交换中笑声不断。只有等到女人们全部用完晚饭,男人们才能在村委会的小院里开席。夜幕降临,男人们还在猜拳喝酒,空气中弥漫着浓郁的酒香和女人们美满幸福的歌声。

　　提着寨老送我的几瓶香米酒,在返回县城的车上我仍在沉醉,沉醉在这独特的田野经历之中。我体味到,神话并不只是老奶奶口头上或者书本上的传统叙事,它还鲜活地生存在民众的"生活世界"之中。千百年来因为农耕,人们在周而复始的年轮交替中感受自然,依赖着日月交辉,用传统的祭祀仪式祈祷幸福,构成了"天人和谐",保留和享受了这最质朴的民俗节日。我在写这篇田调札记时,西畴又被命名为壮族"童谣"之乡,这一切都预示着吉祥甜美的生活啊!

先有风景，还是先有故事？

——浙江丽水小竹溪村的田野调查

关　静（北京师范大学社会学院/中国社会管理研究院）

　　地方传说是在随着语境的瓦解而慢慢走向了式微吗？它在现代社会里处于一个什么样的位置？也许，浙江省丽水市松阳县小竹溪村的案例可以启发我们的思考。

　　为完成我的毕业论文，我曾多次前往当地进行田野调查，在这个过程中我发现，小竹溪村有着丰富的地方传说，这些原本在村中并不会被时常提到的传说故事随着小竹溪发展民俗旅游业而再度焕发出新的生机，自然景观也再度回到大众的视野当中，甚至还有新的传说附到自然景物当中。

　　如在"财白星"潘成安的一系列故事里，就体现了这一特征。村民 HZY 提到，小竹溪村四面环山，村中认为潘成安的逝去实际上村周围的山尖早就给出了预示，"站的位置看得到 99 个山尖，如果有 100 个尖的话，这个人就出来了。"这也就是说，小竹溪村中可以看到 99 个山尖，即村中也仅拥有这 99 个山尖，若是再多一个，那么，潘成安收到村中风水的护佑便能够成就一番伟业。与之相似，当地的田地也给到了与山尖类似的启示。当地称田地为"凸"，早些年村四周共有 78 个凸，村里老人认为，村子若是再多两个凸，即有 80 个，潘成安就能建立功勋。村里老人还认为，100 个山尖和 80 个凸是相配的，缺一不可，只有 100 个山尖与 80 个凸同时满足，潘成安才是注定可以建功立业的大人物。但实际上，村中只有 99 个尖和 78 个凸，因此，自然早就预示了潘成安的失败。

　　进而，人物的命运轨迹又影响了自然风景的形成。小竹溪村外最高的山名为周平尖，山中有对石柱，因底小中间大且很高，形状似笋，因此当地人称为石笋。两石笋位于山壁的侧面，相对而往下弯，形成一个圆门。原本此处应该是潘成安的府邸，但是因为潘成安的死去，因此两石笋未能连接到一起组成一个圆门，此处府邸的大堂等其他处也就未能成形。这也就是说万物皆有灵性，受到了潘成安一事的影响，当地的自然景物也随之发生了变化。

　　小竹溪村村民对自己的村落有着很高的自信和骄傲，他们认为一草一木都可以成为欣赏的对象，皆是景观。很多山岗不仅拥有自己的名字，而且会有一段村民附着于其上的典故，如此这般该地也就有了文化韵味。这样的动态建构过程不仅仅是对于历史传说或家族传说当中的人物命运走势，他们自有一套用自然景观加以解释的乡土逻辑,到了现代社会里,他们同样会利用面对的新形势、新局面和新规划因势利导,不断创造文化景观,使得当地自然又与人文一直处于紧密结合的状态里。

小竹溪上村有一个金桂树,村民称其为"千年金桂",虽然树干上挂着的牌子表明树龄为200多年,但村民纷纷表示,虽然县里相关部门和村委认定的树龄只有200多年,但在他们看来,这棵金桂树是有千年树龄的。每逢10月、11月,丹桂飘香,整个村子都弥漫着沁人心脾的丹桂香。"千年金桂"作为小竹溪的一处重要自然景观,为村民们津津乐道,有外地游客前来村内,村民一定会建议他们去到丹桂那里。久而久之,金桂又有了关于美丽爱情的传说。

我在2017年8月份去到小竹溪村进行预调查的时候,村中对于金桂树的重视还只停留在它的千年树龄上,到了2017年9月,我去做第一次调研的时候,村中就将金秋的芳香弥漫提了出来,并告知我们村中10月、11月最是美丽,全村不仅笼罩在金桂的香雾中,而且还有红彤彤的柿子点缀。柿子树其实是松阳当地随处可见的一种果树,道路两侧经常可以见到。松阳县有家"柿子红了"民宿,还主营画画和写生等业务,待其走红以后,柿子便进入当地人的视野,成为一道亮丽的人文景观。小竹溪村道路两旁也多柿子树,随着民俗旅游发展理念的提出,金桂树、柿子等自然景物便成为当地的特色景观被一同推介给外地人。2017年12月,我第二次去到小竹溪村,此次前去调研周期长,恰好见证了附着在金桂树上的美丽爱情传说的产生。

此处我首先需要交代一下金桂树的外貌。金桂树位于小竹溪上村,背靠新墓山,村中盛传这块土地和山脉都很有灵气。金桂树一侧是大片茶田,另一侧则是一小片竹林。金桂树其实指的并不是一棵桂树,而是两棵,只因两棵桂树根基极近,生长在一处,远远看上去便如同一棵旺盛的大树。两棵桂树一上一下,枝干偏高的桂树枝叶茂密且呈伞状,下面一棵相对矮些。

据此,2017年1月份以后,村中就有村民将两棵树比作一对相依为命的夫妻,高的那棵是丈夫,稍矮的那棵是妻子,丈夫为妻子撑着伞,两人并肩而立。这一说法发地方传说之先声,预示着一段依附于金桂树上的爱情故事即将产生。果不其然,在村民的日益演绎下,金桂进而成为爱情的象征,来此祈福便可保佑夫妻同心、爱情美满。顺承这一趋势,当年的文化节即"小竹溪排祭"期间乡政府所策划的民俗旅游中,就将金桂树纳入旅游体验项目当中,并打造了金桂祈福的旅游活动。金桂树本就对外声称有千年之上的树龄,加之外形确实很像两夫妻相依偎的样子,因此当地村民据此将关于爱情的美好寓意附着上去,使得金桂树成为村内地标型的人文景观。当然,传说故事的产生和发展并不是短时间内便得以完成的,随着村民的创作和发展,相信日后"千年金桂"的爱情传说将会日益丰满,内容也会比如今的更加完善。

由此可看出,小竹溪人眼中的自然从来都不是客观的存在,而是与人密切相关的,或者反映了人的意识,或者诉说着一段故事。不管是山尖、凸还是林中普通的石笋,它们都早早地进入了人们的视野,成为独有地方特色、满载地方文化的景观。当有外界人进入小竹溪村时,这些景观便成为他们引以为豪的景点或景区,成为他们迫切想让外界了解和欣赏的地方。我在调查过程中发现,当村民们向我介绍小竹溪的山、水、建筑等景观时,他们表示这些根本不可能被记录完整,小竹溪四周的山林中、小竹溪村内,大大小小的角落里都有着当地人们的思想和思维,都凝聚着当地人的智慧。他们现今介绍的只是村中比较有名气、比较容易看到的地方,但是村里村外还有许许多多不太容易被捕捉到的景观承载着地方文化。

通过对该村的调查与研究,我发现,在"景观"与"旅游景点"之间其实还存在着一层微妙的关系。在小竹溪村,村民向外界人士介绍的当地出名的景点实际上指的是景观,他们眼中的景观优美动人,有历史、有传说,是游客们来到此处不可错过的好去处,因此往往以"景点"或者"景区"的说法称之。因此我们要了解小竹溪景观的生产和更新的动态过程,首先要明白小竹溪人对于"景点""景区"等词语意义的理解和使用场合。村民经常会说如下话语:"山里面有好多景区,事实上我们这纯粹是浪费了。""景区是挺好看的。""要开发旅游这个地方很好看的。"这些话语中可以开发成的"景点"或者"景区"实际上就是早早就进入小竹溪人视野的自然景物了,这些有各自特点的自然景物又承载着小竹溪人的地方文化,因此他们认为,这些都值得被当成旅游景点来打造,这些景观也足以成为吸引游客前来的旅游景点。

此外,通过小竹溪人的这一做法,我们也可以从中看出,村落景观是在人与自然的互动过程中形成的,是当地人自觉或不自觉地通过人为意识将地方文化、历史加入其中,使其可观、可感,有丰富的内涵和韵味,旅游的发展或者说景点的规划,在这里充当了一个诱导因子,促使他们主动把自己眼中的自然景观和人文景观推介给外界,但地方传说作为地方文化的内在生产动力所起到的重要作用确是确凿无疑的,只是这样的动态过程如果不是持续进行长时间的观察与记录,很难被清晰地意识到。

在这个过程中,其实还暗含了一个以"我"的立场为参考的事实,亦即试图让外界理解他们的理解,他们所在意的,并不是外界想看到什么,而是他们想让外界看到什么,因此,小竹溪的村落景观是小竹溪村民的景观,也是他们眼中的旅游景点,景观的背后是他们试图去展现的村落文化。

隐秘的田野：寻踪诸城"梁祝"传说

孙金童（中国海洋大学文学与新闻传播学院）

　　"梁山伯与祝英台"的传说历经千年，早已家喻户晓，但是我竟从未想过原来我的家乡——山东省诸城市也是梁祝故里之一。一次偶然的机会使我得知诸城梁祝传说的内容，也有了这次田野调查的宝贵经历。

　　2020 年夏天，国内新冠疫情已经被基本控制，一位半年未见的好友约我去她家中小聚。这是一次非常轻松愉快的聚会，只有我们两人和她的父母，席间她父亲得知我硕士期间修读的是民俗学方向，对我的专业十分感兴趣，表示他也知道许多民间传说并且还曾经去实地考察过，我立即询问他曾考察过什么传说。这位叔叔回答我道："我们诸城的梁祝传说呀，我曾经去过梁祝冢，还有十八里相送的那段路，我都开车去量过，从俩人读书的私塾到分别的小石桥真的有十几里长，跟故事里说的一样。"我对此十分震惊，因为我从来不知道，原来在我家乡的几个偏远小村落中还流传着如此动人的故事，我连忙请求叔叔讲述得再细致一些。于是这位叔叔变成了我的第一位采访者，他是一名中学教师，因为曾经在乡镇上任教过，加上平日里喜欢读书，所以对当地的传说十分了解。我邀请叔叔当我的向导，约定过段时间一起去梁祝故里进行实地考察。

　　然而十分不巧的是，两个周后这位叔叔突然需要做一个小手术，不能与我同行，于是我决定与我父母一起前往传说中的梁祝故里一探究竟。在出发之前，我详细地咨询了叔叔，确定了这次考察的几个地点：梁祝主题公园所在地——石桥子镇枳房村，梁山伯出生地——相州镇梁山屯村，祝英台出生地——石桥子镇祝家楼村，梁祝冢所在地——石桥子镇里丈村。并且我还模拟规划了一下祝英台的出嫁路线，看看从祝家楼出发到安丘市官庄镇的马家庄子村是否要经过里丈村，也就是现在的梁祝冢所在地。

　　6 月 6 日清晨，我们一家三口驱车前往石桥子镇，我们的第一站是枳房村的梁祝主题公园。这座主题公园面积不算小，其中设置有梁祝化蝶雕塑、十八相送定情桥、相守岛和梁祝亭等几个区域，梁祝亭里面设置有宣传栏，介绍了诸城梁祝传说的内容。在一个比较偏远的小村落之中有如此面积的主题公园让我十分惊奇，可能是疫情的缘故，可以看得出来这里已经很久都没有游客了，公园的广场和停车场都被附近的村民晒满了刚刚收割的小麦。在枳房村我们采访了两位村民，一位在晒麦子的婶子和一位在路边乘凉的大爷。因为导航无法显示祝家楼村的地址，我们先询问了接下来的路线,两个人都表示顺着小道开车两三分钟就能看到祝家楼村,但是当我们询问这里建了这么好的梁祝公园,能不能给我们讲讲当地的梁祝传说时,两人的口径出奇的一致:哪有什么祝英台,都是骗你们的,梁祝传说也是没有的事,没人相信的。这个回答跟我们的预期完全相反,两位受访者看起来年纪都在五十岁以上,并且都很健谈,多少会知道一些当地的传说,然而他们的回答却都是对此无可奉告,这让我们大为不解。

紧接着我们到了祝家楼村,村头的村牌上写有祝家楼村的简介,上面说到该村从前不许上演诸城本土周姑戏《梁祝姻缘》。为了更好地了解祝家楼村的情况,我们找到了在村里开卫生所的祝医生。祝医生对我们的到来表示非常好奇,因为他从小就在村里长大,很少有外人专门到这个比较偏远的村庄里进行调查。祝医生告诉我们,祝家楼村的全部住户几乎都姓祝,这就是一个普通的小村庄,没什么特别的。当我们问起这里的梁祝传说的时候,祝医生显得十分茫然:"没听说我们村以前有祝英台啊,也没听过有什么传说啊。"我更加觉得困惑了,明明在隔壁的村子就专门修建了梁祝主题公园,为何祝医生会不知道呢? 于是我继续询问道:"我看隔壁的枳房村修建了梁祝公园,说祝英台以前是咱们村的,以前村里的老人们会不会讲过这个故事?"祝医生笑着回答我说:"我在这个村子长大,没怎么听老人们讲起过祝英台的故事,隔壁的公园不知道怎么回事,应该是专门招呼你们这些外地人的吧。"枳房村村民和祝医生的回答与我的预期有很大落差,我本以为当地村民会给我们提供不少不同版本的口述传说,没想到采访了一圈对传说内容竟是一无所获。诸城梁祝传说仿佛是在云雾之中,让人看不清它的真实面目。

接着我们继续前往里丈村寻找梁祝冢。里丈村是一个不大的小村落,我们开车围绕村庄转了好几圈,全部都是一排排的居民平房,全然没有梁祝冢的踪迹。我们下车询问了两位在树下乘凉的爷爷,两位爷爷原本正在下棋,听闻我们是专程来看梁祝冢的,都放下了手中的棋子,兴致十足地给我们讲起这个梁祝冢的由来。根据两位爷爷介绍,梁祝冢不在村内,当地人称为英台坟或者是梁祝坟,是在村子外面一条土路边上,非常显眼。谢过两位爷爷我们便离开了。

根据两位爷爷的指引,我们开车顺着村后的土路一直走,终于在远处看到一座土山,直觉告诉我这里应该就是梁祝冢。接下来的路无法开车前往,我们三人停好车继续步行。土山所在的小路非常难走,地面上全部都是瓦片砖块和石子,道路两边是农田,步行大概十五分钟之后,我们来到了土山脚下。土山的周围有一条臭水沟,山的后面是一大片坟地,山体周围都长满了蒺藜,这些都与两位爷爷所描述的完全吻合,此地肯定就是传说中的梁祝冢了! 此刻我的心情十分雀跃,整整一上午的时间,我被人不断地告知传说是假的,内心已经开始怀疑诸城是否真的有梁祝传说,而这时梁祝冢就这样出现在了我的眼前。围绕着梁祝冢转了一圈,我们发现冢的一侧已经开始坍塌,在冢的后方有一条人们踩踏出来的可以上去的小径,我跟母亲顺着小径爬到了坡顶。坡顶有个长方形的洞孔,看起来非常深,应该可以直达坡地,我们猜测顺着这个洞下去会有墓道进入冢的内部。

在这段调查中我们还闹出了一个小笑话。我们到达梁祝冢的时候大概是中午一点,太阳火辣,田野之中空无一人。这时有一位村民经过,恰巧我与母亲正好从梁祝冢上下来,当时天气炎热我俩都穿了一身白衣,撑着一把黑色遮阳伞,只见这位村民先是停住了脚步紧接着撒腿就跑,我跟母亲正在好奇,看了看后面的一大片坟地好像明白了什么。烈日当空的中午,荒郊野外,两个白衣女子从墓地里冒出来确实会让人产生误会。

离开里丈村,我们驱车前往梁山屯村,据村民介绍,从清朝康熙年间开始,该村就流传着梁祝传说,村里的主事人家鞠氏将该传说讲述给子孙,并一直流传至今。村子的西北角有一座小梁山,清朝时期山上有一座私塾,今天私塾所在地只剩下一些残砖碎瓦了。梁家、祝家、马家、学堂、坟墓,这些地方风物的分布都与传说内容十分吻合,这样看来梁祝传说会在诸城生根发芽也是顺理成章的事情。

梁祝传说在梁家屯与祝家庄的流传情况是完全不同的,这一点是我之前所没有料到的,无论是祝家楼村民觉得祝英台有辱门风不对外宣扬,还是当地真的没有该传说的存在,这就是传说流传情况的真实反映。诸城梁祝传说的流传范围非常有限,并不像公园宣传栏中写得人尽皆知,传说在地化过程中,能够让传说附着的地方风物又是如此隐秘,传说的可信度就大打折扣。但在我看来,正是由于这隐秘的、不容易被人发现的原始风物,保留了传说最真实的风貌,让我体会到了田野的奥妙所在。

我们结束行程到家的时候已经是晚上了,这次的田野调查幸得许多村民的热心帮助才能够如此顺利。语言是帮助我们迈出第一步的重要工具,当我们操着纯正的方言开口先谈自己老家的村镇,谈自己祖辈的情况时,村民们显然就没有把我们当成外人了,这也是在自己的家乡进行田野调查的优势所在,可以快速地融入。回到家整理材料的时候,我又开始试着跳出来,以他者的视角观察他们,认真思索。这是我第一次田野作业的尝试,只有短短一天,腿上还被野地的荆棘划破几道口子,但却初步尝到了走进田野的甜头,载回了第一茬的收获。

楚雄州禄丰县龙木耳村的彝族石头传说

张译匀（中央民族大学中国少数民族语言文学学院）

龙木耳村，位于云南省楚雄彝族自治州禄丰县高峰乡仓底村委会西北部，"龙"译为有石头的意思，"木耳"译为大的意思，"龙木耳"译为有大石头的地方。笔者通过实际调查发现，龙木耳村有着母题为石头的三种异文传说。

（一）"男婴女婴石"的传说

讲述人：普良元，男，57 岁，高峰乡仓底村委会龙木耳村人

相传，在龙木耳村当地，有一对年轻夫妇，结婚多年都没有生孩子，家里的老人便让这对夫妇到村后山上的"男婴女婴石"处进行拜求，夫妇二人来到"男婴女婴石"处，丈夫希望求得儿子，妻子希望求得女儿，两人为此争执不休，此时，从不远处的天生桥传来了一个声音说道："由于你们夫妇二人想法相左，各有所盼，那么就让丈夫站到天生桥上向'男婴女婴石'投掷两颗石子，妻子站在'男婴女婴石'旁看男子投掷的石子落入哪个石洞。"夫妇二人听到声音之后，自知是仙人在指引着他们，便按照仙人的指示来到了对应的位置，丈夫投掷的两颗石子分别落入了"男婴石"和"女婴石"中。妻子高兴地把这个消息告诉了家中的老人，一年之后，妻子生下了一男一女两个婴儿，夫妇二人求石得子的故事在龙木耳村传开了。从此之后，凡是新婚夫妇都到天生桥上向"男婴女婴石"投掷两颗石子，祈求喜得婴儿，一直延续至今。

（二）"天碗石"的传说

讲述人：杞学明，男，60 岁，高峰乡仓底村委会龙木耳村人

相传，很久以前，高峰乡不论是哪一个村，凡是需要举办婚丧嫁娶红白喜事的农户，碗筷不够用时，都可以到龙木耳村后山"天碗石"处借碗筷。整个借碗筷的过程，只需要借用人晚上把空背篓放到"天碗石"洞中，夜间"天碗石"会自行把碗筷装入背篓里，天亮后只管到"天碗石"处取背篓就可以了，凡是借用人借用了"天碗石"处的碗筷，使用之后必须清洗干净，再背到"天碗石"洞中归还，归还时连带背篓放在地上，便可离开，夜深人静时"天碗石"会自行把碗筷收入天碗中，地上剩下空背篓。有一次，村里有户人家办白事，杀狗吃肉，用完"天碗石"处借用的碗筷之后没有清洗干净，就背去归还，从那一次之后"天碗石"就再也不借碗筷给人们使用了。据说是因为那户人家懒惰违背了"天碗石"借碗筷归还时需要清洗干净的约定，并

且因为狗是厌物,"天碗石"山的神仙不喜欢狗这种动物,惹怒了"天碗石"山的神仙,就再也不借碗筷了。

(三)"石箱子"的传说

讲述人:普良元,男,57岁,高峰乡仓底村委会龙木耳村人

相传,很久以前高峰在彝族土司的统治时期,土司们生活非常富裕,对手想要扩大自己的领土势力范围,打算统治高峰地区的彝族,对手听说彝族土司有五个箱子,只要谁拥有五个箱子,谁就可以成为高峰彝族的统治者。于是,对手就请了两个搬工悄悄来到高峰,偷了彝族土司的五个箱子并杀害了彝族土司,两个搬工在返回的路上,起了贪欲之心,想将五个箱子中的财物占为己有。于是,两人放下箱子,不管使用什么方法,都打不开箱子,这时两人想起偷盗时曾看到彝族土司使用口诀打开箱子的过程,但现在彝族土司已被他们杀死,口诀无处可寻,两人又不想回去复命,便把五个箱子扔到了后山上逃命去了。

这三则石头传说,都包含着明显的寓意。"男婴女婴石"传说给人们带来了子孙的繁盛,是一种生殖、生存和繁荣的象征,同时也是对未来出生的小孩,祈求吉祥和平安最美好的祝愿。在采访过程中,杞学明老人和我说:"现在不但有本村的人,也有好多邻村的人,都会到'男婴女婴石'这里求子嗣,这个石头对于求子嗣真的很灵验。""天碗石"传说给人们带来了无穷无尽的生活用品,以及传递了"天碗石"神仙的善良和乐于助人精神,同时也警示后人,做人要有诚信,得按照规矩办事,要学会珍惜美好的事物,一旦打破它,就一去不复回。"石箱子"传说则更多的是告诫后人不能贪图荣华富贵,不要因为钱财做了坏事,凡事都应该依靠自己的双手。

在此次调查中,我们也发现了传说在当代社会的传承并不乐观。为了改善这种状况,我们需要积极鼓励本村村民认识传承的重要性,从心里明确传承地位的重要性,这样,口传文学的传承就能融入生活中,文化消逝的概率将会大大减少。同时,为了保留石头传说的完整性,可以加入一些配合该传说故事的民间活动,比如:在特定的节日里,村里群众相约一起到石头所在地进行祭石仪式,并在仪式中传承该故事,虽说现在当地还有部分群众自发到石头跟前祭石、祈福,但在调查中发现仅仅是少数的家庭,大家都为了节省时间,丢掉了一些原来的祭祀风俗。而且,全面地收集整理石头传说的系列文本也相当重要,然后以文字、录音、录像等多种方式加以保存,并作为后期传承的范本。总之,这些石头传说揭示出了彝家人民对于石头的信仰崇拜,以及通过石头传说衍生出的族群认同、自然信仰和意蕴寄托。龙木耳村石头传说的传承出现的危机,或许我们可以通过对村民加大宣传、村领导示范和选定传承人等方式,使得石头传说得以保留下去。

从"村落"到"网络"：大理南庄村白族大本曲调查记

杨识余（云南大学文学院）

白族谚语有云："不放盐巴的菜吃不成，不唱大本曲的日子过不成。"大本曲因其丰富的题材、跌宕起伏的情节与自成一派的唱腔，满足了民众听故事、看表演的需求，这也使得它在洱海坝区获得了广阔的生长空间。每至春节、火把节、本主节、七月半等节日，以及村民家中举办婚丧、生子、新居落成等民俗活动时，大理洱海坝区的村落多会邀请艺人前来演唱大本曲。届时，阔地露坐、众人相聚。待三弦叮当响起，艺人便用嘹亮的嗓音演述曲目，喜、怒、哀、乐，尽在其间。

一、步入田野：南庄村的大本曲演唱

大理市湾桥镇南庄村于火把节期间演唱三天四夜大本曲的传统已延续了多年。2019年，7月24日至7月27日是南庄村欢度火把节的日子。7月24日是南庄村火把节大本曲演唱的第一天。下午一点，我沿着南庄村的主干道，行至村落中心的大青树下。虽然天空中飘着小雨，但十多位村民仍在相互配合着搭建高台的框架。考虑到下雨的情况，村民便在高台整体框架外铺上了塑料布用于防雨。在村民搭建高台框架的过程中，一车车提前预订好的松枝被运到演唱的场地，一筐筐预先备好的彩灯、彩旗、糖果、香火也相继被拿到高台附近。松枝、彩灯、香火等物品均购于村落附近的街市，彩色纸花则由本村村民张国齐老人制作完成。

四个小时后，高台两侧已被翠绿的松枝覆盖，五彩的纸花、精致的灯笼、作为点缀的彩灯饰于高台正前方。此外，村民还贴上了对联"小三弦弹民家调，大本曲唱白乡音"。转入高台内侧，村民相继搬来方桌、椅子。方桌置于高台中央，桌身系着桌围，桌上依次陈列着花束、米干、香炉、盘香、蜡烛、糖果盘等物品。当晚，大本曲艺人便在高台之上唱响2019年南庄村火把节期间的第一场大本曲。

我在与村民的访谈中得知，大本曲艺人一般于火把节前三天来到南庄村演唱大本曲，火把节当天是演唱的第四天，也是大本曲演唱的最后一天。近五年来，南庄村皆是邀请赵丕鼎、赵冬梅、赵福坤三位北腔大本曲艺人前来村中演唱大本曲。赵丕鼎是赵冬梅、赵福坤的父亲，他将自身所学教授给了女儿赵冬梅与儿子赵福坤。按照南庄村的风俗，每年家中新添头胎的家庭组成一个队伍，一是组织、操办火把节期间立火把、大本曲演唱的相关事宜；二是平均分担立火把、艺人演唱曲目、布置高台产生的相关费用。近年来,南庄村每年新添头胎的家庭多在 10 户左右(2019 年有 11 户),多的年份达 18 户,少则在 5 户左右。火把节期间各项支出的费用,累计相加约 2 万元。其中,三天四夜的大本曲演唱,艺人将演唱 7 个完整的曲目。现今,艺人演唱一本大本曲的费用在 800 元左右。由此可知,南庄村需为大本曲艺人支付接近 6000 元的演唱费用,这算是火把节期间较大的一笔支出了。

起初,我并未留意微信朋友圈中偶见的大本曲表演视频,更对抖音、快手中大本曲表演的活跃现象缺乏关照。而在村民的访谈过程中,我发现村民使用微信、抖音、快手等观看、分享大本曲的行为在中青年群体中较为普遍。村民赵云通过微信群聊,与大本曲爱好者进行在线的互动与交流。赵云加入的"白语茶座大家庭"群聊,目前群中成员已超过 500 位,大家不时在群中分享大本曲的演唱视频。村中的文艺积极分子张秀玉更是直接掏出了手机,向我展示她在抖音、快手中关注的大本曲艺人与大本曲爱好者。面对这些大本曲表演的新形式,我顿时觉得设计调查问卷时的自己严重地低估了大本曲的生存活力。

二、媒介拓展: 喜见大本曲的直播演唱

临近黄昏,高台之上松柏装饰、张灯结彩、香烟渺渺。高台之前早已摆满了高高矮矮、长长短短的木凳。有些大本曲的爱好者为了抢个好位置聆听大本曲,早已在演唱场地上坐等艺人的到来。

晚上 7:50,南庄村邀请的大本曲艺人赵丕鼎、赵冬梅、赵福坤,与三弦琴手段要才开车抵达高台附近。我在与赵福坤闲聊时,看到赵冬梅在演唱座位的右前方放置了手机支架。她一边调适支架的角度,一边告诉我她准备在快手直播今晚《天仙配》曲目的演唱。开播后,不少网友进入直播间中,相继在公屏区留言互动。赵冬梅面带微笑地介绍了今晚演唱的曲目、直播的时间以及演唱的艺人。她与观众的互动过程极为从容。以此可以推测,赵冬梅在视频平台上直播演唱已经有一段时间了。

晚上 8:25,在一阵鞭炮声后,传来了赵丕鼎嘹亮的嗓音。赵丕鼎演唱了"财神板",作为今晚演唱的开场庆贺。"财神板"演唱结束,赵福坤开始演唱传统曲目《天仙配》。自带板凳的民众簇拥在高台的前方空地,里里外外坐了近十排。高台位于自西向东的村落主干道南侧,后续前来观看大本曲的村民便顺势站在围坐的村民后方,不断增加的观众竟将路面占去了大半,使得车辆无法通行。赵福坤忽高忽低,忽急忽缓的声音,忽喜忽怒,忽泣忽诉的表情,使观众的情感也随其演唱而激荡。苍洱之间,夜晚多凉风,不时有村民端上三道茶供观众饮用。伴着艺人的展

演,暖茶入口,视觉、听觉、味觉交织的丰富体验,加深着观众对大本曲在场展演的记忆。

与此同时,快手直播间中已有 200 多位观众正在观看此次直播演唱。直播间的公屏区滚动着留言,跳动着在线观众相继送出的"棒棒糖"等虚拟礼物。直至晚上 11:15,传统曲目《天仙配》演唱结束。伴随着赵福坤的下台庆贺,一直守在高台前方观看的村民才陆续起身回家。见今晚的演唱步入尾声阶段,赵冬梅也开始与直播间的观众道别,并告知观众明日继续直播演唱。

大理洱海坝区村落中各类民俗活动与生活间隙,提供了大本曲现场演唱的时空,而每一次的大本曲演唱皆作为传统的再现,参与了传统的维系与承续。时至今日,大本曲的表演已从"村落"拓展至"网络",媒介表演成为大本曲村落表演形式与功能的延续。面对大本曲在新媒介中的表演形式,媒介化记录如何被当作大本曲口头表演的拓展形式,新的媒介技术对大本曲的传承发挥着何种作用,地方性知识如何通过新媒介进行传达等问题涌入我的脑海之中。可以说,此次南庄村的田野调查,启发了我对民间文化与新媒介相关问题的思考。

歌鼟:来自大山深处的苗寨余响

冯姝婷(辽宁大学文学院)

2018 年 7 月,我报名参加了由吉首大学历史与文化学院举办的为期 15 天的"生态·文化与乡村振兴"暑期学校。抱着多看、多听、多学习的心态,我想走入陌生的文化圈,带着陌生人的视角,了解迥异于白山黑水和三晋大地的潇湘文化。

经过一周的理论学习之后,学员被分成 4 组,分别进入各自的田野点。我们的田野点在湖南省怀化市靖州县三锹乡地笋苗寨。

偶遇歌鼟

项目下田野之前,通过搜集资料,我了解到地笋苗寨有一项重要的国家级非物质文化遗产——歌鼟。歌鼟被誉为"原生态多声部民族音乐活化石",苗族先民们模拟大自然中鸟鸣、蝉唱、流水、林涛的"和声"编成多声部演唱的歌鼟,鼟是敲鼓发出的声音,在多声部合唱中,也有音调阶阶上升之意。歌鼟用酸汤话(当地苗族土语)演唱,苗族没有文字,所以他们以口传的方式记录本民族的文化,歌鼟的歌本由汉语记录。

我对音乐并没有太大的兴趣,却隐约觉得,歌鼟在当地并不只是唱歌那么简单,一定有其特定的社会文化功能,所以我暂且将研究主题定为歌鼟的社会文化功能研究,这样的想法指引着我继续向前探索。

你会唱歌鼟吗?

村中的凉亭是老年人茶余饭后的聚集地,我们在那里遇到了很多老人,他们说,村里有一半的人都会唱歌鼟,喝酒的时候唱,吃饭的时候唱,喝茶的时候唱,做农活的时候也唱……听起来,歌鼟的范围十分宽泛,我对酒歌、饭歌、茶歌这些内容并不能完全领会,对歌鼟的分类系统也不甚清晰。

当被问及会不会唱歌鼟时,他们会互相推辞:"我不会,他会。"对此,我很困惑,误以为他们并不喜欢唱歌鼟,不想配合我的调查,或者村子里大部分人都不会唱歌鼟,歌鼟已经濒临衰亡。房东老板娘花姐解答了我的困惑,她说,"很多人说自己不会唱只是谦虚,村里大部分人都会唱歌鼟,只不过有人唱得好,有人唱得不好罢了。"我恍然大悟,十分感激花姐点醒了我,所以在之后的访谈中,当他们说自己不会唱时,我便不免要夸奖加吹捧几句,让大伯大爷们开开心心地唱歌,可见访谈技巧的重要性。

"六亲客"带来的田野突破

随着访谈不断深入,我渐渐知道了当地在打三朝、婚礼、节日等场合都会唱歌鼟,"有酒就要唱歌,吃宴席就要唱歌",当地人"以饭养身、以歌养心、以酒养神",于是我开始了解歌鼟在什么场合唱,怎么唱,但我始终觉得这些并不是我想了解的内容,我并不想泛泛而谈所谓的娱乐功能、教化功能、巩固情感的功能等等。但我想做的到底是什么呢? 问题无法聚焦,这让我十分苦恼。

直到房东吴哥无意间提到"六亲客",学术的敏感性让我迅速捕捉到这个词,我的调查因此有了突破性的进展。地笋村的人举行婚礼时,郎家要请"六亲客"提前一天到娘家吃酒唱歌。"六亲客"是六个娶亲客的简称,要选择"命好的"(即儿女双全、家庭圆满的人)、能说会唱、能喝能玩的 6 个 50~60 岁的男子,身着长衫衣,戴着娶亲帽去迎亲。歌鼟演唱技能高超的"六亲客"在婚礼仪式中扮演着重要角色,可以看出掌握歌鼟技巧的人在婚礼仪式中具有权威性。

经吴哥引荐,我们找到了他的三叔——歌师吴才贵,他常常作为"六亲客"去迎亲。吴大伯善于表达,给我讲了关于"六亲客"、歌师及婚礼中的歌鼟。但是由于访谈时间过长,我们担心耽误大伯做工,所以虽然还有很多疑问,也只得结束访谈。

丧葬仪式上的意外收获

在地笋调查期间,乡里的另一个寨子金山寨有人去世,举行丧礼,带队老师要带着几位同学去了解丧葬礼仪,我也一同前往。金山寨的杨老师是小学退休教师,也是当地的文化精英,懂得婚丧礼仪。在同行的同学向杨老师询问关于丧葬礼仪的过程中,我恍然大悟,我想做的其实是歌鼟在仪礼中的文化功能。所以在同学问完丧葬礼仪后,我向杨老师请教了当地的婚礼仪式和打三朝习俗。醉翁之意不在酒,在杨老师讲的过程中,我会着重询问,这一仪式环节唱歌鼟吗? 这样,我便详细了解到婚礼和打三朝中哪些环节需要唱歌鼟。

"唱歌就像写作文,有的人写的辞藻华美,有的人就不会写,真正的歌师没有歌本,歌都装在他们的肚子里,信手拈来,写歌本的都是蠢秀才。"房东吴哥的大伯吴才有这样说。一位优秀的歌师可以根据不同的场合即兴创作歌词的内容,引经据典,旁征博引。每个唱歌的场合都是一场斗歌的比赛,输者便要喝酒。醉能同其乐,醒能作其歌者,歌师也。

　　歌鼟是锹里苗民族群生息纪事、人际情感交流、本族文化传承的重要载体，近年来，随着当地旅游业的发展，歌鼟的功能也逐渐发生转变，比如地笋苗寨组建了歌鼟表演队，旅行团进寨门时，表演队队员会进行文化展演，请游客喝拦门酒，唱拦门酒歌。这样的歌鼟表演虽然适应了旅游业的发展，但脱离了文化原有的生长语境。歌鼟表演队的成员也并非真正的歌师，她们未必真正热爱唱歌，也无法进行歌鼟创作，只是在特定的场域，根据现有的歌本，完成相应的文化展演活动。现代化语境中，非遗文化的传承和保护实践，还有很长的路要走。

黑色的锦鱼:访壮族布傣群落天琴姑娘

潘秀波(中国海洋大学材料科学与工程研究院)

广西壮族自治区龙州市有一布傣群落,是壮族的一个支系,就在这个偏远的村落里,却有着一种美妙的少数民族乐器——天琴。天琴在壮族支系中广为流传,原为天婆(巫婆)所用,后来,这种巫术性质的弹琴歌舞演变为群众性的娱乐活动,但仍称唱天、弹天、跳天,所用乐器便称天琴。

在重重跋山涉水后,我们见到了一位壮族姑娘,只见她头上用一块长条黑布包裹着,身上穿着一身黑色的布衣服,脚上穿着传统布鞋。整体看上去十分整洁和美观。她带着微笑,略微腼腆地给我们介绍当地的民风习俗。

黑衣壮服饰的艺术

"你别看我穿得这样,但是平时我们是不穿它们的,只有我们壮族特定的节日或者女子出嫁的时候才会穿上。"壮族姑娘笑着用手捂着嘴解释说。

她们结婚的时候穿上的是特别华丽带着花纹的黑衣壮族服饰——壮锦,她们身上的壮锦,每家每户都会织,但是织一件壮锦黑衣大概需要半年的时间,黑色也是用当地的草药放到锅里熬煮,然后给布匹染色。由于制作工艺传统而烦琐,现在壮锦的数量也慢慢地变少了,年轻人都不愿意织也不愿意穿。

壮锦代表着壮族人民优秀的纺织文化,曾因色彩绚丽和制作精美被大众广为喜欢,但随着现代化的发展,当地年轻人大多已经跑到城里念书和打工了,留下来制作的只有老年人,他们年龄很大,但却像一个无惧的卫士,守着自己的文化。

布傣人的天琴之缘

壮族姑娘小的时候,村里年老一辈的天琴弹奏者就会鼓励年轻人去学习天琴,但不是强迫他们去学习,而多以年长者口吻劝解他们去学习天琴的技艺。

"男孩子生性顽皮,因此愿意学习天琴的大多是女孩子,她们在几岁的时候便开始学习天琴技艺。"壮族姑娘如是说。并且在特定的地点,屯里人选出适合教孩子们学习的"老师"统一教,学习天琴之余,"老师"们还会教她们唱祭祀歌谣和一种挂在脚上伴随天琴演奏铃铛的方法,这种铃铛一串一串连在一起,一串十几个铃铛,挂在脚上随着祭祀音乐的节拍一起抖动身体时,正好与天琴的节拍配合得恰到好处。

传承的危机

"平时除了节日或者外出表演,她们都不弹奏天琴,现在年轻人对祭祀活动的兴趣越来越少了,因而大家也慢慢地不学天琴了,但是老一辈的人还是十分地看重。"壮族姑娘无奈地说。并且,她向我们表示,虽然随着天琴的知名度越来越大,越来越多的人来拜访,研究天琴和"求务",甚至许多国家的学者都纷纷慕名而来,所以当地也斥资打造了"美女村",以便于宣扬侬峒节的"求务"文化。但由于"美女村"并非有祭祀仪式的传统,这些新形式必然会造成他们的不习惯、不合作。所以"美女村"一直都名存实亡,这不仅让传承原汁原味的天琴与"求务"仪式不能走上正道,反而越走越远。

"也许是我们住得比较偏,大家的文化水平都不高,年轻人就仅仅是知道有这种文化而已,并没有想过它们到底有什么意义。"壮族姑娘带着平淡的语气把这句话说了出来。壮族文化源远流长,却在现在社会发展的进程中面临困境,这不仅仅是民族乐器的遗失,也是"求务"文化的遗失。这也是民族文化需要重视建设的原因。

壮族姑娘随后说道:"现在越来越多外面的人来邀请她们去演出,这是一条挽救天琴这个正在衰落的艺术之路,正因如此,越来越多的年轻人开始重新学习天琴。"这是十分令人欣慰的。

也许有一天,有这样一位穿着黑衣壮锦的姑娘,手扶天琴脚提铃铛弹一曲壮乐,宛如一湾清泉游过。这样的情景,也许外人体会不出,只有黑色的壮族锦鱼,才能置身其中伴着天琴的旋律自由自在地游荡。

乌装琴鸣，骆越人歌
——有关天琴转型的田野调查

陆慧玲（中国海洋大学文学与新闻传播学院）

"口出蛮音莺弄响，足摇铃子手挥弦。"①这是清室文官黄敬椿的诗。我们多次田野调查的主要对象，便是诗中所提的乐器——天琴。天琴被誉为继铜鼓之后，壮族的第二大民族乐器，形制近似于中国古代乐器三弦，音色古朴清脆。广西龙州县板池屯有"天琴之乡"的美称，因此，龙州这个有着千年历史的边疆小城成为我们的主要田野点。

笔者申请的学校 SRDP（本科生研究发展计划）项目"壮族天琴之仪式与表演研究"获批立项之后，第一次带领团队进行调查是在 2015 年的春节期间。天琴素与龙州当地的骆越巫祭文化联系密切，犹以其特色节日侬峒节为甚。侬峒节的时间为正月初七至正月十一，不同村落举办时间不一，在当地的风俗习惯中，重要性仅次于春节。

笔者一行于清晨六点出发，乘坐面包车，经过两个半小时的盘山公路方到达深居山林的板送屯。彼时村民的"求务"仪式已进行了三个半小时，但按照传统，仪式要持续至正午十二点。因而我们得以有充足的时间进行图片、录音、视频等第一手资料的搜集。

"求务"仪式古朴庄严，天琴在整个仪式中是作为人与神沟通的法器而存在，乐音与布祥们（"布祥"为当地信仰体系中对神职人员的专称）呢喃颂赞的经书相和谐而略显单调。布祥们所着的复丽法衣，冉冉缭绕的香火，不绝于耳的铃铛清音，与天琴一起，为这个古老的村庄与节日增添了神秘的气息。

以演述连接过去与未来

天琴在当地已有上千年的历史，传统天琴的主要角色是布祥的"助手"，用以完成人神的沟通。对布祥而言，天琴弹奏是一门必须掌握的技能。在对布祥的采访中我们了解到，老一辈布祥们对天琴的崇敬几乎不亚于对天地鬼神的敬仰崇拜，天琴在他们的文化意识中有着根性的连接作用。而在访谈中我们发现，现代音乐制

---

① 中央民族大学民族乐器课题组编《民族乐器》，中国经济出版社 2011 年版，第 109 页。

作人对天琴做出的改制，则受到了一部分老布祥的质疑与反对。

任何一种民俗或民间艺术，在其发展过程中，总需要有顶梁柱的支撑。天琴既然作为骆越民族与天地鬼神进行交流的"圣器"，那么在传统中持经书、操天琴的"布祥"们，则是民族呐喊、表达自我的代表者。当地备受尊敬的"布祥"沈光玉先生，与诸位"布祥"，就如纳西族的"东巴"、彝族的"毕摩"、土家族的"梯玛"一样，在龙州壮民心中，不仅是一名优秀的"布祥"，也是民族的知识分子，文化的传承者。

将琴代语兮，聊写衷肠

第二次集体田野调查是在阴雨连绵的暑假，调查重点在于对现代天琴演奏者及当地民众的采访，不论是田埂边上的淳朴老人，还是初学琴的妙龄少女，都与天琴有着一段不寻常的故事。印象最深刻的，便是对秦华北先生的采访。

秦华北，天琴制作人与改良者，祖辈均制作天琴，然而在过去，天琴更多地被打上封建迷信的烙印，尤其在 1966—1976 年间，天琴的制作者只能在夜晚从事天琴制作，就连演奏、歌唱也要小心翼翼。时代因素对民俗、民间文化的影响，可见一斑。所幸在重新挖掘天琴价值的 21 世纪，秦先生得以将自己的音乐才能与对天琴的热爱结合起来，在天琴形制的现代化与音律艺术化方面做出了突出的贡献。采访过程中秦先生为我们讲述了他的断指与天琴的故事，并现场展示了许多用天琴演奏的流行歌曲，乐音清丽和畅，婉转有致，呈现出与传统天琴演奏不一样的韵致。

欲待曲终寻问取，人不见，数峰青

自 2014 年至今进行的三次田野调查，所获的第一手田野调查资料令我们欣喜，但田野调查不是简单的走马观花，亦不能每次满载而归。我们期待中的田野调查充满美好的想象，但实际调查过程中或许会碰壁，由此带来的灰心、失望或许不在少数。天琴现在处在一个从传统向现代民族乐器转变的转型期，与许多其他少数民族乐器一样，其自身规约性和外在的藩篱壁垒如过于传统的思想观念等，给它的发展带来阻碍。而对于田野调查活动者而言，民众的淡漠、因为种种原因而无法展开的调查，或许也如一盆冷水，浇在我们年轻炙热的心上。但细想来，每一次返途的路上，看着车窗外一格一格闪过的黛色群山，内心的反思与感悟都提醒着自己，不论收获多少，都是对内心的一次丰盈。

乌丙安先生认为，民俗学的田野调查需要我们秉持诚挚的心，并亲切土地，真正融入民间。关于天琴的田野调查，是 SRDP 小组成员一份难忘的回忆。"鼎叮"

作响的琴声里,老布祥们安然的神态,古老的经书在山风吹拂里一页页翻过,岁月把音符刻进皱纹,竹楼里盛放对天神的虔敬与期盼,悠悠骆越人的历史,在琴声与和歌中承袭。难以遗忘弯弯曲曲的盘山小路尽头,那几座隐藏在中越边境线上的小小村落。调查过程中的风和日丽、夏雨滂沱,除去了现代都市的所有尘嚣喧扰,呈现在我们眼前的,是跳跃音符下,一幅清丽的壮乡山水景帘与自然柔和的风俗画卷。

何去何从：吕剧庄户剧团的现状与隐忧

杨　珊（河南大学黄河文明与可持续发展研究中心）

吕剧产生并长期流传于乡村民间。据《吕剧的起源与发展》一书记载："吕剧最初是由山东琴书发展演化而来。当时吕剧创始人时殿元为了增加同各种戏班的竞争力，提出将琴书改为像京剧那样的化妆演出，得到众人赞同，随即他们所创化妆扬琴《王二小赶脚》，突破了琴书所原有的形式改为化妆演出，从而具备了戏曲的艺术特征，就这样奠定了吕剧的雏形，之后又经历化妆扬琴的阶段后正式定名为吕剧。"[①]

在东营当地有句俗语："要听吕剧腔，请到时（时家）、谭（谭家）、武（东武）、杜（大杜）、张（东张）。"2017 年 7 月上旬，我们师生三人来到东营市牛庄镇这五个村庄，着重了解吕剧的相关情况。五个村庄属于普通的自然村，村庄间的距离很近，从一个村出去就是另一个村，这在一定程度上方便了调查的进行。我们在调查中得知，目前这五村还有大杜吕源艺术团、时家吕源艺术团、谭家吕剧团、谭家能源吕剧团这四个庄户剧团。

在调研的第二天晚上，我们就幸运地观看了大杜村的吕剧演出。据吕剧非遗传承人杜瑞杰老先生说，演出时间是每周五晚 7 点至 9 点，在村庄的广场上进行，不一定是吕剧剧目，也可能是舞蹈、相声等综艺节目。演出计划由东营区做统一安排，费用为每剧团每场一千元。根据调研，我们了解到东营区乡村吕剧演出的大致情况如下。

一、演出剧目

在吕剧的演出剧目中，多为经典剧目的经典选段，但有些剧团也会根据现代社会现状演出自创的现代小戏，其多为反映现代生活、歌颂社会、宣讲法律等方面的内容，目的是起到一定的宣传引导作用。在现代小戏中，演出人员不再身穿传统戏服，而统一换成现代服饰，讲述现代故事。比如在杜瑞杰老先生所组织的剧团中，就曾演出过他所编的现代小戏《乡村吹来和谐风》《帮扶》等。

---

① 　东营市文化局编《吕剧起源与发展》，黄河出版社 1997 年版，第 8～10 页。

二、演出地点

吕剧的演出在村庄的戏台上进行。大杜村的戏台与其他几个村的戏台稍有不同，是带有 LED 显示屏的现代化戏台，且所占面积较大。其实，与其说它们是戏台，倒不如说是文化广场更贴切些，毕竟从严格意义上来说，它们与古代戏台已大不相同。此外，剧团的演出人员进行演出时，都是提前化好妆，到村之后，专业人员将设备等调试好，他们就开始在场地内进行演出。

三、演出乐器

演出的乐器除扬琴、坠琴、二胡等外，还加入了现代化的音响。从调查中得知，大多数的剧团会使用音响。这种现代化设备的加入是否得当，我们无法评判，但不可否认的是，音响的加入确实带来了问题。其中，最主要的就是音响声音过大，进而导致部分演出片段听不清楚。在观看大杜村的吕剧演出中，某一时间段内，音响声音十分嘈杂，直接盖住了演员的声音。而这种情况并非只是出现在这个剧团中，之前在河南乡村观看豫剧演出时，也碰到过此种情况。

四、观看人群

观看演出的观众，基本上都是本村或者邻村的人，其中老年人居多。其原因一是乡村的老年人大多都不会使用电脑、手机等高科技产品，所以他们平时的生活，就是聚在一起说说话，唱唱戏，哼唱一两段吕剧。其二，青年人大多外出务工，抑或是在家中上网看剧，即使有空去到唱戏现场，大多也只是凑个热闹，因此，在演出中，下面坐着的一半之上都是较为年长的老人。

2006 年，广饶县吕剧和东营区吕剧同时被列入山东省第一批省级非物质文化遗产名录。2008 年，东营区吕剧被列入第二批国家级非物质文化遗产名录，这给吕剧艺术的传承保护、繁荣发展带来了美好的前景。但不容忽视的是，在传承发展的同时，也面临着发扬继承的问题，尤其是对于庄户剧团而言，这更是一个极大问题。一来唱吕剧仅是东营乡民的生活娱乐方式，不能成为谋生的手段。农忙外出时，村民是没有时间来演唱和观看吕剧的，只有等到闲暇时，大家才能聚在一起，哼上一哼。二是乡民们很少会愿意让自己的孩子一直从事戏曲学习，原因很简单，那就是"不务实"，而这个也是当地的戏曲学习班中，坚持下来的孩童数寥若晨星的原因。如果说这样的情形一直持续下去，那庄户剧团该何去何从？

从网络到乡间：看一场海南临高人偶戏

张　越（中国海洋大学文学与新闻传播学院）

2020 年，新型冠状病毒打破了我们生活原本的节奏，同样被扰乱的，还有我本科毕业论文的撰写计划。往年正月初四，临高县街头、村口便有人偶戏表演。在疫情管控下，庚子新年的人偶戏表演，直到 3 月都杳无音讯，而我原定于春节期间进行的田野调查，更是遥遥无期。将近 3 个月的时间，我只能一边在网络上尽力搜集资料、开拓人脉，一边焦灼又期盼地等待临高县第一场人偶戏表演。

经过前期广泛的资料搜集，我对临高县可谓熟悉又陌生。熟悉，是因为我已通读县志，了解过该县的自然风貌与历史人文背景；陌生，是因为我不懂临高话，不认识当地人。疫情下，人们的活动空间受限，网络是我唯一获取信息的通道，如何在网络瀚海中，找到合适的访谈对象呢？在此必须要感谢我的父亲，是他建议我注册多个短视频社交账号，在这些平台上寻找相关资源。

道路明朗后，如何筛选、确定调查对象，与对象取得联系，是我的主要任务。通过关键词搜索，我在三个平台共找到近 20 位临高人偶戏相关视频的分享者，他们或是演员，或是观众，又或是参观的游客。一开始，我迫不及待地给他们点赞、评论、私信留言，但所有消息均如石沉大海一般，不得回应。反思之后，我又将自己的社交账号重新装点，把头像换成临高木偶剧团的表演照，昵称改成"爱看人偶戏的越越"，个人介绍里大言不惭地自诩"临高人偶戏研究者"。几天后，终于有一位同龄人阿顺，回应了我的留言。阿顺在海南医学院读大二，比我长一岁，是个土生土长的临高人，也是人偶戏爱好者。几番寒暄后，他主动提出添加微信，愿意回答我几个问题，之后，他便成为助我开展田野调查的关键人物。可见，"改头换面"在田野调查中十分重要。网络调研，我最好的名片就是社交平台的个人主页，如何介绍自己、包装自己，在与人拉近距离的同时，又不失真诚，还要保证自己的临时身份被他人接受、欢迎，并不是一件容易的事。

通过阿顺，我又接触到临高县木偶剧团的旦角梅姐。梅姐是一位防备心较重的女性，线上交谈之初，她便要求我出示身份证明，并详细问询我的学校背景和采访目的，为打消梅姐的顾虑，我大方出示自己的身份证、学生证，并表示对他们人偶戏演员的工作十分好奇，梅姐这才放下戒备，认真回答我的问题。取得梅姐的信任后，她表示，愿意借给我剧本手稿拿去复印，这对我的论文撰写有莫大帮助。做好基础的疫情防护工作后,我在父亲的陪同下,于3月9日第一次驱车前往临高县。

梅姐住在村里,却愿意专门上县城给我送剧本,我十分感动。她告诉我,由于各剧团之间存在竞争,新剧本不方便透露,只拿来几沓老戏本。我表示理解。等待期间,我给她买了一杯奶茶,我们的第一次碰面,就在我一手接剧本,一手递奶茶中匆匆结束,大家都戴着口罩,面目看不真切,烈日下她骑电动车离去的背影,让我感到分外温暖。

之后,梅姐又寄给我《临高人偶戏》一书,这也是我论文的重要参考文献,我以书上的定价给她发了红包,梅姐意外又开心。在那之后,我不时和梅姐语音沟通,她回应我的问题之余,也会偶尔抱怨剧团待遇不好,疫情期间不能演戏,他们便没有工资,现实在不断消磨她对工作最初的热情。对此,我很无奈,也不知该如何安慰、帮助他们。田野作业中,对受访者的理解与共情,令我的心绪也随之起伏。通往田野的路没有捷径,尤其是与人交往的环节,唯有将心比心,换位思考,方能更高效地获得真实、有用的信息,倘若能与受访者成为朋友,那更是幸事。

论文写作期间,我始终与临高友人们保持密切联系,时刻关注人偶戏演出的动静。4月26日,阿顺突然告知我,加来镇的山凤村"绑"了戏班,27、28号两天都有演出,晚上9点开始。得到消息后,我在导师的指导下,简单设计了一份田野调查大纲,在准备好录音笔、摄像机后,我和父亲于28号再次前往临高县。

虽然通往山凤村的路都是水泥铺就,但乡村信号不好,导航失灵,我们还是在荒郊野地里迷路了。眼看天色渐暗,父亲十分着急,我们开着车像没头苍蝇一样乱闯,误入另一个村庄,可谓是"柳暗花明又一村",一位挑扁担的大爷路过,一听我们是去山凤村看木偶戏的,他便热情指路,脸上流露出自豪的神情。

下午7点,我们终于抵达加来镇山凤村,村口立着一块大石,上面刻着"山凤村"三个大字,进了村口,左手边是开阔的戏台,右手边是陈姓家族的祠堂,里面供奉着牌位,讲述陈姓家族的迁移史与功德簿。几位妇女和老人家,坐在房屋前聊天。父亲隔着十几米的距离,高声问道:"阿姨,你们这有木偶戏吗?"她们一听,便露出笑容,回答道:"有——还早呢!9点开始。"

摸清山凤村路线后,我们又赶去加来镇与阿顺会面,正巧遇上修路,通行不便,我不争气地晕车了,头晕呕吐之际固然难受,但我内心却是开心的,历时3个月的漫长等待,这一刻终于来了。到了镇上,父亲让我去超市买一听矿泉水,一箱牛奶和些许零食,嘱咐我一会儿看戏时分给大家。父亲的建议,是我想不到的,在欣然接受的同时,内心暗自佩服。

再次抵达山凤村时,天已黑透,明晃晃的戏台上,小孩们追逐嬉戏,蟑螂、蚊虫也在灯下飞舞喧闹。戏台右侧，整齐摆放着几排塑料椅，是村里人占的位。山凤村的人偶戏表演虽不是临高县第一场，却也赶在最前头，为人们带来真正的年味儿，许多外村人走路、骑车赶来观看。在阿顺的号召下，山凤村又来了两位爱看戏的年轻人，一位是海南大学新闻系的大四生阿钟，另一位是加来镇的数学教师阿翔。阿钟与剧团的许班主相识，他便是我的引荐人。许班主非常健谈，71岁声音洪亮精神佳，他虽不是国家级非物质文化遗产传承人，却有着不输传承人的才华与能力，颇受当地村民的认可。

许班主语言表达节奏分明，韵律性极强，我们的访谈，主要围绕"怎么学、怎么传"这两个问题推进。然而，当我试图与剧团其他演员交流时，尴尬的事情发生了，后台演员们愉快地交谈着，却无人回应我的问题。面对这种集体无视，不死心的我上前伸手拍了拍一位阿姨，她含着微笑转头，用蹩脚的普通话告诉我："找班主，我们不懂说。"我瞬间明白，他们的无视，其实是一种回避。如今回忆，不得不感慨自己当初的大意和自负，班主具有一定文化水平，但不代表其他表演员们也如此，没有本地人的陪同翻译，我一个外乡人几乎无法与他们交流。

晚上9点半，表演正式开始，首先是村党支部书记致辞，报酬金名单，接着在台前挂"唱吉"①酬金，锣鼓声响，正式开演。我举着手机台上台下四处乱蹿，拍照、录像的行为吸引不少目光，田野人的脸皮自然要厚，前提是不冒犯他人。

通过台前幕布的观察，我发现，先前最早一批在戏台左侧占座的人，都是村里的高龄女性，这一侧的视角其实并不好，她们来得最早，却甘愿屈居次座，我想，这可能与她们经年累月的家庭地位、生活习惯，密不可分。她们专注，又相对沉默，是看戏最积极、虔诚的观众，有的人与其说是看戏，不如说是听戏，因为她们的眼睛闭着，嘴角却带着微笑。再看戏台正前方的观众，多为本村的年轻人、外村人，这群人或站、或倚、或躺，嬉笑聊天，十分热闹，梅姐就在他们中最前排的位置。这场戏唱到0点时还未结束，父亲表示摄像机已经没电了，我意犹未尽地做好收尾工作，准备返程。梅姐、阿钟等人还入迷地看着表演，我打了招呼，准备离开，阿顺立刻提出送我们上主干道，行至村口，不知他从哪儿变出一大袋南瓜，说是自己家种的，送给我们，而我也拿出提前准备好的牛奶赠予他。

乡村的夜晚，除了戏台，没有一点灯光，几只萤火虫飞过，格外显眼。我想，田野间行走的调研者，正如黑夜飞行的萤火虫，他们与周遭格格不入，却又恰当融合，他们的光，虽不及远方，却怀揣希望。

---

① "唱吉"可以理解为唱吉祥，艺人们用歌唱的方式来为民众祈福，这是临高人偶戏表演的最后环节，需要额外付钱。

　　驱车 2 小时,再到家已是午夜,我的第一次田野作业,就这样仓促结束,虽尚存遗憾,却也收获丰富。这趟田野行无疑是辛苦的,但在父亲和临高友人们的协助下,亦是顺利的。

　　田野调查是个漫长的过程,无法一蹴而就,需要我们耐心、细心;田野调查也是见证人情冷暖的过程,需要我们大方、真诚。

说起花灯你会想到什么

向芩杉（中国海洋大学文学与新闻传播学院）

毕业回家的时候，我和大行一趟航班，对于毕业生而言，除了工作安排外大概只有毕业论文最适合作为闲谈的话题。

"你毕业论文写的，我记得是花灯？"

"嗯，玉溪花灯。"

"那个谁写的好像是山歌……"

"对呀，山歌污名化，我看他那段时间发的动态都是山歌，甚至还给出个好听的山歌列表。"

"你们咋会想到写这个？"

"出于兴趣吧，以前经常看我外公外婆演，觉得还挺有意思的。"

"是呢，我家那儿以前也经常演。你们文科生写论文都很有情怀。"

情怀，这个词太抽象了，我的毕业论文里带有情怀吗，除了题目和一些隐藏着感慨的词句，大概是看不出来的。只是田野调查过程中，我常会问受访者一个问题，"说起花灯你会想到什么？"

挖掘他们记忆深处的东西很有意思，但不是每一个人都会慷慨地打开话匣子，像邻里之间谈论家长里短一样说个没完，有人会沉默，沉默很久一无所得，也有人会在挣开回忆之后潦草地说一句，"我也认不得"。

我问的第一个人是我妈妈，她说除了街上唱啊跳啊那些人想不到什么，我追问会不会想到过年，想到大戏台子，她说，"不会，因为那个时候你（外）公就会唱，甚至你老爹（爷爷）还会哼越剧，不觉得有多稀奇，我以前觉得稀罕的只有黄梅戏，后来听过了也就不觉得稀奇了。"作为一个全能型家庭主妇，只要是她见识过的东西，似乎都没什么特别之处，物以稀为贵，当真是这么个理儿。

采访外婆之前，我以为接受过几次报纸采访又当过村干部的她，无论回答什么问题都会比常人的话语适合出现在书面上一些，唯独这个问题，我并没有得到想象中本会婉转细腻、严实得体的答案。直到现在我都还记得她不假思索地说："当时在队上（社区）那栋旧房子那儿，你以前经常和你妈一起去，你还记不记得？我们队（社区表演队）在那儿排练节目，很多都是花灯。当时排练，说好七点，七点过了，（人们）才稀稀拉拉地来，有些人八点还来不到，我还（要）一个一个地打电话追。等人来了差不多，一（整）个房子里都嚷麻麻（乱嚷嚷）的。你（外）公在旁边拉二胡，（其他演奏的人）吹喇叭的、打鼓的，烦死了，我扯个脖子讲，讲得脖子眼儿（嗓子）冒烟。写剧本多难呀，那些人不懂，只认得（说）这句词不好，那句词难念，可是临时临为地改哪有那么简单？"这番话是用西南官话大背景下的华宁方言说出来的，遣词造句都带着浓厚的乡土味儿，归结起来，大概就是当下流行的四个字，"我太难了"。

　　舅公则没有抱怨，更多的是打趣。舅公弦子（彝族月琴）弹得很好，烟盒舞跳得也不赖，时常抱着弦子边弹边跳。某年过年，有个人到舅公家来拜年，正所谓无事不登三宝殿，一家人正疑惑着这个不常走动的点头之交怎么突然上门拜年，客人把舅公拉到一旁，客客气气地开口说想和舅公借弦子。人都到家里来了，自然不好推辞，于是舅公到放农具的小棚里，把闲置的旧弦子找了出来，随手擦了擦灰，拿到屋里交给客人，客人拿到弦子也不多做停留，抱元宝似的抱着宝贝弦子回去了。当时华溪街上（特指平时镇上赶集的地方）跳烟盒舞的人群比较多，舅公一家都以为客人借弦子是要去"弹烟盒舞（的曲子）"。没过几天，舅公出门散步，大老远就看到客人抱着弦子和唱花灯的"小婆娘们"跳得热闹，隐约听着，这弦子似乎有个音不大准，也不知道是不是风太大了。

　　在街头采访了一位上了年纪的大爷，大爷不时嘬一口保温杯里的茶，慢吞吞地讲述着。大爷年轻的时候花灯很流行，听过的人总能哼上几句，但因为难以听清唱词，传唱度远不及现在的流行歌曲。大爷这个"花灯迷弟"，立志要学一首花灯，就跟村里人借唱词本，好不容易借到手，发现家里穷得找不出可以写字的纸笔，只好把用来引火的硬干草枝燎细，抹了锅底灰写在包糖的土纸上，写完还得仔细收着，生怕被家里人做了别的用途。费了九牛二虎之力抄完唱词，大爷拿着家里省下的一小块儿糖去还唱词本，把糖一同给唱词本主人，拜托主人教着唱一唱他抄下的唱词。很多年以后家里孩子上了学，他翻出几张土纸让孩子给他念一念唱词写的什么，才发现原来唱词本主人也是胡乱教的，很多词都对不上。

　　和大爷闲聊几句之后，我问了坐在一旁的大妈同样的问题，只见大妈缓缓皱起眉头，眼神渐渐飘离到了我视线范围之外。不知道过去了几分钟，对被晾在一旁的尴尬的我来说像是过去了好几个世纪，大妈眉头舒展开，轻轻说了一句"我也认不得"，尴尬的我道谢、起身、走开，一气呵成，以此避免更尴尬。走了几步，好奇心驱使我回头看了一眼，大妈似乎又陷入了沉思。

　　"说起花灯你会想到什么"，这个问题我问过很多人，但是从来没有人问过我。那么，说起花灯我会想到什么呢。

　　我刚上小学的时候，爷爷就去世了，遗憾的是我还没来得及了解他。还没开始上幼儿园的我，基本是爷爷带着，爷爷喜欢看戏剧，而我作为一个出了名的急性子，常常听着那些被拖得很长很长的戏腔进入梦乡。爷爷去世之后，尽管还是不喜欢戏剧，却总对戏剧有种别样的情怀。

爷爷喜欢去村口的茶铺，盘腿坐着，一边喝茶一边打桥牌，碰上有人起兴唱花灯或是滇剧，他也会很认真地看。

爷爷家的电视机常年是戏剧节目，往往看到盛装出场的演员我就开始犯困，只有看见穿着"朴素"、扎着麻花辫的演员才能稍稍提起点兴趣，因为这样的亮相大多是花灯表演，偶尔也会有评弹。

爷爷会跟我讲"道理"，用一些奇奇怪怪的说法教育我什么该做，什么不该做，以前听不懂，现在才知道大多是滇剧、越剧里的桥段。爷爷家门前有条阴沟，听说阴沟边上趴着条小蛇，我好奇地出去看，爷爷拉着我说不能凑太近，被咬到就不好了。过了一会儿爷爷又说，打死小蛇会下雨，打死大蟒蛇会折损福气，直到看了花灯版的《蟒蛇记》，我才知道其中的奥妙。

从前说起花灯，我会想起和妈妈去看外公外婆排演花灯剧目时候，那些"花里胡哨"的服装，排练场地前那棵美好迷幻的红色烟草花，那片因为我缺乏耐心看排演而格外迷人的星空。现在，那些记忆中和爷爷有关的逐渐模糊的片段，却会因为花灯两个字清晰起来。

传承的失落与希望:青岛胶州秧歌实地调研纪事

高　虹　周　娉　牛鲁燕(中国海洋大学文学与新闻传播学院)

胶州秧歌,又称"地秧歌""扭断腰""三道弯",是山东省三大秧歌之一,并在2006年列入国家级非物质文化遗产代表性项目名录。有近三百年历史的胶州秧歌,不但是胶州人民如数家珍的文化遗产,同时也是难以割舍的生活本身。

三次胶州实地调研之行,我们对胶州秧歌这门人民群众所喜闻乐见的民俗艺术有了较为系统的了解,实践中也收获了知识与感动。

民艺的体验

刚来到胶州秧歌之乡的胶州 D 村,随处可见的是绘制精巧的秧歌角色介绍墙画。在当地秧歌传承人 Y 女士的带领下,我们参观了 D 村的秧歌博物馆、简易的化妆室和大气的秧歌大舞台。

D 村秧歌氛围着实浓厚:村里的墙壁上大多绘有秧歌的行当角色、宣传标语;平时闲暇的傍晚,村民会在广场上扭秧歌——这是他们的健身娱乐项目;秧歌大舞台则是村民们在节庆时表演节目、举办晚会的重要场地。

D 村人对胶州秧歌如此饱满的热情,让人感动与兴奋。盛情难却,我们在传承人 Y 女士的邀请下,学习了秧歌的基本动作。平时总听人说"三道弯",今日才亲身体验到其中的含义——头和胸,腰和臀,胯和腿都要扭动起来。这也是秧歌与现代舞蹈形式很不一样的地方。正当我们羞愧于自己拙劣的舞艺之时,Y 女士告诉我们:"其实秧歌特殊就特殊在这'三道弯',很多北京舞蹈学院的老师来这儿学习的时候,也扭不出那个味道,因为在现代舞蹈中很少有这种身体的三部分都同时动起来的动作。"

传承的失落

"传统秧歌和秧歌小戏应该分开进行比赛,这是两种不同的艺术类型,运用不同的叙事手段,不应同类而较!"这是 2015 年胶州秧歌大赛上评委的一席话。

烈日炎炎下,我们几经周折找到了胶州秧歌传承人之一吴英民,向他询问了评委这番话当作何解。他告诉我们:以前传统的胶州秧歌以戏为主,扭为辅,和现在的秧歌小戏一样也是唱跳结合的。现在市里的比赛都有时间限制,比赛最多不超过 15 分钟,但小戏一句话能唱很长时间,很难唱完一段。再一个原因就是,这些传统的小戏都用土话唱,如果不加字幕,根本听不懂。

字里行间,我们听出了秧歌小戏正面临着失传的困境。"这真是个悲伤的故事!"同行的小伙伴戏谑地说。惊讶过后,更多的是惋惜。"以前的秧歌小戏有很多,大约得有一百来块吧,现在只剩几十块了。因为没有谱,也没有词,传承就只靠口传,一旦老人去世了,这些东西就传不下来了。"我们得知,传统的小戏流传至今也没有谱,但现在吴英民自己整理了几块,并告诉我们,以前胶州文化馆的张健馆长也整理了一些,不过也不全,档案都放在博物馆展厅里。整理工作开展得很困难,因为都是一些土话,读音不标准,多音字也多,张馆长很认真,但即便如此往往也很难完整地整理完一段。

秧歌小戏的这种困境,让我们感到失落与惋惜。当生动鲜活的传统秧歌原汁原味地展现在我们面前时,当我们激动兴奋、津津有味地观看秧歌表演时,当人们热闹欢快、乐此不疲地扭起胶州大秧歌时,很难想象下一步——或许明天,或许明年——胶州秧歌是否还能如此纯正与完整?

从娃娃抓起

开学之初,我们一行人再次来到了令人牵挂的秧歌之乡 D 村,专门采访了当地的秧歌队长 Y 女士。

"D 村的秧歌队伍成员其实很复杂,既有年纪很大的农民,也有还在上小学的孩子们。原因很简单,村里的秧歌队嘛,自然比较自由,不会有年龄上的多大限制;中青年人平日上班,几乎没有时间学习和表演秧歌;老年人自然有秧歌表演的丰富经验,但为了传承下去我们还必须重视从小培养孩子们的问题。"Y 女士如是说。

她翻出了自己十分珍贵的相册给我们看,"这张照片是当年我带领胶州秧歌队参加《星光大道》的,那张是胶州秧歌进校园活动的……"从黑白照片说到彩色照片,Y 女士都如数家珍。

"这个是我女儿 4 岁时,跟我学扭秧歌的照片。"说到培养孩子的问题,Y 女士表达了她的乐观和担忧。一方面,作为胶州秧歌的正宗发源地,D 村平时也会有不少秧歌表演活动,孩子们在这样的情况下耳濡目染地受到熏陶,也很有表演欲,学习秧歌也容易上手。并且,每场演出会有一定的报酬,这也是孩子们学习秧歌的动力之一。另一方面,孩子毕竟大多数时间还是在校园里度过的,所以练习秧歌的时间太少,一般只能在周末或者寒暑假集中学习。

　　小时候我们学习计算机的时候，总是会听到邓小平爷爷"计算机普及要从娃娃抓起"的指示。现在胶州秧歌的传承也正在延续"从娃娃抓起"的这一传统，我们突然感觉秧歌的未来充满了光明。当前，胶州秧歌的传承与发展问题已经引起了广泛的社会关注，只有通过实地调研，认真分析现状，发现问题，才有可能提出切实可行的保护传承措施，才有可能真正地为秧歌的传承发展贡献出一分力量。

武强年画博物馆：“为明天收藏今天”

朱婧薇（中国青少年研究中心少年儿童研究所）

2019年4月25日至30日，我们一行四人进入河北省衡水市武强县，对当地木版年画制作技艺进行调查。车一开进武强，我们便被静谧而安然的气氛包围起来。在这个经济发展并不迅速的县城，年画博物馆是当地最显眼的建筑之一，作为全国第一家成立年画专题博物馆的年画产地，武强抢救、收存了大量的年画古版。我不禁在内心发问：是怎样的一种精神力量，才能推动武强地区的木版年画从业者们，早在非遗保护运动兴起之前就已经投身于保护木版年画的浪潮之中？带着疑问，我们走进了这座“民俗美术的敦煌”——武强年画博物馆。

因为着手早、搜集面宽，武强年画博物馆也是目前全国最大的一家年画专题博物馆。馆内共分为九个单元，常设《武强年画艺术》基本陈列，内容包括武强年画的历史沿革、丰富的题材形式、艺术成就以及传统制作工艺和经营等。博物馆详细地对武强年画的发展和现状进行了展示和介绍，其中的第三个单元颇有特色，将布满年画的复原民居、儿童过年放鞭炮的塑像以及年俗动漫相结合，直接而生动地展示了武强年画张贴的位置，具体地说明了年画的品类和民俗内涵。

当参观者惊叹于馆内藏品的丰富多样，布展方式的科学合理时，我们必须承认的是，与其他木版年画产地相比较，武强地区似乎多了一些文化保护的自觉。早在当木版年画的发展日渐式微，各地遗存的古版寥若晨星时，武强于1985年便成立了年画专题博物馆，将原有资料、古版进行整理、分类、保存和研究。2003年10月11日，文物专家在贾家老宅的屋顶上发现了159块古版，这场震撼中国民间艺术界的文物抢救活动给武强年画增添了些许传奇色彩。亲身参与此次“古版抢救运动”的冯骥才曾在《武强屋顶秘藏古画版发掘记》毫无保留地赞美了武强建设年画博物馆的文化行为：“早在上世纪90年代，他们便先觉地察觉到，农耕文明正在从田野大规模而悄无声息地撤退。他们动手为先人建起了一个很舒适又精美的殿堂。武强年画博物馆，以使退出历史舞台的年画永远安居于此。”[1]读到这篇文章，我想起在北京参观中国邮政邮票博物馆时，展厅的墙上有这么一句话：“为明天收藏今天”。我们建设博物馆的意义，也许就藏在这句话当中。

---

① 冯骥才《武强秘藏古画版发掘记》，西苑出版社2004年版，第13页。

　　武强年画博物馆是一个现实生活中的时光机,通过博物馆中的展品,我们可以了解武强地区的历史和文化。今天的武强年画在笔走刀刻之间,已经成为中国木版年画艺术史的重要组成部分。武强年画的研究需要放进民间艺术的框架中去考察,同时,通过对年画的研究也可以反映民俗生活中的意趣,两者互为表里。展品是文化的物质表现形式,馆中的年画既是展品,又是人们探索武强地区精神内核的通道。我们无法让年画永远停留在老百姓每一日的生活当中,因为在现代生活中,年画的功能已然发生了巨大的变化,我们可以尽力去做的,是对年画进行保存、记录和展示。我们若把年画视为人生意义的载体,便得以在武强年画的当代分析中听见历史的回响。

　　武强年画博物馆收藏的不只是年画,还有平凡的年画从业者们不凡的一生。国家级非物质文化遗产传承人马习钦在访谈中说道:"做了四十多年的武强年画,很难说是我成就了年画,还是年画成就了我,我这辈子和年画注定是分不开了。"当年画工匠的从艺经历由单纯走向丰盈,制作年画的手艺由青涩转为"人画合一",便意味着工匠的生活史和武强年画的发展早已融为一体。参观者看到的是一幅幅年画作品,而作品的背后,是一个个鲜活的生命。人与画相伴相生,武强年画从业者们在贫瘠的冀东平原上培育出了艺术之花,而年画的存在也让他们看见自己的价值,认识到自身的意义。

　　如今,武强年画已经由个人和作坊生产的商品转变为公共文化空间内的展品,而公共文化服务机构的身份更赋予了博物馆新的历史使命——向公众传播武强年画的相关知识,让武强年画面向未来。提到武强年画博物馆,我们的第一反应都是"抢救",抢救年画古版,保存木版年画的制作技艺,好似博物馆的任务只有复现年画往日的图景。而在非物质文化遗产保护的语境下,武强年画博物馆这座以收藏、研究、展示、教育为主要功能的博物馆,其理念和功能都有了扩展和延伸,立足当下,成为"人才培养基地"和"武强年画宣传基地"。据马习钦介绍,国内许多中小学和高等院校已经和博物馆建立了联系,多次到武强考察、学习,并且邀请年画工匠们进校园,为在校的老师和学生讲解年画的历史和制作过程。

　　博物馆是社会文化的一种表征,在我的眼中,"为明天收藏今天"代表了我们对待文化的态度。在谈到人和器物之间的关系时,李亦园将文化分为可观察的部分和不可观察的部分,其中,解读不可见的意义和符号系统才是人的目的,因此,器物于人,不仅是适于看的(good to see),同时更是适于想的(good go think)。武强年画博物馆的建设,离不开年画从业者们长期的艺术实践,保护古版、传承技艺的理念指导着他们对武强年画的收藏和展示,而研究年画会再次加深他们对年画这份事业的理解。博物馆收藏的是古版和年画作品,也是人对理想生活的期待和希冀。

"手艺人"与传统技艺的现代命运

——扬州雕版印刷技艺调研

季萌萌（扬州大学外国语学院）

扬州，在中国雕版印刷史上，一直是唐宋元明清这几个朝代的重镇之一，同时，它也有着"刻书之乡"这一称号。

2021年6月20日，在指导老师马千里老师的带领下，我和"锻技艺，守匠心"——寻访扬州非遗调研团队的其他三位成员，来到位于扬州大学江阳路南校区的扬州运河雕版印刷技艺传承保护中心，访谈了扬州雕版印刷省级代表性传承人李江民大师。访谈地点同时也是李江民大师的工作室，一进工作室便可以看见一排排放置着雕版版片的书架、数张印台和印刷成品。整个工作室透出浓浓的文化气息。

一、雕版印刷技艺的前世今生

谈及雕版印刷这门技艺的起源，李江民大师向我们展示了自己刷印的《金刚般若波罗蜜经》，包括卷头的图、卷中的5000多个字以及卷末标明的出版时间。据介绍，这卷《金刚经》的原件最初于唐咸通九年刊刻，发现于敦煌莫高窟藏经洞，是世界上现存最早的有明确日期的雕版印刷品，现收藏于大英图书馆。

从距今1400多年的隋唐时期，到有着十分漂亮的印刷字体的宋朝，又一经典作品《四美图》现世，李江民大师照原图原貌重新复刻了这幅出土于山西平阳、现藏于俄罗斯圣彼得博物馆的版画，接着，在作品数量最多且内容最精的明朝，胡正言印制了线条精美、雕刻细腻的《十竹斋笺谱》，"它细腻到什么程度呢？我们做了一个《红楼十二钗》的藏书票，刻了12块板子来印这个画面，"李江民大师给我们每人送了两张藏书票，"这个藏书票，用《红楼梦》作为它的一个底稿的话，从设计上和雕刻上是很细很难的。"我将藏书票拿在手里细细品味，这张纸很小很轻，几乎没有重量，但是从正面那十分精致的图案与背面星星点点多处凸起的触感里，我感受到了其中承载的设计与工艺之重。

清代是雕版印刷技艺在历史长河中的最后一个辉煌时期，康熙皇帝指派当时的江宁两淮御史、曹雪芹的祖父曹寅在扬州天宁寺刊刻了《全唐诗》，"有12函，1函10本共120本书叫《全唐诗》，明白吧？其中最牛的一首诗，莫过于扬州人张若虚写的《春江花月夜》。然后《春江花月夜》又有一说,叫'孤篇压全唐'或者'孤篇盖全唐'。"李江民大师将自己亲手刻的《春江花月夜》铺在桌上,把木版依次移至中间相应的图案位置,给我们还原了当时雕刻的情景。

近年来,重视传统文化的呼声高涨,非物质文化遗产受到的关注也越来越多。2006年,扬州雕版印刷技艺被列入首批国家级非物质文化遗产代表作名录;2009年,以扬州为代表的"中国雕版印刷技艺"被联合国教科文组织列入人类非物质文化遗产代表作名录。都说了解一座城市先从它的博物馆开始,早在去年11月的一次专业见习里,我就在扬州双博馆的陈列展览区观赏到了雕版印刷的制作全流程,双博馆分为两个部分,东边的馆是雕版印刷博物馆,"扬州是收集了全国各地的版面最多的城市,然后又赶上了好时代……"在讲述扬州雕版印刷博物馆的由来与落成的过程中,李江民大师不止一次谦虚地表示,自己很荣幸赶上了传统文化价值凸显的好时代。

接着,李江民大师给我们展示了自己这些年来印制的一些作品。2014年青奥会开幕式期间,他在南京博物院现场刷印了《西厢记图》中最为经典的《窥简图》,并作为国礼送给了各国元首夫人,向世界展示了雕版印刷技艺和我国传统文化的独特魅力。2021年,为庆祝中国共产党建党100周年,他按照文旅部、中宣部提供的通用文稿,将其进行放大缩小后刻了版、刷印与装裱,向党献礼。

二、工艺流程与印刷方法

就雕刻使用的木头材质而言,李江民大师表示自己使用的是梨木,有些木材印刷出来的东西就像是在金属上印的,不上墨,"为什么要用梨木?因为梨木印的东西,墨色饱和度强,这是其他木材不具备的。"讲到木板上的文字,李江民大师用4个字概括了自己的技法,即雕版印刷整个的工艺流程:写、刻、印、装——"写,是写样,也叫绘图,也叫画稿,也叫写字;然后刻,是雕刻;印,叫刷印;装,书是装帧,画是装裱"。

雕版印刷的印刷方法,涉及三个层面:单色、多色和木版水印。李江民大师搬出一幅名为《一团和气》的年画,直观地向我们展示了何为多色,以及画面中的一些元素:"这是扬州清代木版年画,上面的这两个字有两种说法,可以是'欢祥',也可以是'致祥',胸前挂的是'长命富贵',手上抓的是'一团和气'。"

据李江民大师介绍,多色是把颜色调好了以后,套在位置上照葫芦画瓢,而木版水印就更难了,难在哪儿呢?难就难在水印要忠实于原作者画上呈现出来的浓浓淡淡的效果,是印出来而不是画出来的,李江民大师拿出一组木版水印作品,分别是唐寅的荔枝、饶宗颐的荷花、吴昌硕的梅花、张大千的竹子、李可染的童趣和齐白石的茶花，"这个树根要印 6 次，它不是一次印成型的，印一次这个墨会跑的，是锁不住的，它是层层叠加上去的。还有这个唐寅的荔枝，它不是毛笔点上去的，是印上去的。"李江民大师绘声绘色地解释着，对于张大千的竹子图，他给我们重现了一些笔触的印制过程："这里颜色重，而这里又没有颜色，是枯的，叫枯笔，枯笔是怎么出来的？我们刷墨是均匀的吧，好，把墨刷好了以后，再把纸拉过来印刷的时候呢，用手指稍稍地把这个墨拿掉，它就变成了这个地方深，由深到浅。"忠于原作笔迹，力求复原传统书画的艺术形态，木版水印复杂细致的做工，让我们颇为惊叹的同时，也十分敬佩手艺人非同寻常的耐心与钻研技艺的决心。

三、技艺的传播、传承与学艺的态度

作为人类非物质文化遗产项目，雕版印刷技艺的传播与传承备受关注。近年来，非遗进景区、非遗进社区，尤其是非遗进校园的活动广泛开展，李江民大师走进扬州化工职业学院、江苏旅游职业学院、南京金陵科技学院等多个院校，开展了雕版印刷进校园项目，包括校园讲座、工匠培育课和书画鉴赏课等。经过培训，相关专业的学生有 80% 以上的人会刻字、会印刷，较好地实现了该技艺传承的效果。

李江民认为，学习雕版印刷技艺应该具备严谨的态度，即在主动要求学习的前提下，学艺者首先要肯吃苦，"你要想把事情做好的话，一定是忘记吃饭、忘记睡觉、废寝忘食的那种，不是说我下班了，手上的活撂下来了，不问了，错！有时候我忙到2 点钟才吃饭，真的是这样的。"学一门、爱一门、钻一门，要有细心、耐心，更要有决心，苦尽甘来；其次，要懂得雕版印刷技艺的历史渊源与作品的鉴赏，搞明白这项技艺的核心技术，除了表面上的"写、刻、印、装"四个字，还要掌握纸张的处理、颜色的分配等等。除去核心技艺本身，手艺人精益求精的工匠精神也是值得我们学习与传承的。

四、雕版印刷与现代工业化印刷

抱着现代工业化印刷技术也许可以从传统的雕版印刷术中汲取与借鉴一小部分的想法，我提出了疑问，李江民大师便将两种技术进行了一个对比，现代的工业技术追求的是速度，手艺人追求的传统技艺固然是慢，但其复杂的技法却使得作品值得人们去珍藏。

"这个牛呢，在图板上看不出来是什么牛，它是我们选自唐代《五牛图》里面的一牛，怎么来读懂这个牛呢？"李江民大师拿出一幅作品，指着上面的牛说，"这个牛本身不是我们设计,只不过是在原来的文稿里面放大缩小而已。这个牛有意思,好像是黄牛,其实是水牛,水牛拉田,黄牛也拉田,真正有力气的还是水牛。这个叫昂头牛,它身上的纹色叫祥云,牛的尾巴呢,是麦穗,这里是我的章,这是我刻的,然后我们配上一首词'昂首金牛奔盛世,五村贺岁展晴好'。"这幅栩栩如生的牛是李江民大师今年迎牛年新春佳节的作品,这个经由雕版印刷呈现出来的牛形象,已经产生了版本价值、学术价值,产生了工艺和艺术价值,更产生了实用价值、欣赏价值、阅读价值以及收藏价值,李江民大师告诉我们,能产生这些价值就是因为它是手工的、传统的,如果是3D打印,就不会有这么多价值一说。此外,工业印刷的用纸是洋装纸,油墨易腐蚀,远不及"原生态"的宣纸带来的效果。

五、实践的重要性与宣传效应

在采访结束之际,李江民大师邀请我们暑期来工作室体验雕版印刷的部分流程,教导我们做调研不仅是做文本,还要身体力行地来实践,实践出真知。"从一张纸到一张画,包括上纸怎么上,板子怎么套,水怎么打,擦怎么擦,墨怎么上,走墨怎么走,这么一个过程。你不走这个过程,都是纸上谈兵。"像李江民大师这样的手艺人还有很多,而他们都是经历过无数次的实验与挑战才有了如今令人赞不绝口的成果,身怀绝技岂在一朝一夕? 实践是我们每个人在户外调研的大课堂中都应该补上的一课。

面对我们这个寻访扬州非遗的团队,作为雕版印刷技艺代表性传承人,邀请我们亲身体验技艺,李江民大师表示,这不仅是强调实践在调研中的作用,也是他扩大雕版印刷技艺传承的一个思路。"我对这个项目要有所交代,怎么样去深化,怎么样把雕版印刷通过你们的了解能够扩大范围,即宣传力度、影响力,我们要的是这个效应。"对李江民大师来说,经营好雕版印刷这个板块是他的责任与义务,至此,除了大师拥有的精湛技艺,他极高的社会责任感意识也一样让我深感敬佩。

天色渐晚,夕阳即将远逝,与李江民大师合影告别后,我们团队的采访就此结束,通过这半天的观察与交流,我对雕版印刷这门技艺的认识愈加清晰,希望如今这个有着像李江民大师一样的手艺人、源源不断真心学艺的人以及像我们这样的调研群体的时代,能燃起雕版印刷等传统民间技艺与其中蕴含的工匠精神传承的星火,而作为调研者,我希望在寻访与实践的过程中能增长才干、收获智慧,将躬行调研、科学调研和高效调研落到实处。

从开门见山到循序渐进
——芜湖铁画田野调查随笔

朱家钰（中国社会科学院大学文学系）

　　芜湖铁画是安徽省芜湖市独有的工艺美术品，它以熟铁为原料，以国画作品为底稿，"以锤代笔，以铁为墨，以砧为纸"，通过洪炉和冷做等多道工序制作而成。铁画产生于明末清初，但其源头可追溯到唐宋时期的"铁花"，这种技艺在宋朝尤为兴盛。清朝初年，经过铁匠汤天池和画家萧云从的合作改良，形成了如今所见的芜湖铁画。2008年芜湖铁画锻制技艺列入第一批国家级非物质文化遗产代表性项目名录，同时它也是我第一次田野调查的对象。

　　芜湖市的铁画店铺大都集中在九华山路上。第一天，我拿着事先准备好的访问提纲在这条街上转了一整天，每遇到一家店铺就钻进去，简单的自我介绍之后，就开门见山地抛出我的问题——关于芜湖铁画标准制定的问题。有些店铺的工作人员不愿意接受访谈，说自己什么都不知道，让我去别家问问；有些店铺里的师傅虽然愿意回答问题，但是手里还在做着活，三言两语就说完了，一方面是怕打扰他们工作，另一方面也确实不知道要再说些什么，于是便道谢，告辞。总之一整天下来，得到的有用信息十分有限，挫败感十足。

　　第二天一早，我来到了芜湖工艺美术厂，若不是前一天有人指点，我断不会走入这里。工艺美术厂也位于九华山路上，前一天我从门口来来回回走过了好几次，紧锁的大门，虚掩的侧门，掉漆的厂牌，杂草丛生的院落，怎么看都像是荒废许久的样子。而且在调研之前，我就从资料中获知芜湖工艺美术厂在2000年左右就已经倒闭了。

　　我从侧门进入厂区，沿着走廊，穿过最前面的大楼，来到中间的庭院。右侧的楼上传来清脆的打铁声，我顺着声音走到三楼，看到了一间大屋子，根据屋内砌制的水泥加工台可知这里应该是原来的加工车间。角落里有三位师傅正在叮叮当当地敲制着铁画，我走过去自我介绍后开始询问，简单地回答了两句之后，几位师傅告诉我，楼上有一位制作铁画的老师傅，有关铁画的所有事情他都知道，建议我去访问他。

　　道谢之后我赶忙跑到楼上，看见了一间敞开屋门的小屋子，屋子四周的墙壁上挂满了铁画，有完整的成品，也有插在泡沫纸板上的局部元素的半成品，一张大桌子占据了屋子一半的空间,一位老师傅弓着身子在桌前拼接着一幅作品。我敲了敲门,老人抬起头,转过身子看向我。简短说明来意之后,老人放下手里的活,招呼我进屋。落座之后,我既惊喜又紧张,第一次遇到这么热心的访谈对象,但是又怕重蹈昨天的覆辙。老师傅问我想知道什么,我看了看手里的访问提纲,决定改变访谈策略,和老师傅慢慢攀谈。

这位老师傅是省级工艺美术大师汤传松,如今已经73岁高龄的汤先生15岁就进入芜湖工艺厂学习制作铁画。当时学习铁画的初衷只是为了贴补家用,没想到制作铁画成了他安身立命的终身职业。在不断提升自己锻制技艺的同时,他也在提升自己的审美能力和艺术创造力。汤师傅屋里的书大多与传统水墨画有关,他说传统的水墨画是铁画的范本,但浮雕感和立体感又是铁画独有的,因此它们的审美体验不一样,铁画更加俊朗刚毅。一幅铁画作品不仅要形似,还要有意境和神韵,同时还要融入铁画匠人的理解,这样才能给人们带来精神上的享受,否则就不是工艺作品。58年的时光里,汤师傅见证了芜湖铁画的繁荣、衰落与复兴。他说列入非遗代表性项目名录确实为芜湖铁画的发展提供了一个新契机,政府及相关部门也十分重视铁画技艺的传承和保护,但是目前仍然存在很多问题,最严重的问题就是一些商家介入之后,用机器生产替代纯手工锻制,甚至个别商家把质量和艺术造型都存在问题的产品以较低的价格投入市场中,一定程度上扰乱了市场秩序。

渐入佳境之后,我抛出了最重要的问题,询问汤师傅是否了解刚刚出台的铁画"标准",汤师傅恰好是这份"标准"初稿的制定者。在工艺美术厂集体生产时期,汤师傅就曾担任技术总监,负责对每一幅要进入市场的铁画作品进行检验。那个时候虽然没有成文的"标准"文件,但是艺术总监会对每一幅铁画的造型和工艺进行评估。造型标准是对铁画艺术审美的规范,通过与原画稿的对比评判铁画所描绘的人或物是否逼真,是否能够体现人物的性格特质、动物的灵动活泼、植物的样貌特点,同时还要检验作品的叠形、整形工艺是否表达了铁画特有的质感与立体感。工艺标准类似于现在的产品质量标准,主要检验铁画的錾、铆、剪等工艺是否精准,焊接、铆接以及防锈处理是否到位。这样的检验标准得到了行业内部人员的认可,并且在实际的生产中落到了实处。不同于集体生产时期的检验流程,面对当下的行业环境与检测手段,铁画标准不得不做出妥协。目前的铁画"标准"依照制作技艺和装帧水平,将铁画分为了精品与合格品,精品即为纯手工制作的铁画,而合格品则允许40%的非手工锻制部分存在。机器参与制作铁画,可以提高产量,降低成本,满足市场的需求,进而为商家群体赢得更高的经济效益。同时这份"标准"更注重对可用物理方法进行检验的量化指标进行规范,但同时又缺乏对艺术造型的评定与衡量,这也是"标准"制定中的最大难题。

　　一上午的访谈收获颇丰,首先我对芜湖铁画的发展历程有了进一步的了解,其次对铁画的检验流程与"标准"的制定过程与实施情况有了一定的认识。"标准"的出台是整治和规范铁画市场的关键步骤,但也是第一步,后续还需要根据实际需要对"标准"进行修订和调整,也需要政府相关部门和铁画行业协会加强监管,不断督促"标准"的落实。更重要的是我对田野访谈的策略与技巧有了更深的体会,循序渐进的攀谈比按照访问提纲开门见山的提问更为有效,以至于当日和汤师傅聊得太投入,错过了回家的火车。

田野里面"迎着光"

刘　莉（华中师范大学文学院）

"迎着光，你才能看到人物的神韵！"这是武汉木雕传承人邓道航老师在我们欣赏木雕作品时，一直强调的一句话。

2019 年 7 月，我参加了第六期非遗影像记录工作坊，以团队形式对武汉木雕传承人——邓道航进行田野调查。田野第一天，我因学校有事未能和小伙伴们同行去往邓老师家中，晚上，带队小组长说田野颇不顺利。邓老师是一位八十多岁的老奶奶，身体原因并不允许她接受我们长时间的叨扰，且团队组建年轻，无论是对邓老师还是我们彼此，都处于磨合期。如果时间允许，大家倒还不必如此焦急，每天上午去田野，下午逛江城，好不惬意！虽然武汉高温如火，但美景美食又怎好辜负。然而受时间所限，并不能放纵我们如此优哉游哉。

由于我是此前唯一接触过邓老师的人，于是小伙伴们把希望都寄托在我身上，以为第二天我的出现能带来惊喜。只能说要让他们失望了，因为我的接触也仅限于参加过一次有关邓老师木雕作品的座谈会，我的任务是全程掌控那台摄像机。这样看来，我也是个新人，不仅是邓老师生活中的"新人"，更是田野里的"新人"。对于田野，我是进入民间文学专业后第一次接触，仅有的两次短暂田野经历，让我意识到我还有腼腆的一面，想来这与我的性格实在不符。记得我陪同学去河南开封参加一场考试，去往酒店路上，我与一位当地出租车司机畅聊了一路。

同学问我："你能听懂这里的方言？"

"听不太懂呀！"

"那你们还聊得那么嗨？"

"连蒙带猜呗！"

这种自来熟的本领，一旦遇上"田野"，只剩下慌乱与窘迫。2018 年 7 月，我随团队赴广西龙州县"美女村"调查天琴文化时，语言不通成为我们一大障碍。至于我，最初的热情和刺激冷却过后，才发现我不仅是不通壮语，更是几近失语，直奔主题的询问方式令我数次与村民陷入"尴聊"状态。第二次去田野，是和本专业师兄师姐去咸宁调查"中秋祭月"仪式。此田野点是一位学长的常驻点，我们这次来的主要任务是在村中"闲逛"，以"打游击"的方式采访此前田野作业中被忽视的女性村民。本来"聊天"主力是我的两位学姐，但她们因为不太懂当地方言，唯一湖北人的"我"，因为语言"优势"被"赶鸭子上架"。前期在学姐的问题提示下，与她合作完成了三四位村民访谈工作，到后来我已渐入佳境，至少不会沉默无语，就像一只刚学会飞的雏鸟，盘旋于那片村庄。

此次调查木雕传承人的任务，毋宁说更是以访谈为主，需要我们去"聊"出来。第二天早上继续来到邓老师家，等摄像机、三脚架、纸、笔、邓老师以及我们一行人准备就绪，开始了新一轮的"聊天"。那一刻我有点庆幸，因为属于"后来者"，自不必冲在前面，得让"先来者"继续他们未完的话题，庆幸完之后又为自己的行为感到羞耻。在邓老师并不算大的工作间，我就那样直挺挺地杵在那儿，实在碍眼得很，当队长说谁想来摄像时，我立马接过他手里的摄像机。但我的小胳膊小腿儿，实在不如队长健硕的臂膀，也就大半个小时，我就开始汗如雨下，手脚发抖，镜头晃动，队长发现后，十分体贴地又亲自上阵。

接着我就坐在邓老师对面，一边观察，一遍聆听她每件作品背后的故事，尤其是人像木雕，她告诉我们："迎着光，你才能看到人物的神韵！"因为这次田野作业我们最后要制作出一部影像作品，所以每当邓老师讲解一幅新作，队长都要仔细拍下这件木雕，可无论以何种角度迎着光线，都拍不出人眼可见的"神韵"，甚至每部作品在光线下呈现出来的线条、阴暗面、褶皱……更是统统不可见。

从邓老师家离开后回到学校，导师告诉我们教研室存有与邓老师相关的部分资料，可供我们查阅。拿到资料后，我们突然陷入一种迷茫，原来早在几年前，就有同学做过邓道航老师的访谈工作，厚厚的一本几乎详尽了这两天我们获知的所有信息，甚至因为邓老师那时记忆力尚好，回忆的比现在我们知道得更清楚、更丰富。唯一不同的是我们除了文字版，又多了一个影像记录，难道我们是要将这些已得信息再问一遍，以便我们的摄像机能录下这一幕？或许最初是有这一"自暴自弃"的念头，但越到后来，越知道事实并非如此。

我去邓老师家的第一天，她就让我在他的小本上写下我的姓名、学校、来访日期、电话号码等信息，估算一下那个小本上记载了几十甚至上百个为木雕、为邓道航而来的到访者。邓老师告诉我们，她现在收的最小的一个徒弟是一个正在上中学的小女孩，我们看到了木雕技艺传承的生命力。当我们把邓老师的每一幅木雕作品、泥塑作品、作品图片集、素描图集、木雕技艺心得、大学木雕课程讲义都拍摄下来，希望对此无价之宝做更好地保存时，她欣喜的像个孩子似的告诉我们："还从来没有人来我这里，做这么细致的工作。"每天中午在邓老师家"大鱼大肉"时，我们都会为自己的打扰心怀不安，可邓奶奶和姚爷爷（邓道航老师的老伴儿）说，他们就喜欢看到我们这些年轻的面孔，和我们聊天。当我问起邓老师和她师傅梅海清老艺人的学艺之路时，她不由得感叹：师傅师娘都是好人！那一刻，窗外阳光直射在邓老师的满头银丝上，她的眼里含着光。我们离开之时，邓老师亲自操刀，为我们雕刻的一个木雕人像已见神韵，这个木雕人像留下了团队成员南姐和小岑的"一切一去"（木雕雕刻术语），刻下了邓老师一生致力于木雕技艺的执着与追求，也见证了我们之间的欢声笑语。

在这次田野作业中，我作为研究者的身份被不断弱化，不自觉地建立起对田野调查对象的崇敬之情。我走进田野，了解到邓老师的生活经历，走入生活，邓老师亦令我大有所获。我不禁想到，做人做事做田野，都要迎着光。

行在路上，学在道上

——青岛民间剪纸田野调查小记

胡春梅（中国海洋大学文学与新闻传播学院）

在国家级大学生创新训练项目"民间剪纸的传承和保护——以青岛地区剪纸为例"的进行过程中，笔者与课题组成员结伴而行，在为期一年半的时间内实地考察了莱西、市南、胶南等地区，进行了采访当地知名剪纸传承人和考察民俗博物馆等调研活动。此次田野调查使笔者获益匪浅，感触良多。

行路之难：要有初生牛犊不怕虎的勇气

谈及项目开展原因，首先是兴趣和研究方向。兴趣是最好的引路人，将我们这一群志同道合的小伙伴聚集在一起，组成了"咔嚓咔嚓"剪纸小分队。但入门在兴趣，修行靠个人，仅限于兴趣的学习是远远不够的，我们需要花费大量的时间去积极查阅资料并了解青岛各个地区的剪纸现况。但这谈何容易呢？由于自身缺乏田野调查经验，在项目开展前期，我们团队的小伙伴都像丈二和尚摸不着头脑，不知从何入手。所幸初生牛犊不怕虎，我们坚信只要努力，就存在着可以深入挖掘剪纸奥秘的可能性，哪怕只能领会其中一点真意，都是一分收获。

为了顺利开展项目，我们进行了两次小组会议，商讨田野调查内容，确定采访对象和实地考察地点，以提供后期调查方案。小组会上遇到三大难题，一是代表地区的选择，二是采访对象的选择，三是实地考察的时间安排。选定青岛哪个区域的剪纸进行考察，方可了解青岛剪纸的发展现况呢？选定哪位剪纸传承人更有利于实地考察呢？如何在课余时间前往该地区去落实考察计划呢？这一系列的难题是我们最初调研时候最迫切也最应该解决的问题。经过充分的讨论，我们决定选取辛安、莱西、市南、崂山和胶南五地作为考察地。另外，在项目导师李扬教授的指点和引荐下，我们联系上了左永荣、李翠敏、苏霞和王明香等剪纸传承人。

第一次进行田野调查，最先面临的是食宿问题。所幸小组中的孙艺琳同学家在莱西，所以我们借住在艺琳家，省去了住宿费。艺琳的父母在我们调研期间也给予了我们大力的支持，负责接送我们到剪纸传承人左永荣老师的家，并提供伙食，让我们尝到了莱西家常菜。莱西剪纸艺人的家和艺琳的家离得很近，只有两条街道的距离。当时进门时还有些忐忑，担心自己做得不好，不能取得剪纸艺人的信任,采访就难以为继了。一进门,左永荣老师和她的婆婆迟桂媛老师就非常热情地和我们打招呼,让我们感受到了莱西人的热情、"好客山东"的豪爽。我们按采访规矩做了自我介绍:"老师您好,我们是中国海洋大学文新学院的学生,我们在做一个青岛剪纸的传承和保护的调研项目。莱西是我们考察的地点之一,希望您能接受我们的采访,让我们能更进一步了解剪纸发展的真实情况。"话音刚落,左老师就豪爽地说:"有啥想问的就问吧,我们能回答就回答。"

因为之前有在社团采访的经验,顺利的开局让之前的忐忑情绪一扫而空,更多的是想要了解剪纸发展的好奇。"老师,谈谈您和剪纸的缘分吧。您是从什么时候开始接触并学习剪纸的呢?"这一问题的提出是为了从剪纸传承人自身入手,只有让她谈论起剪纸缘起,才能唤起她对剪纸的真情实感,从而更好地推动采访的进展。果不其然,听到这个问题,左永荣老师的眉毛上扬,嘴角露出了笑意:"其实呀,我是在2004年结婚之后才接触的剪纸。我的婆婆是剪纸传承人,我一开始没想学剪纸,但是看到婆婆变老,心里就想着和女儿一起把婆婆这一手艺传承下去,一起学习剪纸。"这时,迟桂媛老师(左老师的婆婆)笑着说:"我这媳妇是半路出家的,还在学习的过程中呢!"想想从2004年到2018年也有14年了,婆婆老师还认为媳妇没有出徒,真是一位严师。

在融洽的采访气氛中,左永荣老师也实话实说,和我们探讨了剪纸目前的发展困境。她表示现在剪纸传承是面临挺多困难,想学的年轻人太少了,而且大部分活动都只能在学校开展。男性对剪纸的兴趣不大,比如她的丈夫就不愿学习剪纸,而且性情大大咧咧的,也不适合剪纸。她坦诚相告,承认自己对剪纸的发展前景是比较担忧的。"目前我们的剪纸是可以出售的,但是销量不够。而且很多买家不知道在哪里了解剪纸,再加上剪纸并不能养家糊口,所以为了生计,很多莱西剪纸传承人都放弃剪纸了。我们算是为数不多还在坚持的几个了。"对于左老师担忧的境遇,在之后的采访中也有剪纸传承人反复提及。不得不承认,很多剪纸传承人在传承过程中更多的是将其作为爱好在坚持,无法把它当作主业来维持生计。

在采访之后,我们在剪纸传承人家中欣赏了大量地地道道的莱西剪纸作品,并进行了剪纸体验。另外,为了更加了解莱西剪纸,我们还将视野拓展到了位于莱西县(现为莱西市)内的胶东民俗文化博物馆,但第二天的博物馆考察计划让我们大为沮丧。

我们没有提前联系博物馆,抵达后才发现它大门紧闭,把我们隔绝在外。我试着通过门缝去窥探室内藏品,并询问周围店家进入民俗馆的方式。但询问后才得知博物馆一般不开门,除非是领导到场,才会开门,而且里面没有剪纸展品。为证实"无剪纸"并询问理由,我们打电话联系了博物馆工作人员,他们解释说是因为剪纸不利于摆放。民间剪纸作为一项传统民艺,居然没有在博物馆里摆放的位置,民间剪纸该何去何从呢? 我们深感疑惑,但也无计可施,只能带着遗憾离开了。

在道中学:学有所得,自得其乐

第一次的田野调查让我们明白,田野之途,看似平坦,实则长路漫漫,我们需要一直在路上探索前进。在之后的市南、崂山、胶南等地的田野调查中,我们更多地认识到剪纸传承路其实并非一帆风顺。无论是传承群体还是传承方式,都存在着一定的阻碍。所幸还有许许多多的剪纸传承人在努力着,而进行调查的田野,也成了我学习的第二课堂。

印象最深的是给我上了一"课"的、情牵红纸 50 余载的市南区剪纸传承人李翠敏老师,她倾力非遗剪纸文化传承的执着精神深深感染了我们。李老师自幼学习剪纸,因少年时师承赵培中先生,在掌握美术知识的基础上磨炼剪纸技艺,渐渐形成了自成一派的剪纸风格。李老师指出,"传承技艺没有什么困难,有些困难是人为的。有些剪纸艺人私藏绝技,不外传给别人,阻碍了剪纸的发展。"李老师主张开门教学,毫不吝啬地把自己剪纸的看家本领传授给学生。据了解,她的剪纸学生年龄层跨度大,从五岁的孩童到七旬老人;在比例上,年轻人占少数,老年人居多。时至今日,李老师已经带出了一批批优秀的剪纸学生,他们在剪纸传承的舞台上成为重要的角色。而李老师的学生会在继承老师风格的基础上将剪纸艺术发扬光大,通过开设剪纸工作室和社区教学等方式,又带出新的一批学生,可谓桃李满天下。调查过程中,我们也成了李老师的学生,开始尝试自己创作一些简单的剪纸作品。

一年多的时间,在青岛地区几个田野作业点往返奔波,虽然有点辛苦,但更多的是丰硕的收获。我们得以结识好些民间剪纸艺人,得以进入绚丽多彩的剪纸艺术世界,学到了很多校园课堂里无法学到的东西。田野调查告一段落,我依然继续徜徉流连在搜集来的成百上千幅剪纸作品中,赞叹它们的巧夺天工,领悟它们深厚的意蕴。我们的国创项目以"优秀"成绩结题,我论述青岛剪纸"和谐美"特征的本科毕业论文也被评为"优秀论文"。这一切,都应当归功于那些可敬的民间剪纸艺人,归功于那一片广袤的田野。

诚然,走进剪纸,就是走进民俗,走进市井人家感受人情温暖。我们之所以需要民俗文化,是因为文化不应像空中楼阁一样虚无缥缈,而应是贴近生活、富有民间气息的客观存在。一幅幅剪纸叠加成的民俗生命乐章,并不是遗留在人类文明中的产物,而是鲜活在民间的技艺。越深入研究剪纸,就会看到眼下大众对剪纸艺术持有的偏见和误解,发现这个社会在民间文艺传承道路上存在的不足。《冈仁波齐》中有一句话:"人生没有白走的路,每一步都算数。"如果能让当代人对剪纸艺术多了解一点,那这就是研究的意义所在。

剪纸传承路道阻且长,但相信通过社会各界研究工作者和民间剪纸传承人的努力,剪纸会迎来发展的春天。行则将至,且行且珍惜,你我都在路上。

一针一线的民族技艺:乳源瑶绣田野小记

吴　娜(广西师范大学文学院)

被誉为"世界过山瑶之乡"的乳源瑶族自治县,位于广东省韶关市,2017 年 7 月 7 日,我和同学在老师的带领下来到必背镇必背口村,了解当地独具特色的传统民族技艺——瑶绣。在被当地村民高超的刺绣技艺折服的同时,我也产生了一些对瑶绣在当地的发展现状与前景的思考。

7 日上午 8 点,我们一行人就出发了。进山的道路十分狭窄,我们在半道换了一辆较小的客车,车窗外的大山高耸入云,山顶部分隐翳在浓雾中,山腰的植被郁郁葱葱。山上的水从山涧顺流而下,一股股清澈的山水在山底溅起水花。雨后的山路很难走,路上多处滑坡,我们的客车缓缓行驶,在上午 9 点多到达了必背口村。

走进必背口村,我对坐在家门口刺绣的赵阿姨进行了访谈。赵阿姨穿针引线,从反面刺绣,绣成的图案就如正面绣成一般,我这才见识了"过山瑶反面刺绣"技艺的高超之处。阿姨告诉我:"反面刺绣是从反面绣,不看正面;绣时不用画底稿,先用黑白线依布纹绣出方格,然后在各格中配入基本图案。"赵阿姨正在绣的是衣服的部分装饰品,她在一块很大的黑布上刺绣,而不需要事先在布上勾勒出图案,阿姨对我说,她还是小姑娘的时候就开始刺绣了,因为绣了几十年,经验丰富,手艺纯熟,那些刺绣的图案早已经印刻在她的脑海里。

在接下来的调查中,我采访了一位年纪比赵阿姨大很多的老奶奶,奶奶手上的瑶绣是给当地民族学校的文化遗产传承人授课用的教学模板。老奶奶告诉我:"我很小的时候就开始绣啦,几十年了,每天都要绣,家里小孩的衣服鞋子我都绣过。"老奶奶还对我说:"绣瑶绣不难,重要的是先把大的布局在心里勾画好,找中心点,然后再对称分布,逐步地勾画刺绣。"前辈们能在那么一大块布上,一针一针地绣出各式各样的精美图案,令我感到由衷的敬佩。

在接下来的访谈中,我又陆陆续续地访谈了几位女性,通过访谈发现,村子里会瑶绣的人大都是年长的阿姨或者奶奶辈的人,年轻的阿姨和姐姐辈的大都不会刺绣。原因在于,年长的人从小就跟着父母辈学刺绣,但现在的年轻人却没有人绣,而且她们也不愿意学。通过进一步的访谈,我了解到,年长的妇女会绣瑶绣与她们所处的年代有很大关系,家庭和社会环境(比如,家里的长辈会敦促子女刺绣,而在婚恋里也有女孩子送刺绣给心上人做礼物的风俗)为她们刺绣提供了更多动力,所以就有了"针不离手"的说法。而对年轻女性而言,家庭观念早已发生了变化,家中的长辈觉得刺绣辛苦,就不再像从前一样敦促孩子学刺绣了;而随着社会婚姻观念的变化,女子给心上人送礼物时,也不一定要像以前那样送刺绣了。

如今,必背口村的小孩子也有会刺绣的,这是因为当地政府开始重视民族传统文化,在课堂上开设学习瑶绣的课程,并请专门的瑶绣传承人教孩子们学习刺绣,孩子在课堂上的学习效果不佳,但是他们会因为好奇或者是课程考核的需要,回家询问长辈,在奶奶阿姨那里学到一些简单的刺绣图案,这样就出现了瑶绣在继承上的断层脱节,这种情况对瑶绣的发展十分不利。

瑶族没有自己的文字,瑶绣纹饰是最能体现瑶族文化传统的符号之一,他们在一块块的布上用针线织就各种图案来表情达意,赋予了刺绣图案深刻的文化内涵。然而,随着经济社会的发展,瑶绣在传承和传播上出现了一些问题,比如传承出现断层、图案纹饰没有创新、传统刺绣技艺濒临失传、瑶绣制品的传播空间狭小等,上述问题都亟待解决。

技艺与记忆：访青岛市港东村船模型制作老人

樊晶晶（中国海洋大学文学与新闻传播学院）

　　港东村位于山东省青岛市崂山区王哥庄街道,距王哥庄街道办事处驻地以东2千米,是王哥庄一带典型的渔村,渔民数量占全村人数 90％以上。在跟随导师进行崂山区乡村文化资源普查的过程中,我们有幸认识到村里一位出海经验丰富而且擅长船模型制作技艺的老渔民。

　　老人姓刘,64岁。由于港东村历来以打鱼为生,作为渔民的孩子,他十几岁就开始跟随父辈出海打鱼,出海 30余年,对海上的生活再熟悉不过了。过去港东老渔民出海都是自己修船、自己造船,老人虽然没有从事过造船行业,但是因为长期出海对于船只的构造也十分了解,所以不出海后他就常在家里琢磨制作船模型。他谈道:"船模型作为渔船的缩微版,在制作时和造大船基本是一样的步骤。造船你需要先备料,当然造船最好的是用红松,做外皮用;然后进行图纸设计;做船的骨架;接着上板,用钢筋、钻把木头固定在骨架上,最后进行刷漆的步骤。船模型与实际的船相比看起来简而小,但却也需要耗费很大的工夫,因为每个部分的尺寸都是要经过精细地测量。刚开始做船模型的时候,我经常到村里的造船厂去和他们交流,每部分应该用多大的尺寸、多少的比例是非常重要的,这是制作船模型的第一步,如果尺寸量的不合适,前面的舢板和船身是合不上的。量完尺寸后需要绘制船模型图,以前都是找别人给我画,然后我按照那个图做,渐渐地掌握了窍门自己也能画了。绘制好模型图以后,就要开始动工,其实做船模型需要的家伙什儿并不是很多,就是电钻、锯木机等,但是由于它小,所以活比较精细,做一个 1 米长的船模型在不兼做其他事的情况下也需要耗时一个多月。

　　老人自己有一个老屋,里面专门放置着这些家伙,前几年就经常带着老花镜在弄,其实切割这些木具时由于空气流通不好,木材的粉尘对于身体有很大的影响。他有时受不了那个味道,又加上自己患有气管炎,所以中间也停了很久。但是每次看到自己的成果展现出来并得到大家的认可时,老人又忍不住想动手再弄一个。这不他说最近又在打磨一个,断断续续地,慢慢做。这个与外面机器批量生产的船模型不同的是,上面的每一个部件、每一个细节都是他自己亲自打磨完成的,耗时也较长,最重要的是带有自己的感情在里面,老人做这些也不是为了挣钱,关键是自己爱好而且又熟悉的东西。

　　提到渔船，港东的渔船主要经历了风帆船、木帆船、机帆船等阶段，所以每个阶段的船模型他都有做。"做风帆船模型因为主要是木头，比起机动船来说制作步骤相对简单一些，但是因为村里很早就没有风帆船了，我主要是根据老一辈的描述和记忆来做，或者问老渔民，每种类型船上部件的功能、尺寸、颜色等都是百分之百的还原。"他简单举了几例：像风帆船模型的边沿部分是咖啡色，是因为早前造船是用猪血，所以出来就是咖啡色，所以他就模仿以前那个颜色，到外面专门买了这个颜料，然后自己一点一点刷上去；比如机帆船上的螺旋桨，是铝的，是他自己用一个完整的铝片打磨成一个桨的样子；还有船上的红绿灯、通电、方向盘的安装等。当我问到白漆刷的船号有什么含义时，老人自豪地说是他自己以前当船长时开的船号，所以说每一部分都是自己琢磨打量过的，其中的工夫不是一天两天可以解决的。

　　现在所做的船模型一共留有 3 个，一个是他好朋友农家宴开业时送做庆贺，摆在他家店里，是一个木帆船；机帆船模型放在他儿子的店里；还有一个风帆船模型在家里。提到这老人笑着说道："因为是自己的心血，虽然摆放在他们的店里，我还要负责后续的修补和维护。"

　　在为我们讲船模型上面的小物件时，自然要提及这些物件各自所发挥的作用，时不时会勾起老人过去的出海记忆。对于我这个较少接触海洋知识的内陆人来说这些故事可以说非常新奇，看我一脸好奇地追问，老人也为我耐心地讲。"看到这个锚揽没，这是停船的时候用的，也就是一些过去渔民出海的绳子。过去全部用的是苘，苘是南方盛产的一种植物，长得像竹子似的，到了秋天割倒，把它的皮割下来，利用那个皮加工拧成线一样接起来，用这种梗皮就制成锚揽、渔网缏等一类东西，后来技术发达了，都开始用尼龙了。你看我在船模型上弄的那个罗盘，以前出海船上就是一个小罗盘，那会的罗盘很粗糙的，还有个指南针，拿一个小木棍，上面插个针，再弄个玻璃。如果在海上你想要知道自己走多少千米要转向了，我们有个叫点水砣子的工具，有 8 斤重，这个东西的作用是比如到哪个地方看水的颜色，然后打下这个点水砣子，试试这个地是硬的还是软的、是沙地还是泥地，这样判断到哪了等等。这些船上的技巧都是老一辈一代一代传下来的，它不是非常神秘的一件事，就是你长期住在渔村见得多了，受这个环境的熏陶，自然就知道了。"老人感叹道："其实海上的技巧和经验很多，我们这一辈老了，没法出海了。现在年轻人接受外面新事物太多，大都选择出去了，对出海也不感兴趣，了解的越来越少，从事别的职业也好，轻松。出海太辛苦了，我们这一辈就会干这行，其他的也不在行，我不出海吧老觉得手痒，所以干脆做模型吧，找点事做。"

　　其实老人向我们展示制作船模型的过程中，我能深切地体会到他对于船、对于海的情感，是永远无法被代替的。此时，船模型制作技艺所代表的不仅仅是一种民间技艺，它背后所承载的是过去那些老渔民生活的珍贵记忆。在民间社会中，口碑资料、传说、故事等都包含有丰富的海洋文化的信息，而这些点点滴滴的生动且具有生活化的资料，正是我们需要走出书本、走向田野才能获取的。

传统刀具的现代际遇：保安腰刀的变迁及传承调查

王婷婷（中南民族大学文学与新闻传播学院）

2021年5月中旬，为了缓解等待博士论文盲审带来的紧张情绪，我前往同学海梦楠博士和苏军博士的田野点——甘肃省临夏回族自治州积石山县大河家镇散心，也顺便学习民族学田野调查的方法与实践。

积石山县生活着保安族、东乡族以及撒拉族等少数民族，大河家镇位于积石山县的最北面，与青海省民和回族自治县仅一条黄河相隔，大河家镇西北方是青海省的循化撒拉族自治县，境内有多个藏族乡，如塔加藏族乡、杏儿藏族乡等。大河家镇内有着丰富的旅游文化资源，如大墩峡景区等，还有着著名的非物质文化遗产项目——保安腰刀，海梦楠博士的毕业论文正是以保安腰刀为研究对象展开的研究。

一、保安腰刀的传承现状

保安腰刀是生活于我国西北地区的保安族人民打制的传统刀具，也是保安族的重要非物质文化遗产项目，具有制作工艺复杂、用料讲究、质量上乘、外形精美、刀口锋利等优点，深受当地各民族人民的欢迎。保安腰刀有着悠久的历史，最早在元代时就有了雏形，其随着保安族人民的生活变迁而产生发展，原用于屠宰或军事等需要的保安腰刀已经大部分转变为满足人们的审美、收藏等需求了。

保安腰刀传承人马克龙在大河家镇开设了多家保安腰刀专卖店，他制作的腰刀特别受欢迎，马克龙如今所驾驶的二手哈佛SUV汽车便是他用五把保安腰刀向原车主交换所得。可见在大河家镇，保安腰刀不仅是有着交换价值的商品，还是一种具有货币属性的商品。马瑜也是一位保安腰刀传承人，他告诉笔者，曾经他在闲鱼平台上卖腰刀，有一位来自我国台湾地区的收藏家一口气向他买了十几把保安腰刀，几乎每个款式都购买了一把，总价值20多万元，光运输费用就花了两万多元，所以保安腰刀不仅具有商品的基本属性，还具有收藏价值和文化属性。除商品和文化属性之外，保安腰刀还具有礼物属性，保安腰刀传承人马克龙便送给笔者一大一小两把他生产的具有保安腰刀工艺水平的菜刀，让我深感保安族人民的热情好客与淳朴善良。

从元代发展至今，作为商品、礼物或文化方式的保安腰刀，一直在保安族的民众生活中传承。与过去相比，虽然腰刀生产的工艺水平和用途都已经发生了重大改变,但传承保安腰刀的文化群体及其附带的文化内涵始终没有发生根本性的改变。

二、保安腰刀的传承困境

尽管保安腰刀制作精美,用途广泛,深受当地各族老百姓、收藏家以及游客的喜爱,但其传承仍然面临着许多困境,首先便是非遗传承人的接班问题。随着九年制义务教育的普及,保安族人民对文化知识重要性的认识,年青一代外出打工与求学的需要以及保安腰刀锻造工作的艰苦,使得如今保安腰刀传承人往往以中老年人群为主,鲜有年轻人参与。

其次,作为管制刀具的保安腰刀,在商品交易与运输过程中受到了极大的制约,如原先还能以二手物品出售保安腰刀的闲鱼平台,如今也明文规定限售腰刀类管制刀具,而天猫、淘宝网以及京东等各大平台更是不允许交易。于是保安腰刀只能作为线下商品进行销售,客源主要以当地与周边百姓以及来往游客为主,销售额相对较少,智慧的保安族人民便将生产与销售的重心转移至菜刀等生活刀具上来。如今,我们即便身处东南沿海,也能通过网络购买一把质量上乘富有保安腰刀工艺水平的保安菜刀,传承人马瑜的女儿便在某购物平台上开了一家菜刀店。受地域、文化程度以及现代信息技术手段对保安腰刀网络销售的影响,只有少部分传承人有能力在网上开店,像马克龙这样技艺水平较高的工匠却因不识汉文,无法开设网店。而即便开有网店的马瑜女儿,在运营过程中也遇到多种困难,如商品图片的拍摄与后期制作、标题文案的编写等,这都制约了保安菜刀的销售业绩。

再次,虽然保安腰刀非遗传承人组成了协会,对保安腰刀的宣传和凝聚起到了重要作用,但不容忽视的是,协会本身存在的某些问题,如非物质文化遗产项目腰刀制作大赛中的奖金与刀的价值不对等制约了非遗刀匠的参赛积极性等。马瑜告诉笔者,腰刀制作比赛需要参赛者提供参赛的保安腰刀,赛后获奖作品并不会还给参赛人,而获奖作品的市场售价往往又高于所获奖项的奖金,这种情况下,至少马瑜表示明年协会举办的腰刀制作大赛他不一定会选择参加。

最后,保安腰刀产品、花纹、风格等过于单一,缺乏创新等问题也是制约保安腰刀传承的重要因素。一位不愿意透露姓名的腰刀传承人告诉笔者,他也会在网上购入一些样式好看的刀具货源,在销售腰刀的过程中,很多顾客会偏向于选择这些并非保安腰刀工艺生产的刀具,只因花色样式较为特别,而传承人便成了刀具的"搬运工",获取其中的差价收益。

三、保安腰刀的传承路径

诚然,保安腰刀的传承面临着以上诸多困境,但作为优秀的少数民族传统文化以及非物质文化遗产项目的保安族腰刀锻制技艺,其传承路径值得我们深思。

　　笔者认为保安腰刀的传承路径可以从以下几方面进行探索:第一,鼓励"刀二代"回乡互联网创业,扩大保安腰刀工艺刀具的生产与销售,提升当地人民在腰刀工艺刀具产业上的收入水平,增加保安腰刀传承人数量,提高当地民众对于保安腰刀的传承积极性;第二,利用好大墩峡景区资源,促进自然景观资源与保安腰刀非物质文化遗产相结合,传播保安腰刀文化,提升景区文化旅游层次,刻画保安腰刀作为旅游纪念品的符号象征;第三,丰富保安腰刀工艺刀具的产品内容与形式,鼓励创新;第四,建立保安腰刀非遗协会的监管机制,落实获奖刀具去向,及时给参赛获奖人员一定的反馈与答复,如用于博物馆收藏等用途,对于获奖传承人而言,更是一种荣誉,便会较少考虑其中的得失。

　　作为优秀的少数民族传统文化和非物质文化遗产,保安腰刀不仅具有商品经济价值,而且有着重要的民俗学研究价值,值得学界对此进一步研究。

牛家铸钟：传统技艺的前途

师晓节（山西师范大学文学院）

浑源传统铸钟历史悠久，技艺精湛。洪亮悠扬的钟声，有赖于选材、器形，更仰赖于手工匠人的精细把握。牛家铸钟声名远传，历经 14 代，由制造犁、锅、铲等各种家用、农耕器具以到铸钟为主，经过时代的发展，几代人的坚持，不断精益求精。浑源传统铸钟技艺现为山西省第三批省级非物质文化遗产代表性项目，2018 年 8 月 25 日，我们来到了浑源县永安镇神溪村，近距离感受铸钟的魅力。

神溪村拥有律吕神祠、凤山书院、关帝庙、明清古民居、古戏台等众多历史景观，更拥有面积 3000 多亩的原生态自然景观神溪湿地公园，因势就形而自然形成的美丽湖泊，有"神溪月夜"之称。此时，虽荷花盛开已接近尾声，但远远望去，一片碧绿中，点点粉红相缀，又有山风吹过，无限惬意。走过湿地公园，在村民的指引下，我们来到了牛家铸钟的作坊。一方水土养一方人，我想这里的铸钟当然颇具一番韵致。

我们在门外便看到了已经制成的香炉和钟，待走进院子里，便随处可见铸钟的工具，还有地上随处可见被塑料布盖着的土坑。院子里，有新建的房屋，还有很久以前的老房子，的确是别有意趣。两位手工匠人正在给浇铸成型的钟雕刻图案。在表明来意之后，我们找到了手工匠人牛大宽，他停下了手里的活，和我们介绍了铸钟的流程，大概分为 7 个工序：①选料，优质松土，上好白口铁。②将松土碾碎用筛子过滤，然后加水搅拌到一定的湿度，水量的多少要根据模子的大小来定。③做模型，将和好的泥手工堆积成型，晾干。④套模型，因为模型有内、外两层，将内、外模型分隔并套在一起，中间可用细沙子做隔离。⑤夯土，夯结实。⑥熔铁。⑦进行浇铸成型。每一步都有严格的要求和精细的控制，好的铸钟不仅外在美观，而且钟声绵长，厚重悠远，因此牛家铸钟的关键便偏重于选料。

随后，我跟随着他们看了他们之前制作的成品的照片，在交流中，了解到了铸钟工具及技艺随时代发展，在几代人传承中的改进和变迁，感受到了手工匠人的传承和坚守。在谈到铸钟的销售地时，牛大宽自豪地说，最远的一口钟销往缅甸，并进一步解释道，本地有人在缅甸修庙，那边需要一口钟，经推荐选用了牛家铸钟。之后，我又参观了风铃、云板、磬等，并看到了塑料布下大坑里的真面目，是铸钟的泥模，由于刚刚下过雨，怕泥模损坏，所以铺上了塑料布。这也进一步印证了手工匠人牛清的话："这门手艺看着是挺简单的,但是这也是做辛苦的营生,别人下雨,往家里跑,而我们得赶快往院子里跑,不能及时用塑料布盖着模子,就很可能坏了,你好几天的工夫就白下了。"

同其他的非物质文化遗产一样,这项技艺同样面临着失传的问题。就像牛大宽说的那样:"下一代没人愿意做这个工作,儿子不愿意做,孙子就更不愿意做了。不像我们,从四五年级,十几岁就开始学艺了,现在的孩子们,这个岁数,还在上学,也不舍得让他们干活。"随着时代的发展,科技的进步,教育的普及,传统的技艺正处于消逝的边缘,这也是我们今天所面临的现实问题。

目前,像牛家铸钟这样的传统技艺,在现代社会的进一步发展主要有以下困境。首先,传承人年龄较高。铸钟不仅是技术活,更是体力活,掌握牛家铸钟技艺的四个兄弟平均年龄在50岁以上,因此他们随时可能停止这项工作。

其次,传承困难。牛家铸钟技艺主要以口耳传授为主要方式,而随着时代的变迁,愿意学习铸钟技艺的人越来越少。加之,铸钟技艺复杂辛苦,需要耗费很长时间去学习,对学习者有一定的要求,因此难以找到适合的传承人。

再次,缺乏相关的标准。牛家铸钟技艺在选材、用料、制作等过程中,大多凭借手工匠人多年来的经验和直觉,每一个步骤缺乏精细的标准、规范以及相应文字或视频的记录。铸钟需要精雕细琢,仔细打磨,它的传承与当今社会的快速发展,科技的日新月异以及文化观念的变迁确实存在着矛盾。

当然,现今关于非遗保护的政策在不断地完善与细化,对于传统技艺的保护与传承有着更加规范的标准和方法,越来越多的人也去探讨和寻找一条传统技艺和现代社会相互依存的道路。我相信,这所有的一切都会给传统技艺一个新的发展契机。

到今天,传统的铸钟技艺,以及其他的非物质文化遗产,已经不仅仅是为了生存的需要,它更是一种精神,一种象征。从实用到欣赏,从生存到传承。铸钟中蕴藏着文字、绘画、雕刻、文化于一体的艺术价值,更是一代代手工匠人勤劳、质朴的传承。时代在发展,技术在进步,技艺在传承中愈发彰显魅力,智慧在传承中愈发展现光芒。

重拾传统与见证时代：
涞源县的田野考察与农具征集工作

钱潇克（中国农业博物馆藏品部）

　　中国是传统的农业大国和农业古国，农业为中华民族的繁衍生息提供了基本的衣食之源，还深刻构建着乡土社会的生活模式和文化样态。在漫长的历史长河中，以农为生、以农为业的中国农民，创造出源远流长、绚烂多彩的农耕文化。作为劳动人民生产生活智慧的结晶，农耕文化呈现着古老中国的生产技术、耕作制度、思想理念等多种面相，既是中华优秀传统文化的典型代表，又是当代社会可以持续汲取营养的重要文化财富。

　　中国农业博物馆（全国农业展览馆）是农业农村部直属文化事业单位，承担着反映我国农业历史、传承发展农业文明、宣传展示农业成就的重任。为进一步完善博物馆藏品体系建设，在生产生活方式变迁剧烈的现代社会语境下，尽可能保留下更多的传统农耕实物，留下民族共同的文化记忆，2020 年，中国农业博物馆专门派出藏品征集工作组，赴河北省保定市涞源县部分乡村开展田野调查和传统农具及民俗藏品征集工作。

　　涞源在西汉时置县，先后有广昌、广屏、飞狐之称，1914 年取涞水源头之意，更名为涞源。涞源境内多山地，群山之中蕴含着丰富的野生动植物资源和矿产资源，因而林牧业是该县重要传统生产形式之一。而山峦之间的小盆地繁若星辰，则是当地适宜耕作的区域。受山地影响，涞源具有显著的山地气候特征，同时形成了多种小区气候，各地的气温和无霜期等不尽一致，这也导致了农作物种植的多样性，催生了当地五谷杂粮齐备的种植业。大体而言，涞源县不仅历史文化底蕴厚重，更是具有很强的农耕文化地域特色。

　　在相当长的历史时期内，涞源受制于"山路难行"，其潜在的自然、文化资源始终未能转化为地域社会发展的"优势资源"，维持生计构成了在这片土地上生产生活着的人们的首要追求。涞源是国家确定的第一批贫困县，也是河北省十个深度贫困县之一，最穷的村子贫困发生率曾高达 80%。经过多年脱贫攻坚，直到 2020 年，涞源才退出贫困县序列，正式脱贫"摘帽"。过去，因为贫困和封闭，该县保留着许多传统的生产和生活方式，而近些年来的巨变，则意味着这些"传统"及其衍生的

“实物”也将逐步被当地人“淘汰”。

在这样的背景下，按照工作组的既定安排，本次藏品征集工作的重点区域是烟煤洞乡和东团堡乡，同时包含两个乡镇的下属乡村。经过细致的田野走访，工作组在烟煤洞乡征集的器物包括风扇车、石药碾、陶火盆、风箱、独脚耧、海泡石火盆、挎篓、大秤、镰刀、胶泥火盆、三齿粪耙、铁锄等。尤其是风扇车，这种在传统社会相当常见的农业机械，在当代农具田野征集工作中已不多见，而且此次田野征集的风扇车造型别致、性能完备，因而整个工作组对该实物极为重视。

风扇车，也称飏扇、风车、扇车，是一种扬谷器，属于民间传统的谷物清理机械。在涞源乡村的传统农业生产中，人们主要利用它来剔除谷物中的糠秕杂物——净化、精选作物籽粒，以便储藏、出售和加工食用，因而，该机械具有较强的农事适宜性。风扇车的出现，使人们能够利用人造风来拓展谷物清选的时空范畴，在某种程度上摆脱了对自然风的依赖，有利于推动当地农业的发展与进步。可以说，风扇车是当地农民利用风能的“科技”创举，作为古代中国的标志性农具，这一实物具有比较突出的收藏价值。

工作组在东团堡乡征集的器物包括村民投票箱、饸饹床、玉米脱粒机鞋掌架、镰刀、犁、放羊铲、放羊鞭、梿枷、木耙、响铃、木锨、驮架、斗等。其中，村民投票箱是本次文物征集的一大“亮点”。20 世纪 80 年代初，由于东团堡乡忙于生产，集体事务无人打理，村里秩序面临失控的危险。在这种情况下，村民自发选举成立村民委员会，自发推行民主选举、民主决策、民主管理、民主监督，这个民主投票箱，就是当时烟煤洞乡积极推进村民自治的最好见证物，民主投票箱的使用，避免了举手表决时候由于乡村熟人社会造成的人情因素，保障了村民选举的公正和客观。

此次田野考察，工作组征集的农业生产生活器具见证着劳动人民的智慧创造，也勾勒出了一个时代转变的历史轨辙。改革开放 40 多年来，我国的农业生产力水平迅猛提升，农村发展更是日新月异，在我们这一代人跨入机械化、电子化和信息化全新时代的同时，也正在与传统的乡土社会渐行渐远。习近平总书记在中央农村工作会议上指出：农耕文化是我国农业的宝贵财富，是中华文化的重要组成部分，不仅不能丢，而且要不断发扬光大。而这次“重拾”传统的文物征集之旅，正是在这一时代大潮下绽放出来的“花朵”。

这次从涞源征集的农业“实物”绝不仅仅代表着涞源的过往，更是中国很多传统山区农民生产生活的一个“缩影”。可以说，传统农耕工具是传承农业生产文化的物质载体，在特定的历史阶段，既满足着农业生产的需要，又推动着人类社会文明的发展进步。因此,保护、开发和利用好丰富多彩的农耕文化遗产,收集整理传统农耕器具和手工艺制作器具、实物及其技艺资料,其意义绝不止于一个地区或一个时代,同时它还连接着我们的未来,有着启迪后人的重要意义。当然,这也就意味着,到农村的"田野"中去,寻觅农民的记忆,搜集农业传统及其见证物,更是博物馆人不可推卸的历史责任。

田野的 AB 面

——侗族建筑民俗调查感悟

刘梦颖（中山大学中国语言文学系）

田野调查，是民俗学专业的必修课。进入田野之前，我们应做好充足的准备，比如查资料、确定田野调查大纲、与田野对象确认调查事宜、订好住宿、安排好交通，确保调查顺利进行。即便如此，我们还会感到忐忑不安，害怕田野中出现意外状况。初入田野时，我们往往保持着最大的热情与积极性，仔细观察当地社会的日常生活，充分感受当地人的喜怒哀乐。与此同时，我们可能遭遇冷待而产生心理落差，可能遇到文化震撼，田野行程会让人疲倦不堪，田野点的卫生条件可能很糟糕等等。

我将田野经历与感受比作一面磁带，有 A 面和 B 面。A 面是田野中遇到知己和找到答案的惊喜之情，是节庆仪式中的热闹与欢乐，是他者文化带来的启迪。B面是田野中的不悦、担忧、尴尬、错愕、无奈，我们可能对田野中的人与事充满同情，也可能感到不解，甚至愤懑。就像音乐的旋律有高低起伏，我们在田野中的情绪也可能有正有负，有惊有喜。

我从硕士阶段开始关注建筑民俗，近半年来，我到广西三江侗族自治县林溪乡程阳村、平岩村等地做调查，研究侗族传统木构建筑技艺，主要访谈侗族掌墨师群体。作为一名非建筑学背景、非侗族、没有农村生活经验的年轻女性，我还未进入田野，就能想象出无数的困难和数不尽的阻碍。但文化上的反差也是让我进入田野的动力，因为无知，所以无畏，所以到处都是问题。当我第一次给访谈对象递烟的时候，他们尽管感到惊讶，却也从此记住了我。如果说田野体验是一面磁带，田野技巧就是触摸设备按键的那一只手，决定了旋律是播放、快进、回放还是停止。

A 面：仪式中的惊喜

2019 年 4 月，我在朋友介绍下认识了一位年轻的建筑模型制作师，他曾制作过三江程阳风雨桥模型。与他聊天时，我得知他会去村寨调研，便提出希望与他一同前往。这次访谈结束后没多久，他便邀请我与他一同前往三江县八江乡三团村参加鼓楼上梁仪式。我的田野点尽管离我家不算远，开车 2 小时车程，但对我而言是一块完全陌生的土地。感谢这位田野访谈对象，使我有了第一次参加鼓楼建筑仪式的机会。

自1964年老鼓楼毁于火灾后,三团村时隔55年才重建鼓楼,因此是村里的大事。4月11日上午,我抵达三团村,同伴将我介绍给鼓楼掌墨师和鼓楼营造团队的负责人,这位负责人也是当地村民,因此我的出现不显得那么突兀。鼓楼旁有一座戏台,上面摆着长桌,有人拿着现金,有人拿着笔在记录,还有老人在红纸上写字。我与同伴主动说要乐捐,村民们表示欢迎,于是乐捐芳名榜上出现了我们的名字,我也因此获得了参加落成仪式和结识鼓楼筹建委员会成员的契机,村里的人都知道我们是外面来的朋友。

中午,村民们陆陆续续从家里出来,有人搬来条凳,有人挑着担子和箩筐,装着自家煮的菜,为百家宴做准备。下午1点40多分,掌墨师、村委主任、负责上梁的腊汗(汉字记侗音,意为青年男子)、几位鼓楼筹建委员会成员都已换上侗装,村民们聚拢到在广场来。

上梁仪式分为饰喜梁、祭鲁班先师、祭喜梁等环节,在上梁当天一大早,掌墨师已对梁木进行处理,将其涂红并写上"国泰民安""风调雨顺",署上掌墨师姓名、承建单位和上梁时间。鼓楼两侧建筑的墙上张贴了"姜公在此""百无禁忌"红纸。快到吉时,一众人将梁木抬进鼓楼,掌墨师将覆盖着历书、毛笔、墨锭的侗布用铜钱钉在梁中,将五色线、香椿木、糯谷穗、红布条系在侗布上,将鲜艳的刺绣羽毛花挂在梁上,将写着"吉星高照""大吉大利"的红布固定在梁上。祭喜梁时,掌墨师先握着大公鸡念《踩梁词》,然后将鸡冠血和鸡毛分别点在梁头、梁中、梁尾并念《点梁词》,这时众人都要应和"好啊""有啊"。升梁时,六名儿女双全的腊汗提前爬上鼓楼,缓慢地将系着梁木的绳索提起来。随后烟花、爆竹齐放,震耳欲聋,进入了仪式的最高潮——安梁和抛梁。

梁木安好后,腊汗们也向下抛洒糍粑和糖果。上至七八十岁的老人,下至儿童,都围在鼓楼下抢喜糖和糍粑,在一阵阵笑声和起哄声中迎接好运、幸福。我一边紧张拍摄照片,一边加入抢糖的队伍,忽然被一颗糖砸到脑袋,好痛!原来抢糖是要付出"代价"的。有人抢了一大袋子糖,笑得合不拢嘴巴。

我看到一位80多岁的奶奶,她腿脚不便,挂着一根棍子,坐在高处,手上没有糖,我便将我抢到的糖给她。她取走糖后,我好像领了任务一般,又转身钻进人群去抢糖,想为她多抢几块。仪式结束后,我坐在她旁边,想与她聊天,却发现我们语言不通,只能尴尬地对视而笑。这时她站起身来,我看到她屁股下还垫着一块干净的石头,我们不约而同地看看石头,又看看我,我也起身,却是一屁股的灰。于是,我们两个人都哈哈大笑起来。我快乐是因为与一位语言不通的奶奶分享了喜悦。

5月25日,我又到三团参加鼓楼落成仪式,这一次来三团,便不用谁帮我引路了。吃罢落成仪式的百家宴,我在现场乱转,忽然看到一位老爷爷背着琴也在来回转,我便上前搭话,问他手里拿着什么琴,他说这是侗族琵琶,说罢主动坐下来弹。很快我们周围聚拢了好几位老人和年轻人。他还将琴交给我,教我弹,旁边围观的人们都举起相机帮我们拍照,为我们鼓掌,那一刻我觉得好开心,仿佛终于获得了融入感,展开由衷的笑容。

B面：难题与反思

在田野中,我们不得不处理许多难题,比如解决调研经费、合理安排调研团队和行程,处理好与访谈对象的关系等等,这些看似细枝末节的事情,却直接决定了调查是否能顺利开展,也影响我们在田野中的情绪。

说起三团鼓楼落成庆典那一天,我临时决定让母亲与我一同前往。事后她告诉我,看见我在大太阳底下来回转,一会儿跟这个说话,一会儿跟那个说话,好像无头苍蝇一样,觉得很不容易。我跟她解释说,我在当地没有亲戚朋友,尽管村委已熟悉我,个别村民也知道我,但现场来了几百人,我为了尽量获得资料,才到处转、到处看、到处问。看似无头苍蝇,实则我就是在调查啊,并不辛苦。母亲与我一起调查了3天,她从那次起对我的调查方法有所了解,对我的专业有些体会,我也意外感受到带母亲一起去调查的好处。在调查时,究竟是几个人一起去还是只身前往,怎么选择合适的田野同伴很重要,我为母亲的成功助力庆幸不已。访谈时,由于母亲比我更熟悉农村的情况,她与木匠们的交谈很顺利,为我的访谈增加了许多话题。

我访谈的几位掌墨师已自己开公司或加入公司,他们之间形成了商业竞争关系,我在访谈时,必须小心处理与他们的关系。有一次,我为了赶时间,将一位掌墨师和一位田野关系联络人约在了一起。那位田野关系联络人是当地领导干部,他一开口便说我访谈的掌墨师是“骗子”,又叫来了他的亲戚、另一位掌墨师加入访谈。幸好,后来加入的掌墨师与前一位掌墨师原本就是合作关系,他们都和平表示访谈可以继续。我尚不了解我的这次“失误”究竟有没有给对方造成困扰,但他们都很友善地与我保持了联系。

我还接触过两位知名传承人,他们很冷淡地对待我。一位传承人说,我已经不信任这些学校了,我做了那么多事没给一分钱(报酬)。我非常理解他这句话,因为有无数个像我这样的人来找过他,占用他的时间,问一堆问题,而他却没有直接获得金钱上的回报。我理解一些访谈对象会这么想,但我与这位传承人的对话不得不暂停，因为我的确不能够为他带来利益，我更不能作这样的许诺。

　　我特别认同余光弘老师说的，做田野就是学做人。我过去在田野中，也常因为急于得到资料，而提出不恰当的问题、打断别人的叙述或未等对方信任就展开浅显的询问工作，这样得到的资料实际上并不够全面、真实，也很难设身处地去理解对方的感受。田野中的难题，可以用提前计划、周密安排和换位思考来处理，能与访谈对象达到共情是最好，即使不能达到，也不应做索取式的调查，既破坏了调查者的名声，也无法获得更持久、深入的调查机会。

初访喀左

——蒙古族特色民居

李泽鑫（辽宁大学文学院）

草原上，有一群人随历史走来，从策马扬鞭到躬耕土地，从逐水草而居到安土重迁，从蒙古包到海青平房。海青平房的修建对蒙古族而言，不仅意味着居住方式的改变，更重要的是，它象征着民族融合中永恒的民族记忆。

2017年9月上旬，我们一行四人踏上前往辽宁省朝阳市喀喇沁左翼蒙古族自治县的列车，七小时车程过后，是历时十天的田野调查，我们此行的目的是对辽西蒙古族营屯聚落房屋类型及特色做一个数据统计。

喀左县蒙古族于天聪年间（1627—1636）在此定居，据《蒙古游牧记》记载："苏布地从叔父色楞，初为所部塔布囊，天聪九年诏编佐领以色楞掌管左翼，授扎萨克，顺治五年叙功封镇国公，世袭罔替。"①喀左是出了名的旱地，"十年九旱"是当地人对喀左县的描述，干旱的气候特点造就了如今海青平房的建筑样式。

我们到了白音爱里村，才了解蒙古族摆脱游牧定居之后的生活，这里给人的感觉是蓝天白云、青山绿水，风景非常秀美。"白音爱里"在蒙古语中意为"富裕"，所以村子的名字意为富裕的村庄。蒙古族占全村总人口的88％，是一个历史悠久、文化底蕴深厚、蒙古族文化浓厚的村落，也是中国非物质文化遗产——喀左·东蒙民间故事基地、辽宁省民间文化艺术之乡、辽宁省旅游专业村。白音爱里有两位东蒙民间故事国家级传承人：张力勇和白瑞芹，进村后我们便对张力勇老人进行了采访。

海青平房作为蒙古族特色民居，造型独特，房顶中间高、前后低，两侧有"峰山子"，此为瓦匠的活，叫"滚山子"，大小可选，是瓦匠垒起来的。据张力勇老人讲述，这样的造型除了因为喀左地区常年干旱少雨之外，还有两种说法。

关于海青平房的一种传说是，蒙古族人在游牧时期住蒙古包，来这以后因为都是山地，为了居住简便就变成搭马架子。据说成吉思汗的四子托雷外出打猎，行军至此时，天降瓢泼大雨，那时候没有避雨的地方。有个士兵发现马鞍子的形状不存水，于是士兵纷纷拆下马鞍子连在一起，举过头顶，为托雷避雨。此后蒙古族人定

---

① （清）张穆撰，何秋涛补订《蒙古游牧记》，南天书局1981年版，第36页。

居下来后，为了纪念这件事，就把房子建成马鞍形状，后来逐渐演变成了海青平房。

另一种说法，海青是草原上的一种雄鹰，为蒙古族生活所用，所以用草原的雄鹰命名，是蒙古族民族特色的体现。海青平房两侧的房山子，象征着大鹰的两个翅膀，它是民族融合的一种文化。

据老木匠说，之前建海青平房用料多为奇数，蒙古族人以单数为吉数，所以九、七、五、三都是吉数。建房、留门窗、檩子、都是单数，建房时没有规定的数量，主要视规模而定，只要保证是单数就行，但是椽子除外。

海青平房是纯木架结构搭建，先搭建起"四梁八柱"的轮廓，再填充夯土。因为是纯木架结构，建造房屋能否成功，会不会坍塌，关键在房梁。所以海青平房在建造过程中特别看重上梁，上梁需要请阴阳先生看个好日子，选个吉日良辰，上梁的时候脊檩上贴八卦，八卦下边挂红头绳，拴一肚子大钱——共七个大钱。因为那是姜太公的位置，意为"姜太公在此，诸神退位"，凶神都离得远远的，七个钱便是北斗七星。整个木架立住，人们就站在脊梁上粘豆包，这也是作为对房子的一种祭祀形式出现。

除了房屋主体有许多民俗禁忌需要注意之外，整个院落的布局构造也有当地的说法。在先前的蒙古族，碾磨和水井的位置都是有讲究的，村民称之为"左青龙，右白虎"。在过去的生活中，家家户户都有水井和石磨石碾，据村民讲，井属于龙，叫青龙，龙为大，而太阳从东边升起，蒙古族崇尚太阳，所以龙占在东边。碾磨属于白虎，占在西面，因为跟龙比，没有龙大。所以以前建造的海青平房院落中，碾磨一定是在门口的西面，水井不管是在院里还是在院外，都要在门的东面。

辽西蒙古族营屯聚落的房屋建筑生动地体现了古代劳动人民的智慧：木架结构的房屋，即使没有钢筋混凝土的掺杂，有的也能够百年不倒；同时它饱含蒙古族特色，是蒙汉融合的特色房屋建筑样式，是蒙古族历史演变的见证。

第四部分

田野实践省思

田野伦理：是枷锁还是翅膀？

朱婧薇（中国社会科学院研究生院文学系）

　　我常常听到民俗学者谈论自己在田野调查中遇到的各种困境，有时是不得不偷录材料后，觉得自己的良心会痛；有时是深感学者属于弱势群体，任对方冷落、盘剥和欺骗自己，却不能奈他何。诚然，民俗学者作为当地民众眼中的他者，在进入调查对象的日常生活中时，难免会遭受对方的排异反应，而田野伦理之于民俗学者来说，究竟是束缚住学者手脚的枷锁，还是助其站得更高的翅膀？这取决于学者看待民众的视角。

　　以我自己的经历来说，2015 年 12 月 20 日至 12 月 28 日，第二期中美民俗影像记录田野工作坊的 20 名成员在美国俄勒冈州塞勒姆市进行调查，其中由我们七人组成的调查组围绕圣诞礼物及其相关问题在当地随机进行访谈和拍摄。调查组成员临时决定 12 月 27 日在商业区进行访谈，但没有按照当地的伦理原则提前获得商区管理人员的许可。因此，当我们取出设备时，便陷入一个进退两难的境地：如果按原计划拍摄访谈过程，会面临着"违规操作"的风险，但如果放弃拍摄，就意味着今天无法获取新的素材。短暂的犹豫过后，我们决定先把内心的顾虑抛开，开始拍摄。然而，调查组的工作进行了不到十分钟，一位高大的安保人员便将我们带进了经理办公室。

　　在被保安"抓进去"的十分钟里，调查组尝试着以工作坊的名义与商区的管理人员沟通，希望能够获得准入资格，但对方都礼貌地拒绝了。无奈之下，调查组只得放弃今天的拍摄计划。正当调查组成员走出经理办公室，暗自"谋划"要不要再开始访谈时，我们突然发现刚才那位安保人员在五米开外的地方跟着我们，嘴角的一抹微笑在表示善意的同时也传达着警示。如果说我在被"抓进去"的十分钟里感到的是不知所措和无可奈何，那么在处于"观察期"的十分钟里，体味到的则是尴尬和不安。

　　我时常设想，假使当时调查组遭到了商区管理人员的粗暴管制，我们是否会对自身的行为感到心安理得？然而我很快便发现，内心的惭愧并不会因为对方的举动而减损，因为引发问题的原因在于自身仅仅将伦理原则当作行业规则和操作指南看待，而没有真正从理性出发建立精神的法则，确立人与人相处的道德标准和规范。更进一步讲，调查组与民众之间的关系始终停留在人与物、认识与被认识的层面,我们将民众仅仅视为获取材料的手段,而忽略了民众作为道德主体的主观诉求和伦理要求,此时,作为人的民众便从我们的视线中消失了。若以此为基础,学者仿佛可以根据自己的需要任意打伦理原则的"擦边球",来获得行为的自由。但这样的行为遮蔽了一个事实,即伦理的主体性必然是交互的,若调查者随意侵入民众的生活,也就意味着民众也可以随意对调查者进行攻击,最后的结果只会是两败俱伤。再次回到我的设想中来,若当时商区的管理人员真的对调查组恶语相向,那也只能说调查组接收到了自身行为的反作用力,伦理原则之于我们,是一副挣脱不掉的枷锁。

可见,伦理原则需要从人独立于感性经验的自由出发,建立能够对这些由人自由地选择的行为准则做出道德判断的普遍标准。正是因为伦理原则超出了实证领域内因果链条的束缚,所以它的有效性不是建立在任意性和实用性上,而是出于"无条件者"的命令。因此,它需要学者运用自身的理性为自己立法。也许有人会问,这样的规则难道不是一副将我们囚禁其中的枷锁吗?

但事实并非如此,学者想要到达自由之境的路,需要理性清晰的规约才能不被经验的杂草湮没。伦理原则需要建立在交互主体之间的目的关系上,即康德所谓不能单纯把人当作手段,而是同时也要当作目的。只有我们不仅把自身,而且把其他任何一个人的人格中的人性,在任何时候都同时当作目的,才能够获得真正的自由。人们心向往之的"随心所欲而不逾矩",不是得益于在实际经验中"头痛医头,脚痛医脚",被动地根据外界的反应来调整自己的行为,而是通过主动地凭借自身的理性建立具有可通约性的行为准则,实现理性意义上的自主。

回想事件的始末,我之所以会为自己的行为感到良心会痛,也是因为内心隐隐感到了伦理原则的约束力,在自身行为与之发生偏差的时候,会受到内心的拷问。正如户晓辉在《人是目的:实践民俗学的伦理原则》中所言:"如果我们做不到或者达不到伦理原则的要求,那就只能忍受不自由的枷锁给我们造成的苦难和煎熬。我们能够做到多少或达到多少,我们获得的精神解放和自由就有多少。"[1]田野伦理,令我们怀有精神"洁癖"与对自由的向往,它也令我们懂得任意、轻慢与敷衍的羞耻。康德认为:"有两样东西,我们愈经常愈持久地加以思索,它们就愈使心灵充满日新又新、有加无已的景仰和敬畏:在我之上的星空和居我心中的道德法则。"[2]

作为芸芸众生中渺小的一分子,学者也许无法达到时时、事事都以应不应该去做来保证自己的行为不偏离道德律的轨道,但可以做得更好的是,将人当作目的而不仅仅是手段,让伦理原则真正成为助我们自由翱翔的翅膀。

---

[1]　户晓辉《人是目的:实践民俗学的伦理原则》,《民族文学研究》2017年第3期。
[2]　〔德〕康德《实践理性批判》,韩水法译,商务印书馆2009年版,第162页。

带着"亲情"去田野

孟令法（中国社会科学院研究生院少数民族文学系）

很多时候,我会悄悄从宿舍或办公室离开,去一个我曾去过,但同学或同事不知道的地方。当我回来时,肯定会听到:"你又去田野了? 今天又有什么收获呀! 给我们说说呗!"对此早已习以为常的我,总是会这样回答:"我去看我亲戚了!"而在我的教学活动中,我也经常告诉我的学生们,"带着'亲情'去田野,是我们将自己融入他者群体的必要条件!"

相信很多从事田野调查的民俗学者都有过以下经历,很多被调查对象早已进入古稀甚或耄耋之年,即便是知天命以下的乡民,对我们这些外乡人也有着本能的"抵触"心理,而众多走马观花似的田野拾遗很难一次性就能获得所需材料,因此一而再、再而三地来到同一个地方向同一群人寻找那些隐没于记忆深处的"古老"是再平常不过的事了,而此时的我们已不是初到之时的陌生,相反应是像家人般的温暖。

尽管民俗学对田野作业的要求没有人类学或民族学的严格,但这并不意味着民俗学的田野工作仅是停留在"采风"上的观察,从而遗忘人际交往对"情"的追求。从事畲族研究已有五年的我依然记得第一次走进丽水市沙溪村某位畲族人家时那令我倍感亲切的情景——进门前,一位身着畲族传统服饰的老妈妈为我端上三碗香气扑鼻的清茶,她说这是"山哈"人传承千年的待客之道。

我时常在想,作为一名研究者,学理虽然要求我们能在主位与客位中找准自我,不能沉迷,但面对被调查者的热情,我们又怎能将自己置于"冷血"的行列,而他们在我们离开时的盛情挽留与再邀请,我们又怎能"壮士一去兮不复还"? 我想,不论我们是以何种方式与被调查者取得联系,并进入他(们)所在的群体,但资料"获取"不能变为"榨取"的田野伦理原则是我们每个田野工作者必须遵守的道德准则。

我之所以要带着"亲情"去田野,不是因为我重"情",而是由于我不能将我的调查对象当作提升自我的"工具"。我虽然不是他们的血缘至亲,但却可以和他们建立拟血缘的家人关系。人类学之所以通过一个农业周期的"驻村"过程加以学术研究,我想其核心价值就在于"亲情观"的构建。然而,这种期许似乎在当下的田野工作中成为奢望——大多数学者只是为了一纸论文。被调查者并不需要那点所谓的"礼物",而是持续性的情感存在。

在田野作业的发展史上,众多学者为我们作出"回馈"被调查者的榜样,而美国著名人类学家摩尔根(Lewis Henry Morgan,1818—1881)即是其中的一位,他以律师身份站在土著印第安人的角度为其争取应有之利益,进而成为鹰氏族的"养子",并由此做出人类学研究理论与方法的多种突破。百年之后的今天,我们早已摆脱信息与交通的闭塞年代,但我还是要问,在田野过程中建立的"亲情感"何以得不到维系?

我曾于闽、浙两省近百个畲族村落展开畲族民间信仰的调查,这其中尤以温州市文成县培头民族村最具代表性。自2012年底至今,我从未间断过与培头村民的联系,除了逢年过节与老房东钟金莲夫妇的电话问候,还于寒暑假亲赴培头村看望那些曾经帮助过我的村民。尽管我没有给他们带过什么礼物,但他们朴实无华的言语——"只要你能来,我们就很高兴,我们要的不是'物',而是那份'情'"——却时时回荡在我耳畔。为了实现培头民族村的就地城镇化,我的导师之一、浙江师范大学王逍教授带着我甘当上传下达、出谋划策的"中介",并将自己的一片深情融入畲族人的血液。如今的培头民族村早已旧貌换新颜,而王逍教授与我也已成为这里的"荣誉村民"。

总之,带着"亲情"去田野,不只是为了简单的"情",而是将我们置于这片被调查者的热土上,让自己有"家"的归属感,并像对待我们的血缘至亲那样,将他们视作我们永远的家人,如此才能更真实地反映社会生活,实现作为社会科学家的人文使命。

跟最熟悉的人做田野：迈过重重关

程　瑶（中国社会科学院大学少数民族文学系）

　　2019 年寒假，我在亲戚 A 开的清真饭店里一边当服务员，一边开展我关于"城市回族的饮食实践和认同表达"的田野调查。这个选题一方面是出于个人兴趣，另一方面也是自认为有着独一无二的优势——一个绝佳的田野对象。集合了女性、饭店经营者和穆斯林三个身份的亲人 A 人生经历丰富，适合我对她展开个案研究。本以为跟最熟悉的人做田野便能省去许多麻烦，不用花时间建立田野关系，然而该有的麻烦却一样没少，重重难关让我踌躇难行。

　　田野遇到的第一个下马威是"灯下黑"的情况。我有几个亲戚都是从事饮食行业的回民，因此我打小就在他们的夜市摊位上玩耍吃喝，可以说，当时半个夜市的回民老板都认识吃得胖乎乎的我。但就是因为太熟悉回族饮食的人和事，我反而缺乏对寻常现象中不寻常之处的敏感。例如，导师康丽老师曾提醒我个体在现实中会用不同策略维护民族性的饮食规则，然而在这之前，我却从未注意到这些策略的不同之处和背后的原因。由于我的迟钝，田野调查一时毫无进展，只有日益精进的端饭技能给我稍许安慰。康老师劝我静下心来沉入其中，在参与观察的基础上记录事实，最重要的是不要忘了问题意识。照做之后才发现，只有当我真正作为饭店的一员，参与到日常经营的互动中时，看似重复和单调的日常生活才揭开了它的伪装，向我展示了清真生意的复杂与不易，以及亲戚如何实践自己对"清真"的维护。比如，亲戚大部分时候特别抠门。她常常抱怨店里师傅自己做饭吃的时候用了太贵的食材，埋怨他们老吃鸡蛋，"一块钱一个，可贵了！"冬天菜贵的时候，亲戚会直接禁止师傅们吃价钱贵的菜。曾经就因为他们炒了青菜吃，亲戚前前后后念叨了一个星期。然而亲戚在食材品质的坚持上却显得格外大方。在她看来，"清真"意味着干净可口的饭菜，也是清真饭店保持竞争力的关键。就油泼面用的青菜来说，她让相熟的菜贩每天给她留品质最好的一批。而一旦菜叶有发黄的情况，就立刻扔掉，哪怕是冬季蔬菜价格最贵的时候也毫不手软。帮工在这里帮忙盛面时，她也会严格控制出品，端出来的每一碗都要过目，如果分量过少就要端回厨房重新制作。

　　伴随着我的打工和田野双重生活的，还有一种深深的分裂感，这也是我遇到的第二道难关。"在多大程度上才能算作一个地方文化中的局内人？如何处理在描写自身文化时局内人和局外人的双重身份？局内人如何进行审视与反思？"在田野过程中，这些问题是我必须不断面对的。"近乡情更怯"，面对熟悉的人和事，我久久未敢下笔。甚至连田野调查的过程也充满着两难的煎熬——从每天缠着亲戚讲述她人生经历中大大小小的细节，到强行参与亲戚的饭店经营中，我的局内人身份似乎并无太多助益。我只告诉亲戚我在写论文，需要了解一些"您和您饭店的一些事儿"。向亲戚提出要求的时候。我甚至觉得难为情，害怕一向强势的她嫌弃我耽误生意，说不定哪天就让我收拾铺盖走人了。出乎意料的是，亲戚二话不说地配合我。在每晚的闲聊中，在每一通电话的确认中，在一个个零距离的观察中，"回民"这个对我而言最熟悉又最陌生的群体，在个体的人生经历中重新得到具像化。

出于一种不自信的心理，我试图在写作之前找到一种能够统摄全文的理论，随后便发现这无异于削足适履。如果能将看似平静枯燥的日常背后暗藏的汹涌波涛呈现出来，就已经找到了从个案指向普适的关窍。如今，"自我"的魔盒已经打开，我只需鼓起勇气，踏入这个我忽视已久，却早已镌刻在血脉之中的开封回民的生活世界。对研究者而言，当研究对象由"他们"变成"我们"，民族志的书写也就经历着从表达差异到表达认同的转变。我想到露丝·贝哈（Ruth Behar）所说的，自我书写的"失败不在于加入个人化的声音，而在于没有很好地使用它，没有深思熟虑地处理好观察者与被观察者之间知识与情感方面的联系。创造性地运用个人化的呻吟，就能够引导读者进入严肃的问题"①。那么，民族志中自我叙事意义何在？与传统民族志相比，如何对它进行质量的检验？面对批评和质疑的声音，自我民族志的实践者们反对使用传统民族志的评价标准。他们认为，就信度而言，民族志文本诗性和政治性的特点使得其本身就不具备唯一的真实性；就效度而言，应该将作品能否唤起读者共鸣作为一种指标。正如露丝·贝哈提出以"动情的书写"进行自我文化观照的同时，也会引起读者的回应——"你若动情书写，他者也会真情回应"②。

第三关便是田野伦理了。田野伦理是民俗学研究者在进入田野前就应做的必修课。美国民俗学会的伦理声明指出，民俗研究是一项人类事业，因此个人承担着伦理和科学的责任。他们的研究工作不能损害其研究对象、专业同行、学生或其他人的利益。根据巴莫曲布嫫的总结，伦理意味着研究者"做正确的事"，对文化规范保持敏感，做到学术研究过程的诚信和透明。严格遵守田野伦理意味着研究者需要事先获得搜集数据的权限，还要保证受访者对成果的知情同意权。看似清晰明

---

① 〔美〕露丝·贝哈《动情的观察者：伤心人类学》，韩成艳、向星译，北京大学出版社 2012 年版，第 13 页。
② 〔美〕露丝·贝哈《动情的观察者：伤心人类学》，韩成艳、向星译，北京大学出版社 2012 年版，第 15 页。

了的伦理原则落在我的个案研究上,顿时变得棘手起来。面对自己的亲人,我还需要以签署知情同意书的形式证实他们的知情同意权吗?如果告诉店里的顾客我在做研究,会不会吓跑人家,影响亲戚的生意?另外,在对亲戚进行访谈的过程中,无论我怎么写怎么问,只要说一句"论文需要",就能挡掉对方的迟疑和不情愿。那么,我是否是在用自己的前途胁迫对方交出本不想暴露的隐私呢?如今反思起来,跟最熟悉的人做田野,往往有可能掉入一种亲密关系的陷阱——研究者用自己的利益对受访者进行道德绑架,从而将彼此置于不平等的田野关系中。最可悲的是,研究者对这种不平等往往浑然不觉。

随着技术进步和学科的现代转型,如今做民俗学研究的人在田野调查的方式上有了更多元化的选择。然而无论如何变化,研究者的深度参与都是完成这场学术道路的"成人礼"的核心要义。哪怕是跟最熟悉的人做田野,也要面对重重难关。不过,这些难关也是成长和反思的契机。田野调查的过程不止有难关,还有咬紧牙关后有所收获的喜悦——就像我在做服务员时,收工后的那碗油泼面。抄上一筷子筋道的面条,配上泼油后更爽脆的青菜豆芽,酸辣咸香的完美配合让人根本停不下筷子。吃完这碗面,我便有了继续过关的勇气。

像亲人一样关心他们的生活

毛晓帅（山东大学文化遗产研究院）

　　2013 年 7 月，我跟随导师刘铁梁教授到北京市平谷区进行《中国民俗文化志·北京·平谷区卷》的调查和编写工作。马昌营镇毛官营村就是我负责普查的村落之一。该村以做豆片儿而远近闻名，其中武连起家是村里最出名、做得最好的。在 2007 年出版的《北京市非物质文化遗产普查项目汇编平谷卷》中，武连起的豆片儿制作手艺被收录其中。

　　2013 年 7 月 11 日，在毛官营村文化干部的带领下，我第一次来到了毛官营村，我的主要访谈对象就是武连起夫妇。然而第一次的访谈过程却显得十分尴尬，在整个访谈过程中，老人始终都板着脸，没有笑容。对于我提出的问题，他们也爱答不理。两位老人与妇女主任的对话也充满了火药味儿。在这样尴尬的氛围中，我们只进行了 40 多分钟的对话就结束了本次访谈。

　　第一次访谈以失败告终。晚上，我躺在床上一直在回想今天访谈的情景。是不是我说错了什么话得罪了老人？还是他们不愿意外来者打扰他们的生活？再不然他们和妇女主任有矛盾？我辗转反侧，百思不得其解。我决定明天自己再去一趟毛官营村。

　　第二天一早，我独自一人来到了毛官营村。这次只有武连起的爱人在家。我一进门，她就说：“小伙子，你怎么又来了？”我说：“昨天时间太仓促了，还有几个事儿不太明白，想再跟您聊聊。”她依然是昨天的那副表情，冷冷地说：“你爷爷（武连起）不在家，你改天再来吧。”我接着问道，“爷爷去哪儿了？”她说：“上平谷医院看眼睛去了，白内障，做个小手术。”话还没说完，她就已经自己到院子里忙活去了，我只好告辞。第二天的访谈依然碰壁。回来后，武连起老人去做白内障手术的事情一直在我脑海中萦绕。思来想去，我觉得应该过两天再去看望他们二老。

　　7 月 14 日，我第三次来到武连起老人家中，可是这次家里没人。正当我准备原路返回的时候，武连起的爱人回来了。见面之后，她问我：“嘿，你又来啦！”我不好意思地笑了一下，说：“嗯，我来看看爷爷的眼睛怎么样了，好了没有？”她的表情一下子就变了，笑着说：“小伙子你可真棒，你还惦记着他的眼睛呢，我以为你又来问什么问题呢。”我说：“这次我不是来问问题的，上次您说爷爷去做手术了，回去后我就一直想着这个事儿，不知道爷爷眼睛怎么样了。所以我今天又来了，我就是来看爷爷的。"奶奶听了之后很高兴,她把我让到屋子里说话,还给我摘了一根儿院子里的黄瓜吃。她告诉我,老伴儿的手术做得很成功,今天又去复查了,一会儿就回来。不一会儿,武爷爷就回来了。奶奶告诉他:"这个小伙子专门来看你的。"武爷爷听后也很高兴,还让我中午留在家里吃饭。这一次我跟他们夫妇聊了两个多小时。但是,从头至尾我也没有问他们任何有关民俗的问题,只是关心他们的生活,了解了他们现在最需要什么,我能帮他们做点什么。我走的时候,武连起老人拿出了家里的电话本,让我把名字和电话写下来。他告诉我:"这个本子上记录的都是亲戚、朋友们的电话,以后咱们就是朋友了,你把你的也写上吧。"我很高兴地把自己的名字和电话写在了本子上。临走的时候,武连起老人还邀请我下次一定再来。

第三次的访谈总算有了收获。武连起夫妇终于把我当作朋友,而不是一个外来者。回到镇上后,我仔细思索今天发生的一切,我之所以激动不已,并不仅仅是因为我已经建立了良好的田野关系,为今后的调查奠定了基础,而更多的是我像关心亲人一样关心了他们的生活。武连起夫妇也把我当作亲人、朋友看待,让我把联系方式留了下来。这种关系很奇妙,特别是对于远离家乡和亲人,孤身一人在外地读书,现在又一个人独自在郊区进行田野调查的我来说,就像在异乡遇到了自己的亲人、朋友一样,感觉很温暖。我想,武连起夫妇也是一样,他们肯定也希望我们能够像亲人一样多关心他们,多跟他们聊天,与他们做朋友,而不是单纯地为了功利的目的来打扰、窥视他们的生活,然后一走了之。

在接下来的时间里,我又来到武连起老人家里,与他们二老进行了两次访谈,每次访谈的时长大约三小时。他们很热情地给我讲述了自己的故事。在平谷区进行田野调查期间,我总共五次来到武连起老人家中。这五次访谈,让我明白了如何与访谈对象打交道。我们要像亲人一样对待他们,关心他们的生活,了解他们的需求。我们不能带着完全功利的目的来向访谈对象索取答案,我们与访谈对象之间应该互相关心,建立一种亲人和朋友的关系。只有这样,才能真正理解他们,理解他们的生活,我们的田野作业才能充满乐趣和温情。

此后,我跟随刘铁梁教授又陆续参加了顺义、大兴区和海淀区的民俗文化普查工作。在这几个区进行民俗普查时,我始终坚持要像亲人一样对待自己的访谈对象,这使我受益匪浅。在这几年的民俗文化调查过程中,我认识了很多人,交了很多朋友。直到现在,他们带给我的感动与不舍还时常萦绕在脑海之中。我想以后我依然还会坚持这样,像亲人一样对待自己的访谈对象,与他们交朋友。

亲疏风波：田野中的情感互动反思

陈　思（云南大学文学院）

　　田野调查，需与当地人建立起可持续的关系。而从陌生到熟悉乃至亲密，也难免会有一些艰难的沟通或误解。人情是有来有往的相互关怀，自身在"相互"中的不到位，使我的田野调查经历了一场风波。在切实反思这场田野风波前，我从未意识到自己在田野情感互动中本质上的淡漠。那个自顾自纠结于田野情感压力的自己，根本没有能量真切地做到关怀对方、易位思之。

　　风波到来前，绕河是抱慰我的遥想故乡，Y 阿姨一家和 S 老师则是我在绕河最可亲可敬的人。2018 年我第一次来到贵州省黔南州绕河村——"上绕家"人聚居地，因"绕家'呃嘣'"非遗数字化采集任务，我得以与他们相处数月。

　　Y 阿姨和 S 老师的责任心、正义感以及对绕家文化深沉的热爱给我留下了深刻印象。阿姨和老师待人和善，家庭和睦，子女在他们的支持与影响下都得到了很好的发展。他们眼中的我踏实乖巧，故而在相处中也给予了我更多的关爱。硕士入学后，在考虑毕业论文选题时我自然地想到了绕河，想到了他们。出于安全考虑，第一次正式到绕河进行田野调查，我叫上了同学一起。走寨访谈之余，我们大部分时候都在 Y 阿姨家中度过。怕我们住不惯，阿姨拿出新建平房的钥匙让我们去住，叔叔奶奶也总是嘘寒问暖，担心我们吃不好睡不好……除天气闷热、苦恼没有思路外，流水清浅，麦浪碧绿，猫咪可爱，在古朴木屋和亮洁方便的平房间来回穿梭令人自在愉快。每天帮着他们择菜洗碗，剥苞谷喂马，聊聊家长里短，让我感到自己渐渐地仿佛被视为家中的一员。后来每次离开绕河，奶奶总要叮嘱一番，立在家门口远远地送，正如每次送她孙女那般……S 老师是他们寨中的寨老，掌握着丰厚的绕家文化，并且兴趣爱好广泛，对知识和艺术有着自己的坚持和追求。因性格内向，寡言孤僻，鲜有调查者可受邀入室得以对他访谈。基于之前的交集，我与同学却常能受邀去到他的家中，对于我们想了解的绕家文化，S 老师知无不言。

　　再到绕河调查时，独自一人我觉得也并无关系了。知道我要调查绕家年，Y 阿姨便邀约我同她去黔东南的"下绕家"吃隔年酒。我对"下绕家"是全然陌生的，在那个更为偏远的小山村里，叔叔和阿姨是我唯一的熟人。隔年酒是绕家年前为去世满三年的绕家人举办的酒席，一般而言外人不能参加。隐约中，我听出阿姨和叔叔在向同来吃酒的人解释说我是他们"干女儿"。其实，在第一次田野调查后不久，他们就表达过认亲的意愿。在绕河和Y阿姨一家的相处于我而言是温暖慰藉的，但"干女儿"这样的身份指向亲密关系，这让我感到沉重，婉言彼此心底珍重便好。得到理解后，我也不大放在心上了。当下听到叔叔和阿姨这样说，我没有表现出拒绝，心想索性就当作个暂时性"手段"吧。冷寂的寒冬里，阿姨陪着我到处走、看、询问。夜晚，异乡的吊脚楼里逼仄的床榻上，我依着她渐渐睡去。再回到绕河准备访谈S老师时，S老师正忙着装修新木房。他刚从城里赶回的女儿正在为他归置书房，我见状便帮起了忙。S老师的笔记和书又灰又沉，我俩忙活了好一阵才收拾好。见S老师还没忙完，我便放弃了当天的访谈，跟他说我就看看他的那些书就好。看着S老师的笔记和书，我不禁敬佩起他的好学认真，尤其是那积累多年的歌本、择日笔记，可谓独一无二的绕家文化宝藏。没看到绕家年的相关内容，我将老师的笔记铺展拍照留念放回后便告别离开了，准备改日再来。没曾想，一场突发的风波让这个"改日"隔了一年之久。

　　风波源于我对叔叔某次言行的过激反应。回绕河后，某天晚饭临收拾碗筷时，我和叔叔两人单独在火炉边，他迂迂回回地问道："像我们这样，在你们那，你应该称呼我为什么呢？"我想他在引导我称呼出那声"干爹"，这令我骤然紧张，极为不适。我支吾着说："我们那边只有很小的孩子才会认干亲，大概叫保爷吧。"我匆忙撂下碗筷，等叔叔离开饭桌后才过去收拾。晚上，想到再过两天就是绕家年了，叔叔阿姨的儿女亲人们都要在这天团聚于家中，那时，他们又将怎么介绍我呢？我更不知该将自己置于何地了……于是，彻夜未眠的我抱着几乎放弃这项调查的心态，借口学校突发急事，在次日阴雨的清晨里怯懦地逃了。狼狈离开后，我向叔叔阿姨祖露，认亲对于我而言实在是件过于沉重的事，可我也真的打从心里敬重他们。叔叔阿姨的安慰和理解，反倒让我更难释怀了。之后很长一段时间里，提起绕家我不再是单纯的亲切欣喜。某天，S老师打来电话，恰逢我才从"下绕家"田野调查回来，我兴奋着咿里哇啦向他说了一通在"下绕家"的收获，我知道他对这些一定也很感兴趣的……那份亲切喜悦实际上还是包不住的。平常内向寡言的S老师只是嗯了几句，我也觉得正常，直到他问我："我那本《摆船》的歌本，你拿去了吗？如果你拿去了，你复印好后还给我行吗？"我错愕了几秒，然后平静地说："没有，我要借，一定会打招呼的，我们的关系，您也不会不借给我，您再找找，实在找不到，我下次搜集资料的时候也多注意下……"随后我们又聊了几句，准备挂断时，S老师竟又再质问了我一遍……我已经忘了是怎么挂断电话，待回过神来，我拨回电话又解释了一遍，而后几乎是哽咽着挂掉了第二通电话。更令我困惑的是，数周后朋友偶然来到绕河，S老师拦住了她，让我把书还回并"证据确凿"地说："所以说她去我家后，绕家年都没过就急忙走了。"听到这里,我感到真是哑巴吃了黄连……

　　民俗学或民间文学最吸引我的是它对于主体充分尊重与关怀的可能,一直以为自己是深谙这一点的。面对这场风波,我曾反思到:调查对象自然切不可视之为"工具",而过重的"情"或敏感、寄托或也会使得彼此感到束缚、无措。那时,我实际考虑得更多的仍是自己的那点委屈和难以接受,我考虑不到"他们可能是为了在当地更好地帮你";考虑不到歌本对于这位绕家文化守护者来说太过重要,而我自以为的亲近,内向的 S 老师可能也是还未准备好的……对于他们情感本身的忽视与遮蔽,令我意识到——面对田野中的真情,我似乎不过是叶公好龙,真正的尊重与关怀却远未抵达。良性的情感互动中不应仅顾及自己的得失感受;当情感互动出现问题,作为学人正确的态度更不应该是逃避,而是重新去认识"关系性力量",反观自身的立场与实践。这最终提醒了我,提升情感修养的必要,修炼田野伦理的必要。

初入田野的喜悦与忧伤

张丽丽（辽宁大学文学院）

对于学民俗的人而言，田野充满了诱惑，我也不落俗套，知道自己可以下田野的时候，内心的喜悦不亚于在寒冷的冬日被承包一周的火锅。我们的调查地点是山西省运城市裴柏村，因为历史上出了很多宰相、将军，所以又叫宰相村。

那时候是八月份，正逢雨季。我们一行人到达裴柏村，刚进村就感受到了浓厚的文化气息。裴柏村的家庙就在村口处，在雨中显得更加古朴。我们好奇又欣喜地环顾四周，第一次下田野明显处于小白状态，我笨拙又兴奋地跟在老师和学姐的后面，对村庄的一切都感到好奇。调查计划为期四天，考虑到第一次下田野可能有些不适应，老师特意给了我们一天跟访学习时间，第二天我们就要分开去访谈了，时隔一年，尤记当时的紧张与兴奋！

第二天早上我们去了裴氏的家庙，通过村民地指引，打听到了我们需要的访谈对象的住址，下午前往裴国臣家。听说我们是暑期做社会实践的大学生，裴大爷很热情地邀请我们进屋，在这里我感受到了身为学生的极大便利。只见裴大爷拿出他的会客记录本，让我们一一在上面留下自己的名字。访谈进行得非常顺利，让我印象深刻的是大爷坚持写日记的习惯，内容繁杂，有心情感悟，有村内事记，有美文摘抄，真让人心生敬意。临走时，知道我们在做关于家风、家训的内容，慷慨地拿出了他的所有相关资料供我们参考，心存感激！

在裴柏村的三天调查令我精疲力竭，白天在村里访谈，晚上要整理录音，不禁感慨想下田野一定要有副好身体啊！

第四天经过裴国臣指引，我们有幸去阜底村拜访董召英老先生，他是当地非常有名的礼仪先生。这天天气阴沉，去的路上下起了小雨。顺着村民指的方向，我们很快找到了董老家。董大爷70多岁，身体硬朗，平日里喜欢捏泥人，还自发整理出版了一本阜底村志，热衷于保护家乡文化。据奶奶讲，爷爷平时寡言少语，但谈及自己当账房先生的经历时，眼睛闪着亮光。那眼神中写满了激动和热爱。董大爷给我们展示捏好的泥人和各色书籍，我们征得同意后不停地拍照，生怕它忽然不翼而飞。董大爷听力不大好，要很大声才能听清楚，所以小小书房里的访谈都像在喊山。

不忍心打扰太久，雨停了，我们也该走了。临走的时候依依不舍地道别，他们将我们送到屋外，那时候运城正逢雨季，天气微凉，看他们站在风中目送我们远去，心里说不出的黯淡。对于再次相见的期许我们可能要食言了。我打小没有与老人相处的经验，印象中，只有严厉的姥姥总在质问我学习成绩的事情，所以对于老人，我是畏惧的。可首次田野接触的这几位老人让我感觉如沐春风。走出村庄的时候，我的情绪依然没有缓过来。

我们作为调查者拿到了有利于我们做学问的资料，感到收获满满，可当看到他们满含期待的眼神，又无法给出具体的回应。我感觉自己像一个掠夺者，夺走他们心爱的珍藏之物。当时的这种心情一直无法释怀，每每想起田野总是这种心态。老师催的田野报告也一直没有勇气下笔，后来在偶然间读到高丙中先生的一篇文章《知识分子、民间与一个寺庙博物馆的诞生》中得到了答案，他说："由于他（民俗学者）对特定问题的关心是通过他的调查对象而思考，他的对象很可能只是沦为他达到研究目的的工具。具有知识分子情怀的民俗学者，除了关心他自己的问题，他还会关怀对象的问题。他多半不是来解决当地民间的问题的，但他在追求实现自己的目的的时候，不回避、不反对当地民众追求自己的目的，他有时还会让自己成为对象所利用的工具。"[1]

这么看来，我是个有情怀的人呢，我们无力改变他们的现状，但殷切希望我能成为他们的工具，让他们能够更近一步地完成自己的心愿。

---

[1]　高丙中《知识分子、民间与一个寺庙博物馆的诞生——对民俗学的学术实践的新探索》，《民间文化论坛》2004 年第 3 期。

漂在青藏边界上的选题与自我

袁晓倩（山东大学民俗学研究所）

　　深夜坐在日喀则街头跟导师通话两个小时来讨论硕论选题，在接连毙掉商人和茶馆的题目后他终于松口——"不然先去玉树跑一跑吧"。同处藏区，拉萨飞到玉树只需一个半小时，但温和如卫藏与豪放如康巴的民俗文化差异可远不止如此。

　　如果说外界对五省藏区更多是充满想象，那么9年间累积近30个月"四处乱窜"的藏地生活与工作，则给予我直接感受这一地域和族群生活的可能，从信仰到语言，从饮食到服饰，悉数接受中的"自我"是否已悄然迷失尚未知晓，但需要守护的"自我"是什么却被反复思考，局内与局外身份的切换过于频繁，这或也是迷茫的表现之一。

　　带着异族人身份和卫藏文化浸濡踏上康巴大地的一刻，我终于要为自己去解锁新地图——不是替别人打工搬砖，也不是躲在老师后面做小跟班，而是为自己的研究。曾自诩是熟悉藏文化的"老藏"，但独自做田野这事儿远没有想象的简单。未曾预设此次经历会带给自己什么，也无法估算在这里的得到或失去。"田野是学人的成人礼"，80余天的生活转瞬即逝，随后却是持续半年的震荡；成长很缓慢，说明"成年礼"的残酷度还不够。

　　第一次独自做田野更像是"先把自己扔过去"的冒险，不似往常有老师带领和打点，这次暴露在外的只是一个女性民俗学专业的年轻小学徒，周旋在以男性气质著称的康巴大地上各利益群体的关系中，依着模模糊糊的选题四处漂浮和游移，随着时间的流逝，结下崭新情谊的同时也摸索出更多线索，新鲜的一切不再有趣，始终晦暗的方向背后是焦虑和惶恐。青海和西藏的边界由214国道连接，澜沧江源吉曲河奔流着卷起红色土壤，夏天的雨季中滑坡与泥石流接踵而至，劳作之余人们更乐于去高山草坝上喝酒唱歌，打马而过的身影隐于游牧黑帐篷取暖，那我又该在哪里？

　　一个月的摸索中，从农田穿过森林，奔波到高山牧场并确定下来，本想做的定点村落变成神奇的流动组织——他们祖祖辈辈皆行走于青藏两边谋生活，正如我也从海拔3600米的青海村庄漂泊来到4200米的西藏河谷旁。过程看似顺利，情义的牵绊中亦有现实的困扰,文化的冲突中夹杂性格的碰撞,解决困难的过程是酣畅淋漓与痛苦并行,必须独自面对和自行消化。导师始终帮我梳理思路,朋友们给予着遥远的陪伴,站在落雨的玉树街边接电话,在草原上飘忽的信号中收到邮件,一个月,两个月,田野初体验愈发深刻。

跟着朋友们跑遍青海最南边的寺庙和名山,佛学院的河边有成群结队的秃鹫,我们牧场上有棕熊吃掉的马匹尸体,生存与生死都如此粗粝的高原,用生命最初始的力量彰显着自然之真实。在村里学会了劈柴生火和打酥油烧茶,去报道人家里一聊就是一整天,和女性聊家长里短,和男性聊艰辛岁月,高原缺氧下思路始终断断续续,互相鼓励中是逐渐苏醒的女性互助意识。在八月的县城斥巨资买棉裤,跑去县志办抄材料又抱回厚县志。进入和离开都显得非常潦草,希望再次返回时不要如此仓促无礼。无比感谢各方的帮助,难得的情谊和难得的生活,让一切世俗日常都充满了前所未有的灵性。

回校很久没有缓过神。师姐们说还以为你会选个文学艺术的题目,没想到是如此生活的内容。我说因为生活才最鲜活最动人啊,任何人都不应该被遗忘和遗弃,这次的田野奔波让我真真切切地共了情。报道人们说你辛苦啊这么远过来,我说跟你们经历的事情相比这根本不值一提。不再是天马行空飞在云端的状态,现在只想用所受的学术训练来观察和记录生活的多重可能。

无法直接概括多年藏区生活带来的熟悉感只能逐一具体描述,地域和经历的不同带来多层次情感,情结就真的变成结。一切与成长有关的眼花缭乱又充满真情实感的意象都存放在这里,叙事的重要在于讲述本身就是至真至诚的体现,体验或消解皆不排除对自我的反思——这或是局内的一种。

是藏区太大在慢慢消化我,而非我单向狂奔扑去,那么我把自己放在哪里;如果它把我消化殆尽,我还能继续做什么;如果无法承受它的消化我又能去哪里,即便这一天应该极其遥远,但人不可能彻底逃离广阔多维的时间与空间。为什么人们会选择在一个地方久居生活并投入无边感情,亲密交融的恋地情结让我着迷又自卑——流浪过很多地方的人,也只是看过、经历过、书写过很多他者,而非自我——这又是局外的一种。

见他者也见自我,田野点所在的康巴大地——它反复打击我的同时也在重塑我,这片大地的多元和复杂如此迷人,期待能在学业上有收获,也期待有朝一日能用康巴话进行"吵架"辩驳。"文化"和"文明"是多么高阶的词汇,如今完成初次田野作业的我只想沉到最下面,追溯和回到原初的民俗生活,抛弃那些意象解读与人为隐喻,完全回到"民"与"俗",所谓"文明的视角"实在傲慢,精雕细琢的语言才是掩盖真实的遮羞布，直白到童稚或粗鲁都没问题，必须以赤裸的坦诚表达欲求，回归鲜活的生存需求，这是书写的需要，也是溯源自我的必经之路。

　　一切对生活的感受都如此真实，一切也将在写作中喷涌而出，这绝不仅是为了做一篇学位论文的田野。离开后我无数次告诉自己：要做个真正热爱生活的民俗学人啊，放弃偏见和界限，热烈地去感知和表达吧！

敞开的田野：一个田野作业者的自白

王　琴（中山大学中国语言文学系）

　　我的田野调查是从语言调查开始的。我最初的调查点在广东惠州博罗横河一带，我们调查一种濒危语言——畲语。记录保存这种语言，让我由衷生出几分责任感与拯救情绪，尤其是那时候，当地畲族村民已经萌发了保护畲语的意识。

　　后来，我赴粤北瑶山独立开展语言调查，我所遇到的人们也使我无法做个冷静的、无动于衷的田野作业者。瑶山的小学老师赵天章，慷慨接纳我这个不速之客，成为我的瑶语发音人。他认真严谨，颇有耐心，让我倍感庆幸。他也聪敏好学，很快掌握了我教给他的瑶语记音符号。我敬奉他为我的老师，用瑶语称他"庐叟"。庐叟和他朴实的家人将我视同亲人。临行夜，师母备下丰盛的宴席，我们一起喝酒，八十多岁的奶奶为我唱起瑶歌。我听不懂瑶歌，庐叟就把他母亲的歌词翻译过来："我不知道你从哪里来，只知道你绕了千山万弯。你不怕我们家贫，跟我们住在一起，还和我们剥玉米。小妹，你回去以后，我们会记着你。你还要带着家人来到这里。你再来的时候，我也许不在了。我的老家在更远的村寨。那时，让我儿子带你去看那里的风景。"我听着听着，泪水簌簌滑落。

　　2013 年，我转入中山大学民俗学专业攻读博士学位。起初，经受民俗学、人类学的训导，我努力做一个像马林诺夫斯基那样的研究者：走进田野，感同身受地理解文化持有者；走出田野，客观冷静地书写他者的文化。事实上，每一步都曾艰难，每一步都曾让我感受人格的分裂。

　　我要怎样全身心投入田野呢？我回到粤北瑶山，入住庐叟家，与当地瑶人生活了整整一年。为了融入瑶人的日常生活，避免成为他们眼中的"他者"，我穿最朴实的衣裤跑山走村；我有点儿洁癖，但一骨碌就跟村民坐到路边；我畏惧老鼠，热情好客的主人夹来山鼠野味，我就鼓起勇气吃掉；我不习惯与陌生人说话，可碰见谁我都主动聊天。

　　先前的语言调查，我只是接触发音人及其所在的家庭，但是，社会文化调查迫使我不得不向更多的人敞开，深入了解不同的人。不同的人往往沉浸于不同的生活琐事，我并非总能快速进入话题，只好竭尽所能帮他们解决眼下的困境，有时候我给村民写水灾救助申请书，有时候陪绣娘一起串珠子赶工，有时候帮忙干农活、带小孩。更多的时候我无能为力，只是耐心倾听他们的诉说。我慢慢发现，深陷困顿者越是无处诉说，越是需要一场彻底的倾诉。我努力做一个田野中不带社会偏见的、真诚的"共情"者，善意的人们也会向我敞开，也愿意尽可能地帮助我。实际上，一些看似与话题无关的诉说，恰恰是个体对生活赋予意义的过程，这些生命体验中蕴藏着他们自己的看法。不同的人对于同一现象或事件往往有不同的看法，我不得不暂时搁置自己的看法，站在他的立场展开一场谈论，倾听他的个人经验与心声。

即便保持了一种敞开的心态，我也不得不承认自身的局限。在同一个田野点待得越久，我就越有可能陷入固化的思维模式。将田野点向其他的研究者敞开，邀请他们加入进来，我几乎总能获得新的启示。人类学出身的张超老师与我去粤北瑶山调查"七天七夜"仪式，启发我关注人的感性的性质。在交流的过程中，如果我们希望理解他者，我们必须先去感知他借助语言直接表达的是什么，而非它是怎样的或者出于什么意图使用语言。艺术学背景的徐晨帆老师、石雅云老师和刘梦颖老师，进入我和师妹蔡青的第三次黔东南调查。我们不再只是访谈，而是围坐一天，跟苗族阿姨龙祝英学习几种苗绣图样与绣法。这种体验让我们亲身感受绣娘的心境，领悟绣娘倾注于绣品的沉静与构想，理解她"卖绣品"如同"卖孩子"的不舍。同行的刘晓春老师有感而发，绣娘绣的不只是丝线，还是她的时光、感情和生命。每个田野作业者都有独特的个人经验与学术风格，即便是踏入同一个田野点，他们关注的研究问题和书写的民族志都可能呈现不同的面貌。一个敞开的田野作业，既让我们从多个角度认识他者，又让我们在彼此的触碰中看见自己的局限与潜在的可能性。

在田野中，倘若总是向他人敞开，我恐怕要陷入崩溃。这意味着，我总是要照顾他者的情绪，做一个合乎当地人期待的人。所以，越是漫长的田野作业，越是需要作业者适时地敞开自我。在田野中，与熟识的人打交道，我就常常松懈神游，名叫"玉兰"的瑶族姐姐就笑话我偶尔反应迟钝。与人相处时间太久，在山坑抓鱼时我就趁空看看星星，瞅瞅月亮，一个人静静踩着水，听山水的流动。临近过年，我不想错过几个重要的年节仪式，只好留居瑶山，想家了，绷不住，我就尽情地哭一场。

走出田野，并没有走出"田野点"那么简单。列维—施特劳斯说，人类学家是人类的一分子，要想从一个高远的观点去研究和评断人类，那个观点必须高远到使他可以忽视个别社会、个别文明的特殊情境的程度；他生活与工作的情境，使他不得不远离自己的社群一段又一段长久的时间，使他染上一种长久不愈的无根性。我开始尝试与一切文化保持距离，冷静地维持分析的头脑，谨防自己深陷田野，克制书写民族志的情绪和笔调，甚至要求自己在生活中维系这种超脱式的理性。可是，我时常觉得，我在田野中所遇的人其自身的语言如此鲜活；相形之下，我的转述或勾勒黯然失色。我就直接将他们的语言大量地搬入民族志。让他们自己说话，渐渐成为我再现田野中不同人的方式之一。我不愿一直做一只无情啃噬的小虫，见到什么就拆解什么。民族志写了"骨骼"，我还希望它可以写出"血肉"。倘若要寻求民族志的"客观性"，那么，我更认同费边提倡的"客观性"，即作为交流对话、交互主体性的客观性。

　　作为田野作业者，我们无法真正"与当地人融为一体"，也无法真正走出田野。所谓的民族志走出田野了，至多是我们使用田野材料创设了一种与文化持有者的文化经验相吻合的解释。我们不必苛责马林诺夫斯基日记所揭露的他"在那里"的多重精神生活，那或许是所有田野作业者所遭遇的心灵纠缠。我们也不必介怀于无法走出田野，它终将渗入田野作业者的生命。有时候我想，深入田野点，我体验了一种不同的生活，似乎比常人多活了一世，何其幸运！走出田野点，我带着田野里的亲人、朋友的沉甸情谊回归自己的生活。割不断与田野的联系，我就重返田野。我知道，田野始终向我敞开。

　　我去了瑶山奶奶的老家半坑，那里青山环抱，土屋宁静。我去看奶奶的坟墓，焚香挂纸。庐叟说，人死了，就是什么也没有，只有骨头。几年后，我眼见庐叟躺着进了火化炉，出来的时候变成残骨白灰。我从未如此近距离目睹突如其来的死亡。身在田野竟无心作业，我一直哭，一直哭。瑶山的师爷说，人死了，灵魂就走了，有的住进坟墓，有的可以升入天堂。我不信。师爷还说，梦见死去的人，那就是你的魂看见了他的魂。有一次，我梦见自己跟小明舅舅回半坑。到了半坑，我望见土屋门前有不少落叶，就拿起扫帚清扫。恍惚间，我听到有人也在扫着落叶，一抬头，原来是庐叟呀！他笑着，与平常一样。我笑着笑着，醒了。我记得庐叟是个达观的人，开朗地做自己，也关心他人。"二月朝"是给新亡人挂坟的日子。那天，我与瑶山的哥哥、姐姐清理肆意生长的草木，如同清理芜迷的心灵。砍出小路，我们就能在春天的田野里遇见一片光明。

忧郁的田野

赵斯羽（中山大学社会学与人类学学院）

"我讨厌旅行，我恨探险家"[1]，人类学家列维—施特劳斯在《忧郁的热带》这一经典著作中以牢骚开篇，相信击中了许多田野人因过分焦虑而脆弱过的心脏。2014 年 8 月起，我累积 6 个月居住在一华北基督教教徒村，对其乡村教会的运转做参与式观察，进行我博士论文的田野调查，这也是我第一次独立进入田野。诸多适应不良，下面将田野中的一些反思碎片集结成文，为即将进入田野的好汉们壮行。

房东的背影和村委的饭局

虽然在正式调查之前，我已经多次去过该村，但进入田野时，我还是选择了经由当地政府介绍的方式驻村。我请求村委帮的第一个忙就是解决我的住处，但是村委对于我要住在村里的想法不能理解。"以往来的大学生跑两趟，要个介绍信就走了，怎么你还要常驻'沙家浜'？"尽管如此，村委还是帮我寻找到一间条件颇佳的民房。房主人在不远的景区中经营农家宴，将自住的房屋用以出租，在村委的协调下以每月 600 元的价格把刚装修好的房屋租住给我。在许多民族志文本中，房东都是调查中的重要角色，本来以为我会跟房主成为朋友，进而发展成为我的关键报道人，可是付费之后，房主却经常躲着我，起初我非常不理解，直到发现灶台、厕所、炕轮番"抗议"，才渐渐理解房主远去的背影。总之，一直到离开，她都跟我保持着礼貌的陌生距离。这段经历教会我的是，在大受市场经济冲击的乡村里，现代农民追求经济利益的理性经济人的一面越来越多地展现出来。然而条条大路通罗马，我也不需要为田野设定计划，因为田野没有既定路线。

解决了住处后再解决身份问题，在了解到我要长期驻村后，村委为我安排了一间办公室，并且赋权我参与村档案、文件的管理和撰写工作，我有了在村委和村中行走的"身份"，虽然我后来发现，进入村委不等于进入村庄，真正进入田野还有很长的路要走，但还是非常感谢这最初的接纳。从我第一天正式"上班"起，村委成员就把我当成正式成员，每次集体聚餐都叫上我，可是饭桌上我的学生书呆子范儿，不仅使他们尴尬，更使我自己尴尬，于是在几次"痛苦"经历之后，我终于逃避了一

---

① 〔法〕列维—施特劳斯《忧郁的热带》，王志明译，三联书店 2000 年版，第 3 页。

次,从那之后,村委聚餐就不再叫我了。从象牙塔进入社会,从自己熟悉的环境走向陌生的田野,每个人类学"练习生"都经历着从理解他者进而反观自我的过程。随着田野的逐步深入,我的状态渐趋放松适应,再到论文写作阶段的不断反思,我开始明白参与观察的真正含义,那就是对陌生他者的开放心态,如果再给我一次机会,我一定坐在那里,哪怕一句话也插不上。

曲径通幽

在发现许多场合我暂时无力进入后,我开始调整思路,寻找新的突破口。现代村庄已经很少会有集体劳作和公共活动,住在那里不等于就能自然地进入村庄生活。一个偶然的机会,一位村民问我会不会弹钢琴,想让我陪她女儿练钢琴(村庄经济水平较高,已有村民进行艺术教育投资)。我发现机会来了,钢琴不会,英语可以。于是我通过辅导小朋友做功课,自然地进入村民家中,了解其日常生活。虽然村庄权力结构中男性话语主导的场合并不适合我,但妇女、儿童、同龄人不是另一片充满希望的田野吗?真是蓦然回首,田野就在身边不远处。于是我更主动地寻找机会,每晚的广场舞时间是一天当中妇女最为集中的时刻,我选择跟她们一起跳广场舞来彼此熟悉。傻乎乎地跳了几天我才发现,虽然村子很小,在我住进去半个月之后,仍然有很多村民不知道我到底是干什么的,有人说我是管选举的驻村干部,有说我是外地调来的政府里的人……为了让大家认识我,我印了名片,发给广场舞团成员,告诉他们我是学生,做民俗调查研究的。名片的作用超乎寻常的大,真的会有村民给我打电话,有时是找我修手机,有时是给在外工作的孩子发短信。让我觉得温暖的是有一些村民会主动找到我,给我提供材料,希望我快点写好论文。借由上述两条路线,我进入了村庄生活的内部。

价值中立

随着田野调查的深入,我开始触碰到村庄村民生活的隐微之处。在与一些村民,尤其是同为女性的村民成为朋友后,他们与我分享了许多秘密,疾病、丈夫出轨、遭遇家暴。我有同情、有愤怒、有判断,但又无法干预,不知如何是好。与一些时间相对较短的采风式调查不同,人类学背景的研究者,常常会卷入地方生活之中。村中的妇女们观察着我跟大家的亲疏远近,田野危机四伏,随时考验着你的良知和智商。真实生活的复杂度,轻松地就超过了一个人的处理能力,研究伦理的问题也随之凸显出来。与老师同学交流,大家建议我追踪补充男方视角。我不解,问男方?指责他为什么出轨吗?老师同学解释道,并不是质问,而是好奇,问问他的生活,随便跟男方聊聊,学着理解他们。不要带着判断、指责、偏见,只是观察、倾听。道德判断容易,理解具体生活场景中每个个体的价值体系和行为逻辑,才是学术研究的追求。价值中立的重要性,在我之后遭遇的村庄宗族关系中体现得更为明显,深入地方生活,必然遭遇利益纷争,对于这些事件,判断同样分量太轻,理解和发散的解读才是对田野的一份尊重。

　　田野怎么做,参与观察四个字似乎就可以总结概括,然而,在社会文本的解读过程中,总有着千言万语百转千回也说不清的门道。初入田野,很容易夹带一些既有的观念、经验,也少不了用生硬冰冷的理论去嵌套活生生的现实生活,这时要注意你田野的态度,教科书没有范本,灵活应对,持续在场,避免卷入,愿你也找到你的田野箴言。

"故事"与"真实"

——西北某地 H 村田野随笔

孙瑶琦(中山大学中国非物质文化遗产研究中心)

20世纪四五十年代,曾经有一位名为费惠民(Johann Frick)的奥地利籍天主教传教士在西北某地 H 村传教,由于这位传教士有着民族学的学术背景,所以他在传教期间记录了许多当地的民俗文化,如婚礼、葬礼、童话、谚语等,其中他尤为关注女性的生活世界,可能是由于当时女性生活境遇并不那么好,更容易通过宗教寻求心灵的慰藉。在他的笔下,女性的生活中有着诸多禁忌,如不能坐在大门口与别人闲聊、不能涂脂抹粉,月经期间不能去到任何有神灵的地方,她们的婚后生活是劳累的,家务劳动几乎占据了她们全部的时间,如果一个女人一生中没有生下一个儿子,那么她死后甚至都不能葬入家族墓地中。费惠民将此地汉族女性的生活目标用"母亲"二字概括。由此可见,女性一生中最重要的使命就是延续家族血脉。

循着费惠民的足迹,我于2020年的8月份来到了 H 村,这个曾经在半个多世纪以前被西方人所描绘的中国村庄。初到 H 村,和我想象中的不太一样,我以为这会是一个较为偏僻的村落,但其实这是一个城镇化水平较高的村庄。这与其地理位置密切相关,据村里老人讲,H 村水源丰富、地势平坦、交通便利。由于村落天然的地理优势,H 村城镇化进程也因此较快,农民耕地在近十年间几乎被周边企业征收完毕,如今,H 村面临着严峻的拆迁问题,村里人说再过四五年这个村落就没有了。其实这个村落还是一个历史较为悠久的村落,但至今并无村史、村志之类的资料记录。

了解了村落的基本情况后,我便将视野转向村落中人们的日常生活,这里的女性在历经半个多世纪后,生活境遇发生了怎样的变化,她们的人生目标还是成为一个母亲吗?她们婚后生活依旧忙于家务吗?她们依旧被认为是天生"污秽"的吗?在一个西方传教士的眼中,这里汉族农村女性生活中处处受到压迫,宗教观念、家族观念于女性都是一种枷锁,限制了女性的思想与身体,对于这种压制性力量,女性并没有反抗的能力,只能遵从。费惠民作为文化的"他者",会不会存在文化的误读?今日 H 村的女性又是怎样的生存境遇?我带着这样的疑问,开始了解村落里女性的那些故事。

闲暇时间里,村落广场的长廊上总是坐着许多老人,我经常走过去和他们聊天,其中,和我交流较多的是 L 奶奶,L 奶奶今年 65 周岁,丈夫已经去世了,有三个女儿,一个儿子。和 L 奶奶的谈话内容随着场所的不同有所不同,在广场上时,我们谈话的内容多为公共性事务,比如人们都很关心的拆迁问题,我也试图问过 L 奶奶的家庭生活,但她都只做简单的回应。当时我很疑惑为何 L 奶奶会有点回避这些问题。

当我渐渐和她熟悉后,我去到了 L 奶奶的家中,当我再次不经意间提起她的家庭生活时,她说出了更多的故事,比如她坎坷的生育经历,她有过三次流产经历,现在有两个女儿一个儿子,她现在和儿子儿媳一家一起居住,她还谈到了与婆婆不愉快的相处,她说婆婆从来没有帮自己带过孙子,甚至连哄一哄、抱一抱都没有。L 奶奶抱怨道:"老太婆没良心哟,自己的孙子都不管!"当时我觉得她的婆婆一定是传统社会中的恶婆婆,处处刁难自己的儿媳,心里不免对 L 奶奶产生了同情之心。

但 L 奶奶的故事并没有到此为止,我和 L 奶奶家的邻居——Y 爷爷家关系也很好,Y 爷爷当过村干部,一次我去到了 Y 爷爷家,谈起了 L 奶奶的故事,说 L 奶奶真是个可怜人,一个人拉扯三个孩子长大,还经历了那么多次流产。这时候 Y 爷爷问我:"你不知道她家儿子的事?"我很疑惑,回答道:"啥事啊?"Y 爷爷才告诉我,L 奶奶家的儿子不是亲生,是从不当途径得来的,当时知道真相的我甚至都有点目瞪口呆。现在回忆起 L 奶奶的讲述,她曾经说过在××年生下了这个儿子,还抱怨婆婆不管不顾自己的孙子,可能是她的婆婆并不认同她的行为,也并不认可这个所谓的"孙子"。

现在我才明白,为何 L 奶奶在广场上对家里的事情刻意地回避,L 奶奶在家里和我谈话的内容有一部分也不是真实的,她并没有将真实情况讲给我,说明在 L 奶奶的观念中她知道这是一件不好的事情。由此可以看出于 L 奶奶而言,有一个儿子是至关重要的。引起我思考的是:如何判断田野中获取的个人叙事的真实?

民俗学倡导"个人叙事"的研究方式,通过个人生活史的叙述从人勾连到村落乃至更大的社会,应该注意的是,"个人叙事"凭借的是讲述者的主观叙述,他/她有权利决定自己讲述的内容,并剔除那些不想为别人所知道的事情,人们所传达的是"被选择过"的信息。因此,作为倾听者,我们不一定能从讲述者的口中获得所谓的"真实",如故事中的 L 奶奶,如果不是 Y 爷爷,我可能无法得知她生育经历的另一个"版本",也无法窥探她重男轻女的根深蒂固的观念。因此,在田野中要谨慎对待田野材料,不能将个人叙事当作客观事实,不要过度依赖讲述者的讲述,要倾听更为多元化的声音,增加多种获取信息的途径。

文献与田野的"双跨"训练
——兼谈互联网"田野"与人文资源的数字化

毕传龙（文化和旅游部民族民间文艺发展中心）

民俗学专业的看家本领是田野调查，每一位接受过田野调查训练的民俗学研究生，都会记得田野中的紧张、新奇、感动与启发，这种生活的温度让研究生活文化的我们经历了学术成长过程中的"成年礼"，田野调查也就成为一种"通过仪式"。

钟敬文先生曾指出，民俗学既是"古代学"，也是"现代学"。因此我们重视文献研究和田野研究，但我们强调田野的重要性，并不等于说文献不重要，"书斋"与"田野"、"文本"与"语境"抑或只是不同的研究范式而已。通常而言，我们所指的田野就是到民俗文化实践的现场去感受和提炼文化要素，阐释民俗文化主体的经验和知识，体悟生活文化的意义。但随着信息化技术的持续发展，民俗文化主体也被主动或被动地带入信息化时代，进而互联网也成为我们"田野"的一部分，"田野"本身的内涵并没有被消解而是又有了新的理解和拓展，线上"田野"与互联网民俗志也在不断兴起。下面，本文将结合人文资源数字化这一研究方向谈一下文献与田野的"双跨"训练。

"双跨"训练的新通道

人文资源数字化实际上是指在信息化时代如何搜集、处理、阐释与利用民俗资料的过程，以及在此过程中所使用的带有观点性的一套数字化方法。因此，它归根结底还是属于民俗资料学的范畴，而资料学对于民俗学学科总体结构体系而言，不论是在过去的传统学科建设意义上，还是在当下的信息化时代背景下，都有着非常重要的作用。

民俗学一直强调文献和田野"两条腿走路"的训练，同时又强调始终与资料保持一定距离。那么在信息化时代下，如何整合文献和田野两条基本路径，以搭建起完备的学科资料体系，研究者如何自由地出入文献和田野，我想人文资源数字化可以提供一种通道或路径。

这种通道或路径是通过数字化的编码或解码，建立打通不同资料介质的数字化标准体系和工作边界，凭借文本聚类分析、民俗过程虚拟化、研究成果可视化、民众需求的再反馈等，帮助我们更好地理解信息化时代的民俗文化。这个时候，我们与不同类型、不同介质的资料始终保持着碰撞与距离,不断发现着资料中的闪光点与问题点,我们处理资料的视角也不仅仅盯在民俗叙事"文本数字化"的资料层面上,以及田野研究"在场"的伦理层面上,而是从与研究对象"互惠"的角度关注民俗文化主体数字生活的状态和民俗文化的数字生命力,并从中抽离出以往我们没有当作问题或没有发现的新的问题。这恰恰与我们以往所认知的文献与田野的关系是相通的,即文献中的观念一直活在民众的文化(田野现场)中,一直与老百姓的生活息息相关,只是数字化提供了新的通道。

民俗资料的数字化

数字技术正在悄然改变着民众的生活方式,也在改变着学者的研究范式。民俗资料的数字化在一定意义上有效珍藏了民俗资料的"历史感"及其本来所具有的"高保真"品质。民俗资料的数字化有两层含义,一是对民俗资料的保真高清转化或记录,将纸介或一般的模拟信号的文件转化为数字格式的文件;二是经数字化处理后资料的线上检索、查询与利用。随着各行各业的数字化程度越来越高,我们发现数字格式的资料也越来越多,这无疑提高了原初模拟信号格式资料的保护力度,也提高了数字资料利用的广度与深度。

此次突如其来的新冠肺炎疫情,也是对我们日常研究方式的一种打断,这种不确定性让我们更加深刻认识到数字化基础性工作的重要性。在这种特殊时期,我们很难像原来那样直接去图书馆阅读纸质图书,或者舟车辗转至田野现场开展实地观察记录了。而数字化资料的日益增多,让居家办公的研究人员更加体会到数字民俗资料的便利。而且,传统纸介或模拟信号格式资料的物理磨损和民俗语境的人为干预往往是必然的。可现如今,在资料的获取上,我们可以通过网络开展田野调查并注意与访谈对象的互动,传统的田野伦理和田野关系被纳入了由网络创建和结构的虚拟空间,民俗主体获得了更为自由和"真实"的意见表达;在资料的利用上,当我们依据特定的数据结构框架调取数字格式的民俗资料时,往往不仅可以历时性地梳理资料线索,还可以共时性地跨类检索。在数字格式下开展研究,虽然少了几分纸质资料的触感,却多了一份使用资料的坦然,以至于研究人员不用担心对物理原件造成损耗和对民俗环境形成干预,而民俗资料的"高保真"感却始终如故。

当然,我们还要走进田野,去感受生活现场。民俗资料的数字化帮助我们方便地找到民俗文化事象的历史变迁信息和地域差异信息,有助于系统化归集问题,这对我们充分准备田野假设和开展专题研究具有很大助益。我们在立足于数字文化资源的基础上,可以通过开展实地调查,不断验证资料整理阶段的理论假设,再通过走进民俗叙事的发生地感受其民俗环境,找寻老百姓头脑中的碎片化记忆,进而用新的记录形式和阐释模式"书写"民俗志。

田野研究的反哺

活态的田野,教育我们如何与人打交道;活态的田野,亦启示我们如何做研究。当下,我们切切实实感受到,我们所处理的研究资料和所面对的调查对象都在发生着时代性变迁,在某种意义上说,这便是数字革命的影响。那么,作为年轻一代的科研工作者,我们是否应该反思,我们的知识结构能否适应数字时代对科学研究工作所提出的新要求? 我们能否运用新的科研工具或研究范式为我们的研究对象提供有益的数字化成果? 当然,数字化不仅仅是纸质资料文本的数字化,它应该从更广阔的视角指向人类社会数字化知识体系的建立,这也恰恰为我们人文资源数字化研究提出了更高的要求。作为田野的场域拓展和组成部分,互联网和数字技术之于民俗研究具有深刻的认识论和方法论意义,此外,诸如与之紧密相关的数字化伦理、数字化表达、数字知识产权以及元数据标准等更多新课题的攻关,也有待不同学科的交叉研究和跨领域合作。

民俗学虚拟田野的特点与反思
——以当代传说的网络田野作业为例

李　娟（中央民族大学民族学与社会学学院）

　　田野作业是民俗学、人类学、社会学等学科开展研究的重要方法。它首先表现为一种研究的"区域"或"地点"，即普遍被视为一种文化或社会现象生长的"地理"或"物质"空间；其次，"田野作业"这些学科用来搜集研究资料的手段，与"文字性""固定性"的文献资料相对，它更加强调"现场性""互动性""表演性""身体性"等方面的拓展；再次，在不断的反思过程中，学者已不再只是用"科学民族志"的方式对田野资料进行"科学地"搜集，而是将田野作业本身看作一种阐释性和建构性的研究过程。

　　我们可以看到，以上所述的传统田野作业的观念、方法的前提，是基以相对自然的、封闭性的共同体为基础的文化的观察之上产生的。这样的民俗文化存在本身就是传承性、身体性、现场性的，作为民俗学研究对象的"民"与"俗"也理应在这样的田野中予以获得。然而，随着现代科技的发展，人类生活的空间与时间得到极大的拓展，"民"或称之为"群体"（邓迪斯）的身份更具有多元性、流动性，其所建构的"共同体"同时也突破了相对封闭的物理空间，甚至转向了虚拟空间。科技发展推动人类"生活革命"（周星），民间文化与科技互相渗透，表现出新的特点，同时也由此带来更多的"当代"新传统。网络作为科技发展的成果之一，可以看作是人类"日常生活"的"交流革命"，在此基础上形成的新的文化现象成为各个学科关注的焦点，由此产生了围绕网络文化、网络民俗而产生的许多本体论和方法论的讨论，尤其是关于虚拟世界的田野、方法与伦理。

　　民俗学同样面临着这样的问题，并且已经对网络民俗予以关注。其中，当代传说的产生、讲述、实践、传播和重构与网络有着极为密切的关系，对此已有学者做过不少研究。以网络空间为新"田野"成为民俗学家拓展研究领域的一个方面，也迫使我们不得不思考网络田野的特点与方法。

　　笔者曾对青少年群体中流行的"请笔仙"游戏及围绕它产生的传说进行考察（传说与传说实践），其中对于资料的获得主要依赖于"笔仙吧"这个虚拟的网络社区。在田野作业的过程中，发现与以往以村落共同体为主的田野不同，网络田野有以下几个特点。

　　一是匿名性。这里的匿名不仅指考察对象匿名，还指的是研究者的匿名。在匿名的空间中，对于研究者来说，可以做到一种"潜伏式"的参与观察，使该空间内成员的交流不受到研究者介入而带来的影响；与此同时，研究对象彼此之间相对的"匿名"带来的就是一定程度上的畅所欲言，可以观察到更多不同的看法，例如对于笔仙传说实践的传说与反传说、笃信与质疑等。但与此同时，考察对象的匿名对研究资料的搜集带来了一些问题。例如，在笔者想要确定讲述者群体的年龄、身份时就遇到了极大的困难，而年龄、身份恰恰是发掘传说讲述动机、讲述意义、实践活动的重要背景信息。除此之外，匿名性还迫使人们重新思考田野伦理等问题。

二是开放性。网络社区是以"兴趣"为基础形成的，因此此类"田野"具有极大的开放性。随之带来的问题是：我们该如何定义其边界？传统村落相对封闭，因此群体内部的成员组成也相对固定。但在网络空间里，除了贴吧的吧主和一些维护的人员是固定的之外，成员的固定与否全然凭借自己的意愿。所以我们要重新思考"群体"这个概念。

三是身体的"缺场"与其他形式的补充。随着民间文学研究重心由"文本"转向"语境"，要求在具体语境中调动身体各部分感官参与观察，如表演研究（鲍曼）。然而网络贴吧不仅消解了"面对面"的沟通模式，甚至使身体处于一种"缺场"状态。以笔仙传说为例，在网络贴吧中无法把握现实环境中笔仙传说的讲述动机、讲述者或实践者的情态、观众的反映等，使网络田野作业更像是一种与文献资料搜集类似的活动。但由于传说本身与"可信性"相关（并且笔仙传说与"请笔仙"关联密切，在青少年群体中笔仙传说体现为一种"个人叙事"），因此有些"楼主"为了体现其真实性，以图片形式来弥补读者身体的"缺场"，在"请笔仙"直播类帖子中尤为突出（相关实例请参考《传说与传说实践——以青少年笔仙传说为例》第50～55页）。

四是非实时"互动"。网络贴吧以"发帖——留言——回复"等方式构建的贴吧交流模式，在这样的田野中，讲述者与听众的即时性、现场性、集中性变成一种非实时的互动方式。一方面，我们无法在网络田野中捕捉那些在实时互动场景中的语气、表情、动作、反馈等；但是，这种非实时互动又打破了时间的约束，比如对某个以前发的帖子的评论等，同时留下互动的痕迹。

以上只是笔者粗略的概括。在这些有限的例子中，我们已经可以清楚地感受到民俗文化是如何切实而深入地渗透到网络空间之中，同时也体会到我们传统意义上的民俗事项由于生长土壤和传播方式变化而展现出极为不同的特点。面对这样的现实，民俗学者要探讨的恐怕不仅仅是民俗学新的田野方法。田野作业只是民俗研究的方法和路径，其服务于研究对象和研究问题。因此从根本上来说，民俗学者的首要任务是对现代或后现代社会中传承着、产生着、解构着和重构着的民俗的反思和重新定义。

脚步丈量出来的地图

王新艳（日本神奈川大学）

按照本所就读研究科（即日本神奈川大学历史民俗资料学研究科,本研究科设全日本唯一一所常民文化研究所,前身由日本民俗学始祖之一的涩泽敬三于1921年创设）的课程培养设计,必修课程中有一门民俗实习课程,即由一名教授带领数名硕士、博士研究生的田野调查。调查为期一年,需要合作完成一本调查报告书,印刷发行,并收录于各相关图书资料室,当然也会被日本国立国会图书馆所收录。因此从调查准备,到实地调查,到后期写作,都要求具备极其严谨的态度和详细的规划。

调查地点由带队教授选定,范围不会很广,通常为一个村落。调查内容则由所有参与调查的成员共同拟定,一般按照成员个人兴趣或与自己所做课题的相关性分成不同的调查小组。

笔者在博一下学期参与了2013年度的三浦半岛沼津内浦渔村的调查,根据参与成员的研究方向和意愿共分成社会组织班、防灾班、地域饮食班、地域民间信仰班等。正式调查之前,经过2个半月的先行研究和调查地资料的搜集整理,最终完成调查提纲及问题设置后,8月正式进入村落进行第一次调查。

沼津内浦位于三浦半岛的最南边,从我们所住的民宿出门隔一条双车道的马路便是海。到达目的地第一天还没来得及仔细欣赏背山面海的风景,就直接进入调查状态。作为社会组织班的成员,首先要负责了解整个调查地的概况向大家汇报。来之前翻阅了无数文献资料的我暗自狂喜,赶紧找出笔记准备大展身手。

"请社会组的各位准备好铅笔和之前的地图,明天一早步行绕半岛半周重新绘制自己的地图。"教授简单的一句话算是8月酷暑中的第一剂消暑药了。几乎算是地图白痴的我,为了看懂这个地区的地形和各项设施,之前可是足足花了一个月的时间找齐所有能找到的地形图、人口分布图、海岸等高线图等等,多亏日本地图绘制保存仔细,纸质版的地图中可以具体到每户人家甚至每户姓名都在上面标出。原本以为功课做足了,却不料根本派不上用场。后来才知道所谓田野调查报告,要求内容全部为实际调查所得,自然地图也不例外。

于是第二天一早,从住宿地出发,沿途测量,经过防空洞,学校、会民馆、理发店、餐馆、神社、寺庙等等,都需要在原来的空白地形图上一一标识。这才发现自己原来所搜集的地图标识并不完整或者因为小渔村的变化有些还未来得及修改。更重要的是每在地图上添加一处，都要明白其来龙去脉。再后来听说并不仅仅是我所在的调查小组要做这样的工作，民间信仰班的同学在记录渔村祭祀活动时，所走的路线同样要在地图上准确绘制出来，以保证阅读者一目了然。

当然，在卫星地图如此精确又运用广泛的今天，到底有没有必要如此大费周章，相信很多人都是持怀疑态度的。但在我们的课程训练中，网上搜出的地图不可以直接运用到论文或者调查报告中，而必须经过作者根据写作需要再加工后方可使用。民俗研究和工作者更是坚信真正优秀的"民俗地图"必须一一走过，用脚步丈量出来。

关于民俗学田野调查方法的思考

——从"三进平卿"谈起

贺少雅（北京师范大学中国社会管理研究院/社会学院）

平卿村是浙江省丽水市松阳县的一个小山村,因村内保存完整的古建筑形态和得天独厚的自然风光,入选了中国第三批传统古村落。通过对平卿村的几次调研,笔者不仅对该村历史文化有了深入了解,也对民俗学田野调查方法产生些许认识。

一进平卿：感受神圣的做福仪式

初闻平卿,就为她美丽的名字吸引,因为"卿"字是常见于古诗词中的。2016年初次前往那里,便发现名不虚传。那里茶田层叠,翠竹环绕,人口不多,宁静怡然,尤其高山云雾升腾之际,真有人间仙境之感。

不仅如此,平卿还传承着古老的"做福"仪式。做福又称祈福,因传统农业种植生活需要而生发,分别于小满、芒种、立秋、白露四个节气前后举行,称"上山福""下山福""立秋福""八月福"。仪式由四位被称为"头首"的18岁男青年轮流主持,仪式上要杀一头黑猪,并由村民自愿筹米,按照村内男丁人数均分猪肉和米饭。

研究发现,这种"分肉甚均"的习俗乃古代社日文化的遗留,与司马迁《史记》中所载陈平因分肉甚均被刘邦封为宰相之事如出一辙。另外,按照本地传统,四位头首一年中要密切合作,他们除主持做福以外,还要参与主持修社庙、修路、组织春节摆祭和舞龙灯等公共事务。经过庄重的仪式,一代代青年人正式以成年人的姿态参与村落公共事务,增强了对家庭、家族和社区的责任感。一个简单的仪式聚合了成人礼和社日的文化内涵,可称是传统农耕文化的"活化石"了。

二进平卿：感受民众生活的智慧

2017年8月初,作为文化部中青年非遗传承人传统节日仪式研讨班的调查活动,笔者再度走进平卿,继续挖掘做福仪式的文化内涵,并从社会治理角度去探讨文化在基层社会的作用和意义。

访谈中,笔者了解到更多做福仪式的细节,印象最深的是20世纪80年代仪式恢复时的故事。当时村落中的非正常政治氛围逐渐减弱,正好当时村里一些孩子接连生病,遭遇危难,人心惶惶,流言四起,于是村民无奈中将化解危机的力量诉诸神灵。

他们再次恢复中断多年的祈福活动,使村落恢复到平静安宁的状态。这就是民间的生存智慧吧。

三进平卿:探究村落运行的逻辑

2017 年 8 月底,笔者再度作为文化部非遗传承人研讨班的主要成员,带领部分研讨班学员赴平卿进行调研。

通过调研,笔者了解到平卿是一个具有良好社会治理传统的地方。那里每一家的堂屋都敬奉着先祖,周、张两姓都有自己的香火堂,又各自有自己的祠堂,作为最高层级的信仰空间则是社庙。

人们通过头首轮值的方式来管理香火堂、祠堂和社庙,形成了一个能够实现自我管理的组织形态。再上升到社区层面,社庙做福都是通过头首组织和完成的。若说祠堂调整的是宗族内部的人际关系的话,那么村落中一年四次的大祈福,则是不断协调村民人际关系,协调人与自然关系的一种仪式存在。

三次平卿调研引发的思考

三度进平卿,从观察简单的仪式,到掌握村落文化生态及其背后的生活逻辑,笔者对村落内在的文化构成和运行肌理一步步加深了解,也对民俗调查产生一些思考。

众所周知,我国自古就有采风问政传统,统治阶层短暂地一次或者几次不断返回一个地区进行采访,了解当地文化的宏观图景,进行记录或者以资理政。古代很多民俗文献就是这种工作方式的成果。

应该说,作为一种文人情怀式的非学术研究,这种记录便已足矣,但是在当代民俗学科方法建构中仅采用这种研究方式则是远远不够的。笔者从这几次调研中就深刻感受到,尽管每次调研都是尽心尽力,但基本上是作为一种观察者或者局外人的身份参与观察,获得的都是文化碎片或者表层,没有机会甚或很难深入文化深层,去把握村庄的运作机制,更难以完整呈现出其文化肌理。

生活是一个完整的有机体。若没有长时间的融入和真正的生活参与,的确不敢说看到的和记录下来的就是真实的本地文化。因为我们忽略了太多生活的复调性和个体差异性。而这种多样性和个体性恰恰在某种程度上反映着真实的历史。

所以,我们所曾经习以为常的"文化"应该是什么? 仅仅是外化于当地人的日常生活,供我们单拿出来研究的衣食住行、冠婚丧祭吗?我们是否应该扩大文化的概念,至少将其置于更广阔的生活中间?民俗学的调查需要不断地返回调查地,这是民俗学注重历史变迁和传承的一面,但同时更需要共时的维度,需要做详尽横剖面的调查,需要长时段深入调查,来了解文化构成的肌理和运行的理路。

所以,在尽可能足够的时间精力和充足的资金支持下,民俗学者应该更多地做"长时段持续观察"和"相对短时段深入剖析"相结合的调研,以最大程度地深入地域社会,了解地方社会文化表层背后所蕴含的生活智慧和生命真谛。

田野调查技巧之我见

姬海南(山西师范大学文学院)

笔者于 2017 年 1 月 1 日至 1 月 15 日对山西省洪洞县小河村进行了三次田野调查,期间获得了不少感悟,现在简要述说一下。

人类学大师费孝通说过:"初次田野调查经历,通常被视为人类学者的成年礼,是跨越'文野之别'的根本途径。"①我们从书中获得的理论知识,要经过实践才能获得检验,才会真正化为己有,也只有在田野调查中我们才能体会到学术的魅力所在。

那么在实际田野调查中我们应该怎么做呢?张士闪教授为我们提出了一个"土洋结合"的田野调查方法,到底什么是"土洋结合"呢?张教授进一步解释说,"土洋结合"中必须有三个"臭皮匠",俗话说"三个臭皮匠,赛过诸葛亮"。这里三个"臭皮匠",即民俗学的学界精英一个,地方文化工作者一个,民众一个。② 地方文化工作者和学界精英"土洋结合",是田野调查的方法,而基层民众的生活体验和学界精英的学术思想的"土洋结合",才能结出田野调查丰硕的成果。

而在这三者中,我们还是与乡民打交道比较多。在和他们打交道时,要使用到一些技巧,从而保证调查工作能够更加顺利地进行。实用技巧如下:

技巧一:穿着打扮要得体。我们外出调查应该穿着朴素、简洁大方,女生注意不要浓妆艳抹,另外调查工作者的语言不要太晦涩。

技巧二:见面拉家常、套近乎,让其放下戒备心理,是我们田野调查成功的一个重要前提。

技巧三:请地方文化工作者或乡村干部推荐访谈对象,这样可以避免我们田野调查的盲目性,提高工作效率。

技巧四:对认准的访谈对象,我们要亲自去本人家中或者其他比较私密的环境拜访。根据笔者几次的调查经验,同一个访谈对象,在不同的场合里,面对不同的人,讲述同一个话题,结果是有差异的。比如我们第一次访谈小河非遗传承人范步文老人的时候,当地的文化老人薛忠源也在,当问及表演道具时,范老十分肯定地

---

① 费孝通《反思·对话·文化自觉》,《北京大学学报》(哲学社会科学版)1997 年第 3 期。
② 张宝辉《"眼光向下"与由下而上的眼光——民俗学田野调查的几点体会》,《山东省民俗学会第六届代表大会暨"中华传统文化传承与民俗生活实践"学术研讨会论文集》2014 年,第 191 页。

说有十二件道具。但后来我们进行第二次调查时，范步文老人把我们带到范俊喜家，又改口说道具是十五件。由此笔者认为，对认准的访谈对象，要去他的家中和熟悉的环境中去访谈，这样话题才能深入。

技巧五：小帮忙，大收获。比如说村民们手头正好有活计，需要人添把手，你不经意间的举动就会帮你一个大忙。我们第一次来小河村调查时，路上发现一个老人推着车子在上坡，老人步履蹒跚。我们见状，立即上去帮老人推了一下车子，老人连连对我们道谢，并邀请我们去家里坐坐。一路上，我们拉起了家常，老人的话匣子也打开了，给我们提供了许多有用的信息。"赠人玫瑰，手有余香"啊。

技巧六：采访的题目不要太专业、太深奥，让访谈对象听得云里雾里，尽量把问题说得直白浅显些，实在不行就请村干部或者当地文化人进行翻译。

技巧七：在调查时，如果访谈对象并不是确定的，那么在随机访谈中就要尽可能地选择以老人为主要访谈对象。这些上年纪的老人都是村里的"活化石"，他们对村里的情况了如指掌，能给我们的调查带来许多有价值的信息。笔者第一位访谈对象是范贵荣老人，老人今年83岁，对村里的概况十分熟悉，我们从他口中获取了很多信息，比如非遗传承人范步文的情况，还有村子里的庙宇概况等等。

田野调查是一个永无止境的学习和提升的过程，这其中的感悟是道不尽、说不完的，还待笔者后续的调查挖掘和补充吧！

田野几多思

余　玮（浙江师范大学文化创意与传播学院）

　　第一次田野调查，是团队合作的形式。当学期开设了田野调查课程，获取的理论知识正新鲜，课堂讨论也总意犹未尽，光过嘴瘾已满足不了蠢蠢欲动的试炼之心。恰逢良机，遇着实地田野的机会，要说不期待就太不诚实了。本想按部就班，循着理论上的步骤来，却因着种种事由，田野前的准备工作也未能到位，因而进入田野时，心里警钟小敲，好似把自己所有知觉都打开了，后续工作边推进边反思。加之，同行人又屡次将此次田野调查称作调研，总也叫我慌神。这些因由具体实践而带来的不少迷思，让初次田野经历更难以忘怀。

　　我们进入田野有些急切了，草率地直接问询想获知的内容。幸而两位老人是村委推荐，有所准备前来的。如果是接近村子里其他民众，这样粗放的接触方式该是行不通的。但也牵出此行的一个小遗憾，我们的访谈对象只局限于这两位可称作是"民间知识分子"的并且是预备我们到来的老人，而未能去接触其他正处于日常生活场景中的村民。但即便是只对这两位"通情达理"（他们明确我们来的意图，也有意识地提供给我们相关信息）的老人，我们的访谈也还是无法显出他们最大的"价值"。两位老人的文化水平有高低之差，稍年轻的一位（称其为大爷）接受过更高一点的教育，与我们沟通起来更容易些；另年长的一位（称其为爷爷），文化程度没有大爷高，在把自己所想转化成语言进行表述之时略显吃力，故有时需要大爷再转述并解释他的话语，便于我们理解，也因此会被大爷自然地夺去话头。但据我后来观察，大爷会在爷爷那里求证自己对一些事物的记忆有无偏差。大概爷爷是更本土一些的老人，目前也还住在村子内部，大爷作为当地小有名气的知识分子曾经在外工作，现在住在村子外围街道旁，再加之爷爷比其年长九岁等种种因素，我以为爷爷还是非常值得进一步单独引导问询的（当时并未有充足的时间对两位老人的生平经历进行详细了解，此处仅作个人推测）。当然，这里面有一个更关键的问题，语言。我虽也辨得清些许方言，但终归达不到倾听以及交流自如的程度，又是一憾事。

　　值得一提的是，我们去到宗祠的时候，接触到一个掌管宗祠二楼门钥匙的男人。当时两位老人都进入另一小房间内给其他成员展示族谱以及叙说具体的民俗活动内容，我出来转悠拍一些屋内陈设的图，这个男人就拎着钥匙站在一边等我们出去以后他好锁门。我就过去与他攀谈起来,虽然方言一样不是很熟悉,但我还是获知了一些与两位老人提供的不同信息,可以说此人站在一个"局外人"(没有参与我们调查访谈等一系列活动,也没有两位老人那样要把他们所认为的民俗"献宝"一般告诉我们的欲望)的位置提供给我看待这项民俗活动的新视角。后来我问了爷爷关于这个男人的基本信息,爷爷浅浅说了两句,末了评价他是不懂事的人,也没再多言。或许是因为我对"不懂事"这个词比较敏感,深觉此事颇有意思,如果可以的话应该再多了解一番。

也在田野极力营造些我所喜的温情氛围。和爷爷边走边聊些琐事,问他平日里都做些什么呢,他告诉我年纪上去了也没什么可做的,读读书走走路,最近在读佛经,我说我也喜欢但看不大懂,然后他笑着接下去。与他咸咸淡淡地扯话,进一步拉近彼此间的距离。田野结束的告别好似十分自然,挥一挥手,目送爷爷穿过马路回到自己的村中,大爷则是带我们逛了一圈当地的庙会集市,后邀至家中坐,由于行程安排我们稍留片刻便也告辞了。

返程途中,窗外的花田菜地自眼前片片掠过,凝神欣赏如此美丽的图景之时,复又思绪万千。书中获取的"经验"似乎使自己落入一张心理预设的网,田野该是有多"美"的,而现实的经历让人心里反问,所以,这样就是我的第一次田野调查了吗? 随着列车继续南下,满目绿的盛宴也逐渐撤去,入目的景致更换一批又一批,好似在提醒自己,如果不是这样,又会是怎样呢?

两次田野调查的实践与反思

牛鲁燕（中国海洋大学文学与新闻传播学院）

什么是田野调查？如何进行田野调查？田野调查的意义是什么？这些问题在首次进行田野调查之时，我并未过多思考。近期在整理照片和资料的过程中，我开始反思自己的两次田野调查之旅。

第一次田野调查是本科时期，我作为国家级创新创业训练项目"胶州秧歌的传承及意义调研"的主持人，和几位同学一起来到山东省胶州市探访胶州秧歌的前世今生。由于项目组成员高虹是胶州本地人，我们顺利地联系到了胶州秧歌发源地D村的传承人Y女士。她30多岁，是D村秧歌队的队长，她的丈夫是村支书，两人把村中的秧歌文化搞得有声有色。Y女士领我们参观了村里一个小型的秧歌博物馆和秧歌大舞台，村里的墙上也彩绘着各色秧歌人物的图像。她带我们穿上传统服装，体验胶州秧歌的艺术魅力，并大大方方地接受了我们的采访，配合我们拍照、录像，并不因为我们是大学生而有所怠慢。

调查采风的过程非常顺利，好像田野调查也没有那么困难。但现在看来却有诸多不足之处。首先，在D村，除Y女士外，我们并未调查其他村民，没有融入当地的环境，也没有参与观察当地人的生活，这不算真正地进入"田野"。田野调查应是"多人讲一事"，仅仅采访Y女士一人不能算是了解了整个D村秧歌传承与发展的现状。其次，选取的采访对象不够典型。Y女士非常年轻，她是否能够把握流传百年的胶州秧歌的精髓？她所描述的胶州秧歌是否脱离了原有的形式？她能否将体现胶州传统生活特色的秧歌展现在我们面前？Y女士还对政府政策非常熟悉，她的家中存有政府关于开发D村为非遗旅游村的文件草案，也十分注意留存影像资料及媒体对于D村胶州秧歌的采访和报道。如果成功打造非遗旅游村，能提高当地的知名度。作为非物质文化遗产项目的胶州秧歌，本应该深植于民间这片肥沃的土壤之中，从这里看到的胶州秧歌样貌，极有可能被过度形式化了。Y女士固然是我们了解胶州秧歌的一个绝佳窗口，但田野调查需要深入乡村，深入更多普通村民的家庭和生活。非遗本就是生活，做到让自己真正融入生活的田野，才能得出更可靠的结论。虽然后来我们寻访到了50多岁的吴英民——他是胶州秧歌的国家级非物质文化遗产传承人，也对许多胶州市民发放了调查问卷，向他们了解了许多胶州秧歌的传承与发展的现状,但未在 D 村真正深入田野,成为此次调查的一大缺憾。

2017 年 7 月至 2018 年 7 月,我在贵州德江县煎茶镇支教。一年的乡村生活让我有了深入当地开展田野调查的可能性。了解到德江傩堂戏在 2006 年被列入了第一批国家级非物质文化遗产代表性项目名录,我对这一古老而神秘的戏剧产生了浓厚的兴趣。工作之余,我多方询问,希望能够在当地人的生活中找到有关德江傩堂戏的蛛丝马迹。但在调查之初,我就遇到了困难——大多数人并不知道我所询问的德江傩戏是什么,哪里有。从上学的孩童到赶集卖菜的大爷,甚至是司机、村民,我一一询问,却只有少数几个人告诉我"县城里有,你去县城里看"。我非常不解,活态的非物质文化遗产应该广泛存在于乡村生活中,是人们生产生活重要的组成部分,为什么反而要到县城里去找? 找到县城里,发现傩文化产业园也显凋敝,陈列着傩文化周边的工艺品,并没有鲜活的表演。反倒是县城里的文化广场上雕刻着一些有关傩戏的介绍,矗立着一座"刀山",显示着这是一座"傩城"。直到一次偶然的机会,我与煎茶镇的镇长交谈,不抱希望地询问了一句德江傩戏,才得到了德江傩堂戏国家级非物质文化遗产传承人张月福的联系方式。真是踏破铁鞋无觅处,得来全不费工夫! 政府机构对当地的文化概况较为了解,与非遗传承人之间也有互动,与当地政府建立联系,寻求帮助,往往是进入田野最快捷、最有效的途径。但这种方式,也有弊端,传承人对政府介绍的来访者往往存有戒备心理,对来访者有所保留。

好不容易找到传承人,问题又来了,张月福是国家认定的传承人,接受过多方媒体采访,也曾赴多地演出傩戏,他所传承的傩戏,不再是活在乡野之中的了。在德江生活了大半年,几经辗转,我才通过当地人了解到人们把常举行的傩仪称作"过关",也就是傩戏表演中的"过关愿";当地把"上刀山"叫作"踩刀"。再按照当地的俗称去询问,大多数人就知道了,还有很多孩子告诉我,他们曾经经历了"过关"。接着,我就找到了德江合兴镇长线村的傩艺师张著刚老先生,寻到了至今仍然活跃在贵州大山深处的德江傩堂戏,调查也顺利进行了下去。田野调查者作为外来的"闯入者",需要花费很长的时间去接触和了解调查地的情况,也需要去寻找当地民众所使用的话语体系,变"闯入"为"融入"。"过关"才是德江人民对傩戏本土化称谓,而之前使用"德江傩堂戏"这样的官方名词进行询问,找到的也只是存在于陈列馆里的傩戏。

从我的两次田野调查经历来看,多思考,多交谈,培养敏锐的观察力和感知力在田野调查中显得尤为关键。在深入感知调查地的文化、了解当地话语体系的基础上,才有可能"真正"地"进入田野"。在调查结束后,更要及时对所得的资料进行整理归纳,对田野调查的过程和结果进行反思。正如董晓萍在《田野民俗志》中所说:"它们通过研究别人,重新发现了自己,以后变得更加宽容。"①田野调查的目的不仅仅是为了获取第一手的研究资料,更在于研究、理解人们的生活方式和民间生活的意义,只有这样才有可能打开通向反思自我和社会的路径。

① 董晓萍《田野民俗志》,北京师范大学出版社 2003 年版,第 8 页。

从"走近田野"到"走进田野"

——农村田野调查的思考

贾　浩（中国农业博物馆农业历史研究部）

华北平原每年的 8 月下旬,处暑节气过后,三伏的热气还未完全消退,春、夏玉米即将成熟,远远望去,高大的玉米植株在大地上拉起了一片一望无际的"青纱帐"。处暑前后的农闲时期,正是农村田野调查最为忙碌的时期之一。对于一名农业农村的研究人员来说,农村田野调查就像是拨开一层又一层的"青纱帐",走入田野深处的过程。

农民的田野

说到农村,有农村生活经历的人可能会想到的是家乡的土地和自己无忧无虑的童年,草丛的蟋蟀、稻田的蛙鸣、田间小路上飞舞的蜻蜓、打谷场上高高的草垛。但对于我这样一个从小在钢筋混凝土的城市里长大的人来说,农村的概念是不完整的、碎片化的,哪怕对于家乡周围农村的认知也是十分有限的。但是,毕竟这些农村与我的生活距离相对较近,而且在语言、文化、话题等方面也有一定的共通性,所以我的第一次农村田野调查就选在了家乡的周边农村。

我在第一次的农村田野调查记录中写道:"2010 年 2 月 24 日,我来到前仁里村、排各庄村和邻县滦县的芦苇庄村和张塔坨村,向当地一些种植大户询问生产的状况。我在调查走访中了解到,当地主要种植的作物为小麦玉米和花生,种植生产的主要问题是土质沙性,不存水,还有一种当地称为白花草的杂草……经过寒假的走访调查,我了解到了家乡的现状,让我为家乡的发展骄傲,同时更加深切地认识到,我作为一个农业大学尤其是农业专业的学生,肩上所负担子之重。"

这次农村田野调查更像是走马观花式的"采风",但却令我印象深刻,比如初入农村的新鲜感,敲开农户大门的紧张感,回答不出来农业生产问题的尴尬,等等。不过,正是这次不"专业"的田野,让我坚定了走向农村这个"广阔天地"的决心。

团队的田野

家乡周边农村的田野调查,让我意识到了在村子里和禾苗间"行走"的重要性。读书期间,学校的社会实践政策为我们提供了相对充裕的资金和技术保障,从而为我们创造了许多走向农村的机会。第一次社会实践由"985 中国农村情况调研"和"金融危机对农村返贫影响"项目支持,在经验丰富的管俊吉队长的带领下,我们一行八人前往张北县喜顺沟村,与农民、商人、老师、学生交谈,学习乡土知识,考察村庄状况,以及农民对"三农"政策的态度等。在这里,我第一次在书本以外见到甜菜,第一次见到喝奶的小羊,第一次吃到张北特产莜面窝窝。同时,在与村民"艰难"的语言交流中,我头一次比较深切地认识到北方农村的真实样貌。

经过了第一次社会实践,第二次就游刃有余多了,这次是我自己带队,经过前期充足的准备后,我们一行七人前往宁夏银川市永宁县胜利乡,调查当地设施园艺的发展情况及周边村镇盐碱地治理情况。相对来说,这次田野要比上一次顺利,感受也要更为深刻,包括一天徒步行进 20 多千米调研荒漠治理现状,和乡镇干部们一起做操、一起吃大碗面,等等。在实践汇报材料中,我们写道:"一路走来,流了很多汗,吃过很多苦,但是我们很快乐,那些美丽的画面我们会永远铭记,作为农大的学子,我们为这次成功的宁夏民生田野研究实践感到幸福和骄傲!"

自己的田野

2013 年,当我成为一名硕士研究生的时候,有了自己的研究课题,同时也有了自己专门的"田野"。根据课题安排,2013 年起,我开始"驻守"河北省沧州市吴桥县曹洼乡,将以曹洼为中心的多个村落,作为我自己的田野场域。

系统总结自己之前多次农村田野调查的经验和教训,我深刻的意识到,语言是一大"关卡"。如果不懂语言,就搞不清当地的情况,无法倾听农民的故事和体会他们的情感,更不可能揭开乡村生活的"面纱",去认识其真实的一面。因此,我专门学习了当地方言,以拉近和村民的距离,这为我后来的调查提供了诸多便利。

在我正式进入自己的田野之前,要做的第一项工作就是寻找一位合适的向导。对于当地人来说,我始终是一位"外来者",这种身份使我在介入他们的生活时,更像是一只"无头苍蝇"。在向导的选择上,我设立了两条基本标准:①熟悉本地的大体情况;②不是本村人。之所以排除本村人,是因为本村人往往会受到村落社会中利益和人情关系的影响,在一定程度上可能会导致我的调查数据"失真"。

在进入田野的过程中,很重要的一个注意事项是给自己"定位"。这种定位具有不确定性,要根据语境和目标做适时的调整,比如涉及投入产出或粮食产量的调查,我的定位主要就是农业技术的记录者和推广者,而作为被调查对象的农民则是农业技术的实践者,等等。而且,还要学会使用通俗、简单的语言向农民表达自己的利益关切与核心需求,换言之,要让农民能够知晓这项调研工作对调查者及其课题研究的好处，以及调研结果对国家和社会的意义，等等。而这也正是朴实、勤劳的中国农民能够向我们吐露"心声"的一块很好的"敲门砖"，他们常常因为自己能够参与到事关国家建设的研究课题中来而感到自豪。

十年光阴，农民的田野，变成了团队的田野，后来又变成了我的田野。或许，正是这个漫长的过程，才把我逐步引向了田野的深处，才让我有机会、有可能去认清真实的农村生产生活本身。这些过往的林林总总，有过失意，但或许是收获更多吧，它们在使我的田野变得愈来愈有技巧性的同时，也为我的田野增添了更多的人情与温度。

田野中的"距离"

张　毅（华东师范大学民俗学研究所）

　　田野似乎是一个极为容易进入的场所，只要确定了田野点，背起行囊，迈出步子，便可以扎入田野！然而，真实的田野经历会告诉你，田野工作远比想象得更为复杂。因为，你不得不应对陌生环境带来的各种各样的挑战。这些挑战既来自身体，又来自于心理。从某种程度上来说，这种挑战也意味着我们即便是置身在田野现场，也有可能与田野之间存在着一种无形的"距离"，想要快速融入陌生的环境，与民众建立亲密的田野关系，田野工作者需要学会处理与消解这种经常会令我们感到头疼的田野中的"距离"。

　　2019 年盛夏，绿皮火车把我从荆楚大地带向了浙南山区，即将开启为期半个月的田野调查。在此之前，我的田野经历几乎为零，因此，这次田野为我系统接触田野工作提供了契机。经过层层挑选，我最终成为 S 高校"田野工作坊"的一员。尽管在进入田野之前，我们已经做了地方文献的阅读工作，对田野点的基本情况有了大致的了解，特别是对地方社会历史的基本认知。但是，真正进入田野以后，无数的问题接踵而至，田野变得既陌生又熟悉。

　　初入田野，人总是怀有一种激情，迫切地想找出问题的答案。然而，随着田野调查的深入，激情似乎在退却，于是，如何在"田野激情"退潮后找到一个平衡点，就显得尤为重要了。

　　我们初期的田野调查点主要是围绕 J 县的几个街道展开的，城市中的田野工作似乎与乡村毫无区别，只是换了一个环境罢了！城市会给人一种错觉，因为它能提供充足的"田野硬件"，更有利于田野的开展。然而，城市人口的流动性大于乡村，因此，在实际寻找访谈人的过程中，颇费周折。因为你的访谈人可能正在家里休息，或者在广场上跳舞，也可能在超市买菜；乡村的人们基本上是围绕着家和庄稼开展活动的，活动的空间有限。加之乡村是一个"熟人社会"，要想精准找到一个访谈人，随机问一个路人准没错！然而，也有人本着对陌生人的排斥，不愿与之交流。我们在紧邻 J 城西北角的一个郊区农村做访谈时就遇到这种情况，有的人会直接忽视我们的"搭讪"，有的人聊一两句之后就借故走开了，还有的人直接拒绝访谈等等。因此，在田野工作中，你首先得应对来自他人的拒绝，做好心理的预期，并不是每一次都能遇到一个理想的访谈者。这与书斋式的研究不同，因为在书斋里做研究,与你"对话"的是文献,而不是一个个活生生的人。你可以在书斋中决定使用哪些文献,但你不能在田野中决定你所要访谈的对象。

有效的对话始于一个有趣的话题,这就取决于你"搭讪"的技巧。一些人相信,田野工作是一项技术活,通过不断地学习,终能掌握基本的技巧。但是,并非每一项技能都可以通过训练获得。访谈考验着一个人的性格、情商等内在因素,性格外向的人显然更能健谈,而对于性格内向的人来说,克服与人交流的恐惧本身就已经构成挑战了,更不要说与访谈人进行持续的对话。这些内在的因素,很难通过训练而改变,因为它已经深入人的骨子里。开展一个访谈,最为致命的是语言的障碍。遇到这种情况时,不能选择放弃,我们需要找一个"翻译官"。"翻译官"可以是身边的任何人,可以是小孩子,可以是路人等等。

田野工作还考验一个人的耐心,很多时候,我们会因为访谈对象拒绝我们而感到灰心丧气,甚至反思我们的田野技巧。然而,一次成功的访谈是多种因素的综合。在实际的田野工作中,如果你的访谈对象没有明确地拒绝你,你可以继续跟他交流,但不要引起人家的反感。如果被拒绝,保持耐心,继续寻找下一个访谈对象。

某天在 D 村做访谈时,我们上午的田野收获并不大,一是因为有的人不愿意跟我们交流,二是无法从访谈者口中获得我们想要的信息。因此,我们期待着一个合适的访谈对象。临近中午,我们准备返回驻地休息,路过一间小屋子,小屋的门半掩着,屋内躺着一个人。一开始我们以为他在休息,然而,仔细观察发现,他的眼睛一直盯着外面,好像期待着什么?既然路过,为何不进去问问,说不定就有新的发现。于是,我们轻轻地敲了门,向他示意我们要进来。进来之后,跟他寒暄了几句,竟得知他是退休的村干部。在表明我们的身份之后,他打开了话匣子,与我们进行了很长时间的访谈,大到上级领导的视察、公路的开凿,小到村民之间的土地、债务纠纷等等。我们从中获得了大量的有效信息,结束了我们上午低迷颓废的状态。有时候,田野是考验耐心的试验场。因此,在进入田野之前,你应该问问你自己,是否具有足够的耐心?

田野作业还要关注来自身体上的挑战,尤其是在乡村做田野,跋山涉水是不可避免的。这时候,就需要考验一个人的身体素质。那些身体素质较弱、体力容易损耗的人,很难胜任长时间的田野工作。在一些偏远的乡村,从一个点向另一个点移动需要长距离的跋涉,在交通不便的情况下,更需要考验一个人的体力,特别是在炎炎的夏日。同时,田野的住宿条件也是复杂的,你可能要忍受与昆虫做伴的恐惧、用冷水淋浴以及生活上的诸多不便。但是,当你克服了身体上的挑战,意味着你经过了田野的"洗礼",获得了一次成长。

困难与疲惫是并存的,田野作业还需要撰写田野笔记、小组汇报以及整理田野材料,田野是辛苦的,但最终的获得是巨大的。

田野作业是一项系统复杂的工作,我们需要考虑很多因素。特别是现代民俗学视域下的田野研究,绝不是走马观花式的采风,它对田野工作者提出了比既往更高的要求。田野中时隐时现的"距离",也许会让我们丧失掉对于田野工作的激情。然而,或许,正是田野中的"距离",才让我们有了应对困难和挑战的勇气,才让我们能够在竭力消除"距离"的过程中,不断地发现问题、解决问题。

田野无定法，"运气"为上

崔若男（北京师范大学文学院）

　　一般来说，研究者进入"田野"多通过三种途径，这三种进入方式各有利弊。第一，拿着官方的介绍信名正言顺地去，但"官方"往往也会使被访者产生一定的戒备心理，尤其对一些敏感问题，更是避而不谈。第二，通过熟人介绍进入田野。这种方式按说已经比较自然了，但当涉及一些隐私时（比如调查与性相关的内容），碍于熟人之间的关系，被访者则会羞于表达。还有第三种，就是自己进入调查点"碰运气"，看看能否找到合适的被访者。

　　虽然前两种进入田野的方式最为常见，但第三种并非没有先例。威廉·富特·怀特在调查"街角社会"的过程中，起初就是在街道上漫无目的地"游荡"，试图找到合适的调查对象，但后来基本上无功而返。岳永逸老师在确定了调查对象之后，利用周末等闲暇时间，就经常在天桥的胡同里转悠，希望能"碰"上"目睹过昔日天桥而且头脑基本清晰的长者，而且是越老越好"的人。后来他果然"碰"到了一个，也由此认识了更多的天桥艺人，调查顺利展开。同样是独自深入调查点，一为"游荡"，一为"碰"，但怀特和岳永逸老师的结局却如此差别之大。难道是怀特学术功底不够扎实吗？难道是怀特不会与人沟通吗？我觉得都不是。怀特只是"运气"差了一点儿而已。

　　这种"碰运气"的田野方式，我也曾实践过。

　　在胡同里调查公厕时，我找到一个健身广场，那里经常会有很多胡同里的老人们聚集在一起聊天。一开始，我不敢开口，只好假装地坐在那里休息，默默地听着他们讲话。有时候两三个小时过去了，老人们都要散了，可我还是一句话都没说。几次以后，我下定决心无论如何都要开口。我找了一个看着比较面善的大叔，凑过去傻傻地问了一句："大叔，我能跟您聊会儿天吗？"大叔愣了一下，看我是个小姑娘，就说道："聊吧。"于是我道出了那烂熟于心的开场白，并且抛出了第一个问题。结果大叔一开口，我就傻眼了——大叔说了一段我完全听不懂的方言！我弱弱地问道："您是哪里人啊？""山东。"大叔干脆利落地回答道。这下我真是傻掉了。我竟然自认为住在胡同里的人就一定是老北京，即便不是老北京也一定会讲普通话！谁知道鼓足勇气锁定了目标之后，竟然听不懂对方讲话。我草草结束了对话，灰溜溜、垂头丧气地回去了。

当然，运气有时候还是会眷顾我的。在顺义区调查时，由于我负责"老城的历史文化"这一部分，因此我立刻把目标锁定为年长者，并且同样是越老越好。每天下午两三点以后，当我在老城里溜达时，总能在小区门口或者路边的阴凉处，见到许多扎堆消磨时间的老大爷，他们或聊天、或打牌、或下棋，人数往往有十到二十人左右。我确信，这些老大爷们一定能帮助我完成调查任务。于是，我又豁出脸皮往上凑，想尽各种办法套近乎。这一凑不打紧，我竟然认识了新中国成立后顺义县（现在是顺义区）第一任县长的儿子，在另一个地方还认识了新中国成立后顺义县第一任副县长的儿子，并且这两位老人还互相认识！陆续地，顺义县曾经的警察局长（我调查时已经 90 多岁），县城名人"徐二奶奶"的孙子（明清时期，徐家还连任"钦天监"一职），参加密云水库修建的大叔等等，这些带着过去的人好像突然间"冒"了出来一样，不断地给我惊喜。真是应了那句"谁年轻时没点儿故事！"

此次调查开展得极为顺利，我很快就完成了写作。临走，我去向那些帮助过我的老大爷一一道谢。我对于一再地讨扰表示不好意思，90 多岁的那位老大爷慢悠悠地吐出来几个字："没事，聊会儿天时间过得也快。"现在每每回想起这句话，还是会让我心头一紧。也许老人们絮絮叨叨地讲述过去时，并不是为了炫耀，或者倚老卖老，他们只是需要陪伴。

偶遇的"田野"

李 悦（华东师范大学民俗学研究所）

很多时候，我们准备充足，出发到达预定的"田野"，但有时，田野也可能出现在意料之外。

2021年5月，我从学校返乡，参加家乡一年一度的炎帝祭典活动。此次活动与我的论文相关，没有开始相关主题的研究之前，我曾作为志愿者参加过一次，此次作为自己田野的一部分，我准备再参加一次炎帝祭典活动。请好假之后，我便踏上了返乡的旅途。

家乡的高铁站于去年刚落成，为在外的游子回家提供了不少便利。列车出发后不久，我便听到了熟悉的乡音，还不止一个，我想列车大概是把去往同一目的的乘客都安排在同一车厢吧。隔着过道，旁边有两位老乡，他们是邻座，听出了对方的乡音，便开始聊起天来。中年男子轻装简便，青年男子与我年龄相仿，他们聊起了家乡点点滴滴，相谈甚欢。我放下了小桌子，打算用这几个小时的旅途完成自己的课程作业。

不一会儿，听到旁边中年男子的手机铃声响起，他接起电话，和电话那头的人互相寒暄之后，便说起自己要回乡参加炎帝祭典，我一听，这不也是我要参加的活动吗？我马上竖起了耳朵，等到他挂掉电话，我便用家乡话搭讪道："叔叔，您也是去参加炎帝祭典的吗？我也是！"他马上热情地回应道："是的，我就是专门回去参加这个活动的。"

我们俩便聊了起来，我向他作了自我介绍，说我目前在读研究生，论文想写关于神话方面的，正好家乡有相关的活动，我想回去做一下调研。他介绍到他是在上海经商，此次是受邀回乡参加活动。听到他的介绍，我想这是我可以研究的一个视角，于是我便和他身边的人换了座位，想和他了解更多。

在交谈中我得知，原来家乡的炎帝祭典活动创办的关键人物和他是好友。我说起我所了解的活动创办的故事，谈到他的好友写的书，他和我介绍了炎帝祭典活动创办的缘起和点点细节。我的内心又惊又喜：这么偶然的机会让我遇上了"局内人"，我不能错过这个机会。我非常认真地听着，同时也在提问一些问题。当时，我向他提问了一个问题，也是一般人了解之后都会想问的一个问题：全国很多地方都说据说是炎帝故里，您认为哪一个才是正宗的？

　　我本以为他会为家乡站台，没想到的是，他的观点是：没有哪一个正不正宗这个说法，很多地方炎帝都有去过，但是现在最重要的是大家一起办好活动，多多交流。这一观点是我从未想到过的，在后续的田野中，活动主办人也与他持有相同的观点。我突然发现，原来"局外人"和"局内人"的观点如此差异，当身在局外，自然会有了许多的先入为主的想象，但有时候却有可能与他们自己的想法大相径庭，只是我们的想象而已。

　　之后，说起我的论文，他就我的研究方向和我讨论起了就读城市周边的有关事例，后来又讨论到家乡，细数了家乡的有关神话，并针对每个神话的种种细节和我展开讨论，又从家乡的文化产业、手工艺传承等方面和我交流，给予我非常多的启发。而我对于这些家乡的事，却知之甚少。

　　偶遇的聊天，对我来说更像是在访谈。访谈是田野中必不可少的一部分，访谈是一门技术，需要会提问，才能听到你想了解的内容，还需要会接话，让对方觉得和你聊天很有趣，愿意继续聊下去，能触发他发散思维，谈到更多的内容。还有不可忽略的一点，访谈需要体力，精神高度集中聊天不仅是一门技术活，更是一门体力活。所以在聊了一个多小时后，我自觉需要消化，也需要整理。便表示感谢，午饭之后可以午休一下，留下联系方式之后，我回到自己的座位上。

　　我开始回想、整理刚才他所讲的内容，细想着自己应该有什么可以提问的，但好像却又提不出什么。留有联系方式给了我一些底气，让我知晓可以有下一次更加深入的访谈。对于刚入门的我来说，田野是一门全新的课程。去做田野就像切换一种状态，当你到达之后，一键开启，就要切换成全视角、全天候的状态，随时随地留意更多细节，在田野中去探索、去发现。而这一次田野，不是从到达目的地开始，而是从踏上旅途的那一刻，就开始了。我好像还没有准备好，没有准备好开始、没有准备好进入、没有准备好话题……我又生怕错过、忽略、忘记重要的信息。就在这样的思虑之中，我和列车一起，往家乡的方向前进着。

　　晚餐时间，列车员在过道上推着餐车售卖，这位叔叔要了一份牛肉饭，我也要了一份，正好借此机会帮他付费，想来可以拉近关系。没想到，叔叔再三拒绝，最后替我付了钱，我也实在不好意思，最后我们约定，回来之后再一起吃饭。列车到站，天空下起了雨，我们下车之后互相告别，回到了家中。

　　活动结束后，回到学校，一个月后的端午节，叔叔给我发来消息，邀请我端午共聚晚餐。我从学校赶过去已是晚上8点，除了我之外，还有许多人，竟全是老乡。后来我了解到，端午聚餐是由这位叔叔发起，将在上海的老乡聚在一起，大家互相认识互相了解。老乡们共聚一堂，正在吃着地道的饸饹面，还有端午必备的甜粽。

再次见面，非常亲切，和同桌人共同回忆起我们的相识，都觉甚有缘分。乡音乡情，令外地的游子倍感亲切。

　　将自己的家乡作为田野点是很多人会选择的方式，这样容易进入。当我把家乡作为田野点的时候，我认为家乡话、家乡的熟人、家乡的经历会给我带来很多便捷。在旅途开始，就遇到一位"局内人"，给我的田野带来了很多信心，但在交谈的过程中，却发现对于家乡，我好似一个"局外人"。在外求学已有 7 年，对于家乡，我想我应该重新去了解，去学习了！

让你的身体熟悉这片土地

张 多（北京师范大学文学院）

我时常在微信里发一些田野调查的图文，朋友圈立马就有一连串问题："你下乡去啦？田野，那是干啥的？"时间久了，朋友圈都被我科普了一遍。田野作业（fieldwork）的要义就是"置身于特定文化中"，强调研究者在场，且深度参与特定文化中。

记得大三时，我参加了学校"三下乡"活动，负责拟定调研计划、起草调研报告。我们在甘肃省临潭县调研了两周，其间还"装模作样"帮农民割麦子，我那时觉得这就是田野调查了。可当我读硕士真正进行田野调查时，才发现田野中充满艰难困苦，其过程是高难度的学术训练。

我深知，走进一个文化的内部何等困难。即便是自己的家乡，要说清楚家乡过年的传统、经验、情感和变迁时，往往词穷。我感到普通人的日常生活其实仅仅是生活在"生活的表面"。而民俗学家的田野作业，就是要像德国民俗学家赫尔曼·鲍辛格那样，完成"日常生活的启蒙"。可是，我依旧在使用以访谈、观察为主的传统田调方式。直到有一次，在哈尼族的梯田调中，我才下定决心要改变这种状况。

云南南部哀牢山区的哈尼族，以耕耘水稻梯田而举世闻名。"红河哈尼梯田文化景观"2013年被列入联合国教科文组织世界遗产名录。如果不是置身于哈尼梯田中，很难想象一层一层又一层的梯田，从山脚一直铺到山顶，最多的竟有三千多级。

我的田野点是红河哈尼族彝族自治州元阳县全福庄。全福庄的梯田位置较高，视野开阔，整个山谷的梯田都尽收眼底。我每天晚饭后，就到稻田中散步，心想这是真正的"田野里的田野"了。自己散步，虽然每次都要细心观察田制、稻株、水利，可毕竟身处绝世风景，总是悠哉的。可有一天，我的想法改变了。

这天是哈尼族的夏季节日"苦扎扎"。节日第一天傍晚，我住的这家大哥要去梯田里祭祀水神，我提出要跟着去。天上下着小雨，出门前，大哥让我换上他穿的那样的高筒水鞋。穿上水鞋，我竟然不会走路了，完全没有脚感。可大哥已经在前面走了好远，我只能三步一个趔趄地追赶，颇为狼狈。

从村子穿过一片森林，就要进入梯田里了。田里只有窄窄的田埂可以行走。在出村的小路上，我还后悔换了这种陌生的鞋。可到了田里，我两次失足踩到田里，这才明白这种鞋的好处。田埂实在太窄，又湿又滑，满是泥泞。田埂一侧是高崖，崖下是下一级水田。在这样的道路上行走，大哥竟然健步如飞。我一只手拿着相机，一只手撑着伞，一步一步地在田埂上挪，生怕失足掉下去。可我又必须追上去看祭祀，只得使出浑身解数。

我并不惊讶大哥健步如飞，我要是生长于斯也可以，但我惊讶的是自己步履维艰。我在那一刹那意识到，我对这片土地竟然如此陌生。自己以前写的文章，都是脱离了土地感的，就像我的脚穿上水鞋那样"无感"。我意识到，田野作业不能仅仅是参与观察、访谈记录，研究者的身体必须要熟悉这片土地。

只有当身体真正参与田野中，才能真实地体味到身体对于这片土地的陌生，那些陌生的用具、陌生的体位、陌生的言说、陌生的触觉……这种陌生感让生活的直观形态真实地显现出来。在民俗学的研究中，如果你的身体没有消除这种陌生感，就意味着你没有触摸到民俗文化的"身姿"。正如美国民俗学家凯瑟琳·扬的观点，民俗文化是刻写在身体上的，研究者的"参与"应以消除身体的陌生感为目的。只有当一种文化的"身姿"和"体态"慢慢刻写在研究者身上的时候，才是学术与土地融合的时刻。民俗学也正是要在"体悟""体验""体察"中去"体会"生活文化的奥义。

回望田野

——小卖部与储君庙

王学义（山东省邹城市文化广电新闻出版局）

转眼间,研究生毕业已经三年。偶有闲暇时不经意翻看自己的硕士毕业论文,当年田野调查的一幕幕便如电影镜头般从眼前一一浮现。

研一下学期时,我同导师商量毕业论文的选题,导师问我自己的想法,我只是说想要做民间信仰方面的研究,并没有具体的想法。导师见状便建议我做赣南地区的水神信仰,并建议我做田野调查,让论文更有生命力。

当时,我对田野调查了解并不深刻,便找来一些田野调查方面的书认真研读。在仔仔细细地阅读了汪宁生的《文化人类学调查——正确认识社会的方法》、董晓萍的《田野民俗志》及江帆的《民俗学田野作业研究》后,自己对田野调查的理论和方法有了初步的了解。按照老师的指点和自己的想法,我将自己的毕业论文选题定为赣县储君信仰研究,重点是对其信仰仪式进行研究,田野点选在了赣县储潭镇,这里的储君庙是储君信仰的重要物质载体,是储君信仰的中心区域。

一番准备后,我便踏上了田野调查的"征程",但没想到一进田野,我就傻眼了。我是北方人,而我的田野点却位于江西赣州——客家人聚居的大本营,当地人所说的客家话让我感到一头雾水。我尝试着从当地人中给自己挑选"翻译",却发现当地会说普通话和客家话的人基本都外出打工去了。语言的差异让我的田野调查顿时陷入僵局。一时不知所措的我选择去储君庙对面的小卖部撞撞运气,没想到在小卖部居然找到了自己的"翻译"。这位"翻译",便是小卖部的店主朱阿姨。朱阿姨年轻时是村里的会计,曾经多次在外参加会计业务知识培训,结婚后又同丈夫在外打过工,普通话非常流利,她自己又是土生土长的客家人,客家话对她而言更是不在话下。

有了翻译,调查看起来似乎顺利了许多,但几天调查下来,新的问题又出现了。因为自己不是本地人,调查的主题又涉及当地百姓日常生活中的精神世界,许多受访对象对我有很强的戒备心理,回答我提出的问题总是似是而非,吞吞吐吐,有的干脆直接回绝我访谈他们的要求。得不到访谈对象的认可,就无法得到一手的资料,田野调查再次陷入困境。

怎么办呢? 我决定再次到小卖部去碰碰运气,一连几天,我都待在储君庙对面的小卖部里看他们打麻将，跟他们拉家常。随着时间的推移，经常到店里玩儿的许多人渐渐跟我熟悉起来，起初我照例跟他们聊聊家常，后来当他们得知我是研究生，到这里是研究他们信仰的神灵储君的时候，便慢慢跟我熟络起来，主动跟我讲许多与储君信仰相关的事情，我也抓住机会，顺势从他们口中了解到几位对储君信仰和当地文化了解较深的人，并将他们列为我的主要访谈对象。这段经历，让我逐渐明白，田野调查除了运气，耐心更为重要。

有了当地人的引荐，我顺利地接触到了几位主要的访谈对象，并对储君信仰有了初步的了解。接下来，就期盼着亲身参与储君庙举办的庆祝关公诞辰（农历五月十二）庙会和庆祝储君诞辰（农历七月二十四）庙会中去，但最早迎来的却是当地人庆祝端午节举办的赛龙舟活动。储君庙里除了供奉储君之外，还供奉着关公、龙王、"三清""四大天王"和赣江十八滩滩神，以"水"为中心，架构出一套储君庙内部特有的神灵体系。端午节前夕，各村的龙舟代表队陆续来到储君庙祭拜神灵，龙船点睛后下水，各龙舟队陆续下水训练。端午节当天，他们将龙王神像抬到赣江边上，让龙王"观看"比赛，赛后聚餐庆祝并再次祭拜储君庙的神灵后封船。几天的全程参与，让我获得了许多第一手研究资料，也让我的研究思路发生了改变。

在这次活动期间，我接触到了一位储君庙理事会的"边缘"人物，他向我透露了储君庙2006年重修期间的一些事情，让我颇感兴趣。随后，我查阅了一系列的资料，发现储君庙是一座历史悠久的古庙，据清同治年间《赣州府志》记载，自宋朝到清朝的近千年时间里，储君庙有六次重修的记录。加上1993年和2006年的两次重修，储君庙先后历经八次重修。这让我充满了好奇，是什么力量支撑储君庙得以不断发展？历次重修经历了怎样的过程？这期间有怎样的故事？

带着这些疑问，我顺藤摸瓜，继续访问并在接下来储君庙举办的几次活动中重点对理事会举办活动的运作机制进行了仔细的观察。通过资料的不断累积，我逐步改变了自己原来的研究储君信仰仪式的思路，将研究的重点放到储君庙内部的运作机制和储君信仰与地方社会的关系上来，并尝试以2006年的重修为重点，对研究主题进行阐释。

在历经几个月的田野调查后，带着满满的信心和积累的丰富资料，我回到学校开始了自己的论文撰写，其间又重返储潭镇做过几次短暂的田野调查，主要是补充资料，完善论文。最终，我按照学校规定的时间提交了《赣县储君信仰》的毕业论文，顺利通过答辩，论文还被评为学校当年的优秀硕士论文。带着这份来自田野的殊荣，我回到山东，参加工作。

时间过得真快，一晃已是三年。回望当年的田野调查，内心久久不能平静。在这次长达几个月的田野调查中,问题不断出现,我一次次失望后又一次次坚持下来,最终得以顺利完成论文。坚持的力量让我在后来的工作中受益匪浅。面对众多的访谈对象,他们的真诚和帮助,让我一次次树立战胜困难的信心,让我真切地体会到客家人的热情与他们带给我的感动,这份感动也一直延续到现在,我与他们当中一些人建立了深厚的友谊,至今仍保持联系。当然,还有田野中的那些无法用文字书写的酸甜苦辣,都成为我人生前进道路上不竭的动力。

初入田野记之寻找养蜂人

李晓宁（北京师范大学文学院）

"中午在村子里转悠的只有人类学家和狗。"前辈学者诚不欺我，之前在书上看到的场景原来离我那么近。

第一次做田野的我被困意打败，在 39℃ 的高温里，睡在了路边的一堆水泥电线杆上。狗，睡在不远处的树荫里。

7 月正午的炎热把村民们都逼回凉爽的屋子里，大多数人以凉菜和午睡度过这难熬的正午，整个村子静悄悄的。我满怀惆怅地坐在堆放在路边的水泥电线杆上，心想着问题意识不够明确的"养蜂人研究的调查大纲"，对这次田野调查产生了出师不利的感觉。

"逐花而居的养蜂人，在由南向北的迁徙中有怎样的遭遇，发生了怎样的故事？在几千里的放蜂路途中，养蜂人是以怎样的身份进入一个又一个陌生的村庄，被村民接受而能落场放蜂的？养蜂人群体是否存在组织性？组织结构具体如何……"各种大大小小的问题还没得到解答，刚刚找到的养蜂人马上就要离开村子赶往下一个放蜂场地。这是一场漫长的寻找，也是一场匆忙的追逐：养蜂人携蜂找蜜，我们则是带着问题寻找养蜂人。

前几日，在烈日灼肤的午后 1 点钟，空着肚子穿过北京昌平一个村子的主街，在树下避暑的狗打量了我们这两个陌生人一眼之后就懒懒地趴下了，整个村子都处于午睡的宁静中。我们从村东走到村西，终于找到养蜂合作社。当我们拿出学生证，说明来意之后，伏案工作的干练女子甩出一本以她为封面人物的杂志就把我们打发到了门外。而现在，通过同乡养蜂大爷的信息，来到了我的家乡山东邹平。在一个靠山的村子里，终于找到了我们的访谈对象——养蜂人。简短交谈后已是午饭时间，几个养蜂的大爷聚到租来摆放蜂箱的农家小院里吃午饭。出于"不拿群众一针一线"的调查原则，也为了不打扰养蜂大爷们午休，我和同门师妹自己解决了午饭。由于时间紧张，预想到中午也回不了县城的宾馆，于是早上出门时就带上了面包。

估摸养蜂大爷睡醒了，我们来到大爷们租来放蜂箱的院子做访谈。访谈之中，大爷说今年天旱，外省的大转地和临县的小转地养蜂人这几天就要提前回家了。赶在养蜂人转地之前，我和同门急匆匆地拿着问题大纲聊遍了村子里的养蜂人。

对江苏周叔叔的访谈就赶在他离开前的半小时里。

随着访谈的进行,我们发现大纲中预设的很多问题都失效了,但自己却做不到及时有效地调整大纲。我们虽然一直在和养蜂人聊天,但是觉得收获并不多。我的导师康丽老师从北京打来电话,询问调查进度。我说到了各种问题和不利现状之后,康老师安慰了怀有急切心情的我,说道明天她会坐高铁赶到县城。初入田野,我好像刚学游泳的人跳进水池,却险些溺水。

十年没做田野的导师还没到村子就如鱼得水和别人聊了起来。在去村里的公交车上,导师和一位赶集的奶奶聊得起劲儿,直到人家拐进家门;在路过我和同门看了好几天的一棵砌在水泥台中的大槐树时,导师说这应该是村子原来的中心,并在槐树不远处找到了一面有意保护的古墙,"因为有特殊意义才会被保护";当我们走到来自外省养蜂人曾扎帐篷的村边树林时,导师说这恰恰是村子的边缘也是村落的界限。导师与几个尚未离开的养蜂人自然而亲切地聊天,同样也聊到了我和同门问过的问题,但是康老师却得到了远比我们丰富的回答……康老师是点石成金的魔法师!我眼中的"田野绝境"立马转变成"顺利之地"。一下午的田野,手把手地指导,让我学到很多具体的田野方法。

意外的是,养蜂人明天就都要回家了。村子里的养蜂人都访谈过了,却没有找到新的访谈对象。他们的离开也意味着我们访谈线索的中断。

和养蜂的大爷们告别后,他们坚持把我们送到村头的公交站点。在等车的时间里,一个养蜂大爷犹豫着说他知道一个养蜂大户,那人养蜂年数长,你们或许可以去找他聊聊。我赶忙掏出纸笔,记下了养蜂大户的村子和联系方式。"踏破铁鞋无觅处,得来全不费工夫",养蜂大户所在的镇竟然就是我家临镇。联系到了养蜂大户,并说明了我们打算明天去找他聊聊养蜂人的生活。养蜂大户欣然应允。

绝处逢生啊,觉得找不到新的养蜂人时,竟意外找到新的线索。田野,让人欢喜让人忧啊!

从县城宾馆出发,换乘两辆公交车后,我们来到了养蜂大户的村子。下车时,大爷已等在路口。康老师先随着大爷进到家中,我和同门师妹找到村上的商店买了一箱牛奶。大爷姓张,非常健谈。康老师带有问题的聊天让人觉得亲切而放松,让人觉得舒服,愿意多说说自己的情况。相比之下,我和同门师妹紧张而生硬的提问,简直汗颜。一个小时不知不觉地过去了,临近午饭,张大爷要张罗饭菜,我们则主动离开,去赶镇上的公交车。临走前,康老师买了十斤洋槐蜜,说寒假我们会再来找张大爷聊天。张大爷不肯收钱,在康老师的坚持下才收下,并送给我和同门每人两斤蜂蜜。

　　抵达镇上,将近 12 点了,但是回县城宾馆的车还没到发车时间。我们的肚子都已经咕咕叫了,于是拎着大桶蜂蜜走在公交车停泊的镇子主街上,走了 100 多米,却没有找到干净的营业餐馆。其中,好几家餐馆都关着门,我们也晒得发蔫,只好决定先坐车回县城。

　　拖着疲惫的步子走向公交车时,马路对过的一辆黑色轿车上跳出一个人向我们跑来。是张大爷。他怎么追到了镇上?

　　"刚才我老伴儿装错蜂蜜了!把味道呛人、专门喂蜂的大葱蜜当成了槐花蜜,真不好意思啊。我赶快叫我侄子开车追了过来,可算追上了。"张大爷的语气有些急促。他把手里的两桶槐花蜜塞给我们,死活不收之前我们买的大葱蜜……接下来的调查,会遇到怎样的养蜂人,会有哪些意料之外的事情呢?田野调查总会充斥着不可预期的困难和变数,其实,这才仅仅是个开始。

酸甜苦辣"熬"田野

乔英斐（中山大学中国语言文学系）

初次接触民俗学的时候，是读到钟敬文先生的《民俗学概论》，里面列举的各种奇风异俗深深地吸引住了我，仿佛去到了幼年时的童话世界，世界上竟然还有这样一门学问。直到真正地进入这个专业后才知道，那些我没有到过的远方、没有听过的故事、没有经历过的人生是学者们在田野里一点一点采回来的。

一、苦熬的田野

"田野"对我来说简直是一座看一眼就知道自己爬不动的大山，我向来不愿与陌生人交流，在人群中总是最沉默寡言的一个，而田野却要让我去融入一个完全陌生的社区。用现在的励志名言说，"自己选的路，跪着也要走完"，我还是硬着头皮、莽莽撞撞地走进了田野。在选定了龙王信仰的主题后，2017年，我开始了在胶东半岛沿海渔村磕磕绊绊的田野调查。

融不进、被排斥是进入田野的第一大痛。记得我第一次走进现在的田野点时，好不容易鼓起勇气和一位正在织渔网的阿姨聊起来，没聊两句，她儿子便从远处走来，大声让阿姨不要跟陌生人随便透露自己的信息，然后一副深恶痛绝的样子目送我离开。半路上又碰到一个开民宿、年龄和我相仿的姐姐，她见我面生，和我聊起来，打听了我的来意以后，以"我这里没有你要的东西，你赶快去别的地方吧"作结，就把我关在门外了。现在说来平平，在当时却是对初入田野的我的一个巨大打击，本就紧张的心情更添了许多灰心丧气。最让我意想不到的是，有一次我竟然被渔民举报为间谍，边防部队派了两个人一路鸣着警笛追上来，查证件查行李，并且还要举着证件拍照，虽然是按程序办事，这样被当作"犯人"对待，还是让我很是不舒服了几天。

被迫融入是田野的第二大痛。做预调查的时候，我一路打听着走进了一座已经被佛教接管的三官庙，庙里有个微胖的尼姑，没有表情，也不说话，我见了很是紧张害怕。在庙里转了一圈后，还是硬着头皮去和尼姑搭起话，说明来意后，我问：师父，您能不能给我介绍一下这个庙的大体情况。尼姑看我一眼，说：我又不是导游小姐。我一下被堵得不知说什么，尼姑见我徘徊着不走，带我来到三圣殿门口，跟我说那个人进去磕头，你跟着进去磕头，人家怎么做你就怎么做。我犹豫了一下，她便呵斥到：手抄在口袋里像什么样子！我赶紧拿出来跟着进去，学着旁边的人磕头，到第四个的时候，尼姑喊道：行了，人家磕那么多你也磕那么多？磕三个就行了。这下，尼姑的表情才缓和下来，我征得允许拍了照片后，去和尼姑道别，尼姑双手合十说了一句"阿弥陀佛"。这是我人生第一次磕头，身体由内而外地排斥几乎要撕裂自己，甚至默默地对尼姑生着气，觉得被强迫做了不愿意的事。直到数月以后习惯了进庙磕头塞钱的我才渐渐原谅了这一切。

久无收获是进入田野一段时间后面临的又一大痛。在田野定居下来后，每天早晨一睁眼脑子里就回荡着"又要满脸微笑去和陌生人聊天了"，真是满心的忧愁。当头皮硬了一次又一次，换回来的或者是排斥，或者是一堆无用的"拉家常"后，那忧愁便更深了。每天听大妈们聊孙子孙女，听大叔们聊世风日下，任由周围的人上上下下地打量着我这个闯入他们生活的陌生人，再看看流水账一样无聊的田野日记，我时不时地产生要逃离的想法，并忍不住将这想法进行实践，曾趁着表妹婚礼的时候逃回家去逍遥了数天。

田野虽然难做，"熬"却是笨拙而有效的方法。只要在田野里住到一定时间，有一天就会突然发现和自己的思想碰撞出火花的东西，就总能从那些繁杂的材料里找到自己需要的东西。支撑我熬下去的就是去看他人的田野经历。即使是为我们景仰的人类学大师马林诺夫斯基也逃不了苦熬的田野。他的田野日记被出版后，在人类学界引起了巨大的震动。在日记中他流露了对自己田野对象的愤怒，对自己工作意义的怀疑，田野给他带来的孤寂，以及一次次沉迷小说的悔恨。看，他的田野并不比我轻松多少。另一位人类学大师格雷戈里·贝特森也曾经历这样的痛苦过程，多次转换自己的田野点。高丙中在《民族志是怎样"磨"成的》一文中介绍了贝特森的几次田野点转换：一开始他在拜宁人中做调查，但是这段经历并不愉快，然后他便转而调查苏尔卡人，5个月后，因为一无所获他便又转而调查塞皮克河流域的雅特穆尔人，6个月后他又失去了兴趣和目标，几年后他才又返回雅特穆尔人的社区继续做完了调查。① 高丙中评价其作品《纳文》是磨出来的，无论在田野中还是后来的写作过程对他来讲都是一种痛苦的磨砺。既然这些我们难以企及的大家都是这样熬过田野而炼成的，那我还有什么理由不熬下去呢？

---

① 高丙中《民族志是怎样"磨"成的？——以贝特森的〈纳文〉为例》，《思想战线》2008年第1期。

二、带着父亲去田野

带着父亲去田野这件事起初是很难以启齿的，田野是自己的工作，父亲的陪伴让周围的人也让我感觉自己像个需要照顾的孩子。但是家人非常担忧我进入陌生社区做调查的安全问题，并且胆小的我也对此同样充满了担忧，于是带着父亲去田野就这样顺理成章地变成了现实。现在想来这种做法有好有坏，根据以往人类学家的经验，无论你找什么样的田野助手都是难以避免优缺点掺杂，如果合适，又何必将亲人排除在外呢？在《天真的人类学家》里，奈杰尔·巴利抱怨自己的助手马修翻译的时候打马虎眼，还试图阻止他与平民谈话，因为马修认为这样会损害自己的尊严和地位。① 《一本严格意义上的日记》里，马林诺夫斯基也表达了与助手沟通不畅的愤怒。根据我的田野体验来看，如果是做家乡调查，找合适的亲人做助手算是一个不错的选择，起码在彼此的沟通上会省去许多麻烦。

带着父亲进入田野之后，我发现父亲是一个极棒的助手，尽管因为父亲这样的角色常常会有一些对我的管控所带来的障碍。父亲是做小生意的，业务范围就在胶东半岛，工作日常就是开着车在胶东半岛到处跑，这就给我的田野调查带来了很多便利。父亲常年跑车的经验使得他对各处的道路非常熟悉，了解胶东半岛龙王庙分布现状的预调查借助父亲的这一优势顺利了许多。父亲的性格里有着"自来熟"和强烈好奇心的特点，很可惜的是我并未遗传，这种性格特征使得父亲简直是个天生的"人类学家"，各处最新奇的事都会很快被他掌握。跟着我做调查这件事让父亲兴奋不已，每到一处他总是很开心地操着方言向人家介绍我们的来意，很容易和当地人侃成一片，虽然主题常常不在我的需要上，但使得融入田野变得容易了些。而且龙王信仰调查中的被访谈人多是年纪长我许多的男性，这对我来说是很大的一个障碍，父亲的性别和年纪再次提供了天然的优势。有了父亲开启的谈话氛围，我再开始调查就常常容易了很多，被访谈者会更加轻松，没有了那种被突然闯入的感觉。我常年求学，身边接触的全是老师和同学，尽管是在家乡做调查，但和被访谈人彼此是一种既熟悉又陌生的感觉。而父亲不同，他一直生活在这样的环境中，他天然的和当地人有共同的话题和兴趣，了解他们的性格和心理，比我容易使当地人感受到他们是同类人。

此外，我常会不自觉地很急切地进入访谈主题，父亲并没有论文的焦虑，所以他不会，这也使得他更容易开启自然的交流氛围。我去田野点之一梭鱼台访谈那里的渔民时，问起关于龙王信仰的事，一两句话就结束了交流，因为龙王庙在当地

---

① 奈杰尔·巴利《天真的人类学家》，何颖怡译，上海人民出版社 2003 年版，第 60～62 页。

早就被毁了,被访谈人似乎没有更多的信息可以提供。一旁的父亲看着梭鱼台底下四根大木桩支起的渔网又产生了好奇心,开始询问木桩是怎么打进海底的,渔民哈哈一笑,很简单啊,自豪地给我们讲起其中的原理。父亲又接着问起渔网是怎么捕到鱼的、怎么观察鱼入网的、网为什么不放得更宽些等等,渔民给我们一边讲述,一边向我们展示他们监视海底的仪器,父亲的好奇心得到了极大满足,而谈话的气氛也逐渐轻松起来,在这样的氛围里,关于龙王庙的历史、传说也一点点进入我们的谈话。

三、作为生活的田野

田野需要苦熬尤其是初入的时候,但熬过一段时间之后,就会发现田野里不光有工作,还有生活,赏美景、吃美食、得好友都是工作之外的意外收获。

我的田野点在渔村,依山傍海的地方总是有着醉人的美景。在威海的田野点从我住的地方往后山走,穿过一片小树林,就来到了后海,从后海的小山下到中间深入大海的低洼处就是磨蛋滩。那里有大大小小颜色不一的卵石,大的重到我搬不动,小的一抓一大把,海水清澈见底,发出喔喔的声音一遍遍地冲刷着这些卵石。村里的大叔告诉我,早晨四五点到后海这里可以看到极美的日出,的确是别处看不到的美。除了日出还有被当地人称为"日头含山"的海边黄昏,如仙境般的海上平流雾。"美不胜收"用在这里最合适不过了。

海边的美食当然是海鲜。在海阳的田野点,村里认识的姐姐带我去海边挖海螺,一个木柄铁钩的小工具,一个小塑料桶,来到长满了怪石的海滩,用铁钩在石头缝里寻找已经长得足够大的海螺,一下午就收获半桶海螺,还可以顺便和旁边挖海螺的阿姨聊一聊龙王庙的前世今生,回到家里把海螺一煮便是一顿美食。晚上又可以跟着田野点的大叔去淤泥滩捡嘟囔蟹,穿着水鞋走进淤泥滩,没有经验的话,特别容易陷进淤泥滩里拔不出来,手里拿着手电筒,朝着淤泥滩上照,一照到螃蟹,它们就会一动不动任你摆布,大叔很快就捡了半桶螃蟹,拿回家用油炸了,撒上五香粉、辣椒粉、盐,请我们共享美味。梭鱼台是我在威海的田野点,那里每天都能买到刚捕上来的梭鱼,10元一斤,切了片用醋一拌是当地人最爱的生鱼片,切段用大酱炒过做成梭鱼面又是另一种美味。

田野里最美的意外收获,不是美食和美景,而是朋友。当我带着任务进入田野,却带着朋友的挂念离开时,那种意外感是苦熬的田野留下的最温暖的东西。在即将离开威海的田野点时,我去和几位熟悉的大叔道别,大叔笑着说:小乔啊,你走了会想我们吗?听着似玩笑,却让我产生了不舍之感,我和大叔们一一合影,答应洗好了会寄给他们。离开田野一段时间后，我第一次接到田野里认识的大叔打来的视频电话时，甚是意外。最没想到的是，我在美国访学期间，大叔还特意算好了时间给我打来越洋电话问我这边的生活，并给我发来自己出去游玩的照片。那一刻觉得无论田野任务是成功了还是失败了，这样短暂交往后还会被挂念让这一趟田野调查似乎有了不可磨灭的意义。

　　田野的事说不完道不尽，无论成功还是失败，酸甜苦辣俱全，其中真滋味必要自己体验过才知晓。

告别稚嫩,期待成熟:对三次田野作业的省思

陆慧玲(中国社会科学院大学少数民族文学系)

　　田野作业经历,几乎是民俗学后生们可以侃侃而谈三天三夜、永不疲倦的一个话题。若结识了同为学子的新好友,寒暄几句后,最能打开话匣子的,莫过于互相探问田野作业的所见所闻了。尽管研究方向各异,但说起以往调查中的酸甜苦辣,大家便从拘谨的陌生人,变身眉飞色舞、妙语连珠的"故事家"。相反,一向自称"话唠"的笔者,常常羞于谈起自己的田野作业经历——回想起本科时期的三次田野作业,尽管收获颇丰,但在七年后的今天再回顾,遗憾、愧疚乃至悔恨的感受更多于身处田野时的欣喜。然而,悟从疑得,乐自苦生,是时候进行自我批评,以烛照前路了。

　　田野作业是民俗学子的基本功,这项基本功的"童子功"是进入田野点之前的文献调查,通过文献综览,掌握目前有关研究对象的基本情况,初步提出研究问题,带着问题前往田野点,从而进一步明晰自己的研究对象、论域,是基本的路径。笔者第一次进入田野,是 2014 年 7 月底,适逢天琴仪式实践者受戒仪式,可谓遇上了难能可贵的良机。然而,当中曲折颇多,彼时因申报中国海洋大学校内"三下乡"项目落选,所以很长一段时间里,自己都对已经联系好的田野点当地的农瑞群老师等前辈心怀愧疚,更觉得对欣然答应指导项目的李扬教授有所亏欠,阅读文献也不如申报项目时勤快、积极。而不知此情的农老师在暑假的某一天上午电话联系笔者:"小陆,今天有一个受戒仪式,你看看能不能过来吧。"对一个刚 19 岁的大孩子而言,接到电话、得知老师还牵挂着自己就已经激动万分,原以为农老师会询问自己项目申报的情况,没想到会直接被邀请参与观察仪式。于是,当天中午,笔者便坐上了从所在县城凭祥到龙州的中巴车。

　　仪式可遇不可求,良机到来的同时也伴随着多种问题:仪式大概持续多久? 主要内容是什么? 如果自己到达时,仪式已经结束该怎么办? 仪式所在的地方远不远? 如果要在当地留宿,该如何开口呢? 幸运的是,尽管到达龙州县城后笔者得知,农老师因身体抱恙,无法一同前行,但在举行仪式的村庄里,已经有一位当时任职于广西艺术学院的黎珏辰老师在做调研,到达村子后可以联系黎老师。农老师还带着笔者租到了从县城开往边远小屯里的面包车。带着一脑袋的疑惑、兴奋与紧张,又经过大约两小时的车程,笔者来到了第一个田野点横罗村。庄严隆重的仪式空间、繁复严肃的程序,加上参与仪式的实践者们的忙碌,使我意识到要摆脱游

客式观看，同时也不要成为扰乱原有仪式空间的局外人。在黎老师的指导下，我像个学步的孩童，在黎老师身后亦步亦趋，拍照、录像、观察、询问其他参与者。后来的住宿、返程也在黎老师的帮助下得到了解决，并在对马贵益老师、壮族歌师黄振宏的访谈中，初步建立起自己的田野关系。

因此，第一次田野调查以记录为主，缺陷也很明显：缺乏明确的问题导向。好在，有了第一次田野调查的经验，尤其是对持续三天的仪式的观察，以及对第一手资料的搜集，结合进入田野点前所做的知识储备，笔者意识到，村落空间仪式场中的天琴与在舞台上演出时的天琴，其功能、性质其实都有所不同。于是，2014 年 11 月，笔者与当时召集的团队转而申报"中国海洋大学本科生研究发展计划"（简称"OUC-SRDP"）项目时，便有了明晰的主题，在与李扬教授商量后，研究主题确定为比较壮族天琴在村落仪式与舞台表演两种语境中的异同。

如今想来，笔者在先前的田野作业中留下的第一大遗憾，是对细节的捕捉不足。第一次田野调查以观摩学习为主，第二、三次以集体形式进入田野点时，因小组分工较明确，则多了些对细节的捕捉，在融入当地社区方面也更便利了些。比如，在第三次田野调查时，小组成员潘秀波积极参与当地的抛绣球等节日活动中，与当地社区形成了良好的互动，这也为我们后续的访谈提供了人际基础。尽管如此，我们仍未能兼顾所有细节，而田野作业中对细节的忽略，也是一种无法挽回的遗憾。现在回想，这主要是由于进入田野前，笔者对已有先行研究的了解不够全面深刻，有时还会陷在文献中，缺乏对已有研究的批判思考，故缺乏对现实细节的捕捉和省思追问的探索精神。

由此而来的后果，首先是对女性参与者的忽略。先行研究中有资料显示，壮族天琴文化通常有性别限制，然而，笔者一行在调查中发现，"求务"仪式的参与者中既有男性也有女性，且当地的年轻一代也有不少还在念中小学的女孩在积极主动地学习天琴。其次是对年轻的天琴艺术实践者的忽略，身处传统村落之中而又擅长舞台表演、多次受邀赴外地演出的李秋燕、李恩平等人，他们都是传承天琴艺术的后继人才，其成长与天琴艺术的转型密切相关，可以说，天琴艺术也是滋养他们成才的关键因素。而笔者在离开田野点后，未能与这些年轻的天琴实践者保持密切的联系，进而以对年轻实践者的探访为中心，思考青年传承群体如何维系传统和实现创造性转化、创新性发展等议题，实为憾事！第三是对天琴与当地其他民俗文化事象如壮锦的联系的忽略，在龙州地区，侬峒节是一个盛大的节日，尽管仪式演述是中心，但该节日同时还包含许多其他技艺类、饮食类民俗事象，如壮锦的编织和展示、米粉的制作。而笔者在调查时，目光局限在天琴上，如能扩大资料搜集的范围，或能对后来的研究更有助益。第四是未能就龙州当地社区的不同意见进行追索，调查过程中发现，在一定地理范围内的社区内部也对天琴艺术持不同意见。布祥、天琴制作者、地方文化精英、年轻一代的天琴实践者、当地政府等相关行动方，都在以各自的方式接续传统，使天琴在当代焕发新活力，而多元行动方如何实现合作？他们如何处理观念、利益等层面的冲突？这些都是值得深入探讨的个案。

　　第二大遗憾是未能在项目结束后继续长期追踪，三次田野调查的时长都在 3 至 5 天，分别在 2014 年 7～8 月、2015 年 2 月、2015 年 7 月进行，相对于严格的学术研究而言，是非常短暂的，而天琴艺术及其背后的壮族仪式文化，是思考书面经文与口传文艺之关系的极佳个案，如能扎根田野点，一定会对天琴艺术及侬峒节文化有更为深刻的理解。距离第一次调查天琴艺术，已经过去 7 年。笔者在硕士阶段接触到口头程式理论和澳大利亚学者贺大卫（David Holm）的论著时，受贺大卫教授对壮族地区麼公在仪式演述中诵读行为的思考的启发，开始反思：龙州地区的布祥们真的对手中的经书了然于心吗？他们的每一次诵读与经书的诗行在多大程度上是一致的？布祥的识文断字能力是否会影响他们的演述？弹唱天琴在何种程度上发挥仪式效力？2019 年，越南申报的"岱族、侬族、泰族的'天'实践"被列入教科文组织人类非物质文化遗产代表作名录，该遗产项目其实可以与龙州地区有关"做天""唱天"的民俗事象做比较研究。犹记得申报项目时，笔者向李扬教授感慨当时关于天琴的研究文献不多，李扬教授提醒笔者，文献的匮乏意味着后来者大有可为，可以从很多维度进行知识的生产和补充。想到这里，更觉未能达到恩师的期盼，心有愧兮！

　　对三次田野调查进行追索，笔者的又一启发是，在田野中需要形成建档的思维，尽可能依据特定的元数据标准详细记录所搜集到的资料。许多在当时看来平平无奇的人物、事件、地点乃至天气，都可能对仪式场域以及后来天琴文化的发展产生影响。而建档非一人之力可完成，因此，在开始记录前，团队成员就应根据每个人的特长，进行合理的分工。比如，当时团队中的潘秀波能操壮语，那么在田野中就由其与笔者一起，担任采访时的主要人；傅佳蕾和陆卓昆二人有乐理基础，分别擅长演奏钢琴、吉他，在田野中主要由他们两位观察、描析天琴在仪式场域和舞台表演两种场合下声乐方面的异同；龚相予擅长摄影，则由她承担主要的拍摄任务。再如，后来，笔者在贺大卫有关东亚仪式文化的论文附录图片中①，发现了与自己当年拍摄角度相似的仪式照片，当下欣喜："哇！我竟与国际知名专家拍摄过

---

① 　David Holm. "'*Crossing the Seas*': *Indic Ritual Templates and the Shamanic Substratum in Eastern Asia*." Sino-Platonic Papers, No. 281, 2018.

相似的图片!"然而,惊喜之后,更觉惭愧,由于返程后对许多第一手资料仅进行了分类整理,未能做出细化描述,因而多年后再看到照片,却是一种"熟悉的陌生感",遑论分析。同样是亲临仪式,贺大卫教授能关注仪式中诸多耐人寻味的蛛丝马迹,而自己却未能观察到细节背后更为广阔的仪式文化,从而撰写出更丰富的研究成果。简言之,未能继续从事天琴艺术及相关壮族文化的研究,一直是笔者心中的遗憾,这种带着悔恨的遗憾,也是笔者一直踟蹰、不敢重返田野点的原因之一。

2021年5月,国务院公布了第五批国家级非物质文化遗产代表性项目名录,壮族天琴艺术(项目编号Ⅱ-186)被列入"传统音乐类",而壮族侬峒节(项目编号Ⅹ-162)也作为节日被列入同一批的民俗类,多么令人振奋! 回顾初次田野作业,当时对青山绿水、新奇事物的好奇感,对探索未知领域的兴奋感,沉浸于世外桃源的文艺浪漫,都带着稚气未脱的色彩。也许再进行田野时,仍会感到迷茫,仍然无法尽善尽美,但今日之反思,或许能够为下一次更成熟的田野作业提供借鉴:一是先行研究文献是基础,而非牢笼;二是耳闻目见,不忘思辨,学会灵活应对各种突发情况,以不变应万变;三是要锻炼自己善于捕捉细节,勤思巧记;四是养成在田野中建档的习惯,用心把握每一次幸与不幸,勿与诸多田野资料擦肩而过。田野不只在远方,也在身边,期待下一次,自己能够从田野调查迈向田野研究。

附录一　民俗学田野作业的理论与实践

张建军（中国农业博物馆农业历史研究部）

　　摘　要：民俗学的研究对象是在日常生活中发生、传承、变迁、消亡的民众文化。就民俗的活态存在形式而言，我们需要直接阅读民众生活"文本"。而且，田野作业本身也是一个过程模式，它可以揭示和升华田野作业的意义和价值。本文结合中国民俗学田野作业的发展历史，阐释了民俗学与田野作业的关系，进入田野的方法论，田野中的身份视角和书写田野民俗志等四个方面的理论与实践。

　　关键词：田野作业；民俗学；视角；身份；民俗志

　　田野作业作为一种学术操作方法，已经在民俗学、人类学、社会学等人文社会学科中得到了广泛运用。然而，"田野调查作为一个学术词汇首先被博物学家所使用，动物学、生物学、地质学等当时已经广泛进行'野外作业（field work）'，之后才逐渐专业化，形成各自独立的学科"①。田野作业是一个具有广义概念的学术用语，也被称之为田野调查、田野考察等。"田野作业"与"案头作业"或"书斋作业"是相对的概念。"田野"包含着"野外"之意，这与它最初在远离都市文明的乡村社会和部落族群从事实地调查的历史活动相关。

民俗学与田野作业

　　我国古代社会已有"采风"之说，"诗三百"便是从民间采集、整理、编撰而成的民间文学作品。从这层意义上来说，田野作业古已有之。中国传统人文研究虽然也离不开田野调查，但实践的目的在于观察政治得失，这种带有官方色彩的调查成果往往缺乏体系，难以称之为现代科学意义上的田野资料。古代采风调查与现代田野作业发生的背景也不相同，古代采风调查的前提是民族、文化等诸因素的趋同，大多以文献资料的形式面世，侧重于"文学性"的表达；现代田野作业的背景则是多元文化和理论的距离感，它的知识产品侧重于"学术性"的理论阐发。现代民俗学运用的田野作业方法，主要是后者。

---

① 黄剑波《何处是田野？——人类学田野工作的若干反思》，《广西民族研究》2007年第3期。

　　一般认为，中国民俗学的田野工作发轫于 1918 年北京大学歌谣征集活动，这也是我国现代民俗学和民间文学开创的标志。中国民俗学者普遍使用"田野调查"术语的历史并不长久，在 20 世纪 80 年代前后，民俗学者习惯将"田野调查"称之为"搜集整理"。江帆 1995 年出版的《民俗学田野作业研究》是我国较早阐释民俗学田野作业的专著之一。在过去，"田野作业"被民俗学者认为是不言自明的学科知识。也正是由于民俗学者对"田野作业"本质的长期漠视，才引发了圈内学者的集体反思。无论如何，这并不影响民俗学将田野调查视为学科基础的话语表达。现代民俗学者将田野作业视为学科的重要组成部分。

　　民俗学兼具了人文和社会学科的双重属性。作为人文学科的民俗学，需要在知识的层面上对民间文化给予充分地人文关怀。同时，民俗学又是一门以实地调查为基础的社会学科，它深入的领域正是民俗文化赖以生存的栖息地——民众社会。钟敬文也曾提出，我国的民俗学，既是"古代学"，也是"现代学"。因此，作为"现代学"的民俗学，更应该走出书斋，步入它赖以生存的"生活世界"之中。民俗学的学科性质和任务决定了民俗学者需要从事田野调查工作，这在各国的民俗学研究中已经达成了普遍共识。

　　田野资料在真实性和鲜活性上都占有一定的优势。随着学科理论建设的不断完善，民俗学者普遍认识到民间文化既不是"遗留物"，更不是"活化石"，而是以一种活态的形式生存在民众的"生活世界"之中。学者要想获得活态的民俗文化，从事田野调查成为必不可少的工作程序。田野调查还可以纠正文献记载的某些讹误。如学者杨源有一次收到广西朋友带给她的一块古老织锦，称是毛南锦。她对此感到十分惊讶，"一是因为国内权威的民族图书上将此锦称为壮锦，二是学术界普遍认为毛南族早已接受汉文化，自身的服饰和习俗都已罕见"[①]。她前往广西环江县毛南族聚居的乡镇，对当地的织锦艺术进行了田野调查。作者的田野考察发现，对于认识和保护毛南族文化意义重大。

　　民俗文化本身带有鲜明的时代性、地域性和民族性等特征。在不同地域，风俗不一样，在同一地区，风俗本身也有着发生、发展、变异、衰亡的过程。民俗文化呈现为一种"生活相"，而且这种"生活相"，随时随地处在变化之中，这就要求我们深入生活中考察、记录活着的、变化着的民俗事象。田野工作者只有深入研究对象真实的社会生活环境之中，靠观察、询问、感受和领悟，才能切身理解民俗文化在现代社会中的生存状态，这便是田野作业的方法。

　　每一次田野工作都是独特的，不可复制的，田野作业的最大优势在于它的直观

---

① 杨源《来自田野的报告——民族田野调查与非物质文化遗产保护》，《中国博物馆》2006 年第 4 期。

性和可靠性。在研究者近距离观察民俗文化的过程中，其本人也会收获许多主观方面的疑问、感想或体验等。调查经历对调查者来说是宝贵的经验财富。这些"调查经历，即关于本人和民众交往的记忆亦有研究价值，因为这关系到不同背景文化相互理解的问题，是如何才能在民俗志描述中处理好主位和客位关系的现实依据"①。田野工作揭示了将"民俗作为一种过程"的本质，而不仅仅是一种现象和结果。

大体而言，民俗学的田野作业主要以民俗事象作为自己的调查对象，它指的是深入民间生活的现实语境之中，通过访谈、参与、观察等一系列方式搜集资料，以及对资料做出系统描述、理论阐释的一种学术方法。

进入田野的方法论

田野工作是特定时间和空间内的行为过程。民俗学者在田野实践中参与、观察当地人的生活，能够获得"现场性"的场景体验。马林诺夫斯基写道："争吵、玩笑、家居情景，这些通常琐碎、有时候又颇具戏剧性、而总是很有意义的事件，就构成了我，也是他们的日常生活范围。"②他开创的"参与观察法"，奠定了现代学科田野作业的基石。但是马林诺夫斯基在初入田野时，也有相当长的一段时间困扰于无法真正地接触到当地人。许多田野工作者都遇到过类似的境遇。所谓真正地进入田野作业，需要一个被当地人逐渐接受、并融入他者生活的过程。

田野工作者有时会被当地人视为"疯子""怪人"，这在早期的民俗学田野作业中屡见不鲜。如刘经庵搜集家乡歌谣时，经常受到乡人笑话，甚至有人认为他是个"疯子"。刘兆吉等人在抗日南迁途中搜集了各地的民间歌谣。他坦言自己在搜集的过程中也遇到了诸多困难。"一般老守乡里又没受过教育的乡民，逢着异言异服的外乡人，生疏的很，即便好心好意和和气气的请他们告诉几首歌谣，也会引起他们的怀疑。"③特殊的历史背景和田野工作经验的不足，让他们碰了不少钉子，吃了许多闭门羹。

学者只有与被调查者取得联系、共同合作，将自己置身于研究现场，或者是被当地人接纳，才能对民俗文化的"场域"（field）和"情境"（context）产生更加深刻的理解。民俗学者进入田野时主要依靠以下几种方式：亲属、拟亲属的帮助，熟人或

---

① 刘铁梁《民俗志研究方式与问题意识》，《北京师范大学学报》1998 年第 6 期。

② 〔英〕布罗尼斯拉夫·马林诺夫斯基《西太平洋上的航海者》，张云江译，中国社会科学出版社 2009 年版，第 6 页（导论）。

③ 刘兆吉《西南采风录》，商务印书馆 1971 年版，第 5 页。

朋友的介绍,官方的支持协助等。如果田野工作者在进入田野之前,并未获得以上等人的协助,也可以自己先进入调查区域,采用"碰运气"的方式寻找调查目标。

研究者与被调查者的亲属或拟亲属关系,是学者进入田野的重要途径之一,这种方法在家乡的田野作业被普遍使用。如安德明在家乡甘肃天水的民俗调查,深得母亲、表舅和叔伯等人的帮助。他的家乡民俗学研究,与资料提供人之间建立了融洽的田野关系,从而顺利地展开了民俗调查。此外,与被调查对象建立"拟亲属"关系也是进入田野的有效方式。如哈特深刻地感受到:"在岛上呆了几个星期后,我还发现,蒂维人和我在一起常有些不安,因为我与他们没有亲属关系。"①后来,作者称呼一个老妇人为母亲,他依靠这个亲属称谓与部落成员之间建立了能够彼此称呼的关系,顺利纳入了他们的亲属体系,调查工作得以深入进行。

利用熟人关系,也是较为常用的一种田野作业方法。"熟人"主要包含师生、朋友、同事等。如费孝通在云南禄丰县的调查,多亏了姨母杨季威女士及同学王武科的介绍。利用熟人关系网络展开田野调查,可以在一定程度上化解初入田野时的尴尬境遇,在与资讯人沟通的过程中,常常会取得许多意想不到的收获。田野作业中的熟人关系不仅呈现为网状,也呈现为树形结构。当研究者与咨询人建立联系之后,这个咨询人还会不断地引入其他可供调查的研究对象,田野工作者可以再次利用他们的人脉,搭建出更为广阔的田野关系网。

官方支持,如"开介绍信""陪同调查"等,也是研究者进入田野的"敲门砖"。官方支持调查活动,时常被视为一种权威话语,它可以为调查工作大开"方便之门"。但是,在官方人员陪同下的调查行为,往往会"破坏"现场的"既有秩序",从而使调查"失真"。有时候即使是一封来自文化部门的介绍信,也会使被调查者产生戒备心理,特别当访谈涉及一些敏感内容时,调查对象更是避而不谈。因此,官方支持可以在某种程度上保证调查者顺利进入田野,但对保持田野"现状"却常常出现不利的倾向。

或许,"碰运气"也可以算作一种方式,虽然这种方式表现为随机性和偶然性。"威廉·富特·怀特在调查'街角社会'的过程中,起初就是在街道上漫无目的地'游荡',试图找到合适的调查对象,但后来基本上无功而返。岳永逸老师在确定了调查对象之后,利用周末等闲暇时间,就经常在天桥的胡同里转悠,希望能'碰'上'目睹过昔日天桥而且头脑基本清晰的长者,而且是越老越好'的人。后来他果然'碰'到了一个,也由此认识了更多的天桥艺人,调查顺利展开。"②"碰运气"看似无

---

① 〔美〕Y·N科恩、A·埃姆斯《文化人类学基础》,李富强编译,中国民间文艺出版社1987年版,第6页。
② 崔若男《田野无定法,"运气"为上》,《中国海洋大学学报》2015年12月17日第1919期。

规律可循,但是"运气"与"田野场域"之间的关系不容忽视。或许田野里有一种东西叫作"运气",然而"运气"依然是属于那些头脑中"装着"调查对象的研究者。

田野是一个千变万化的场域,它的"真实性"蕴于其中。进入田野是被当地人认可、接纳的过程。每个学者的田野过程都是独特的,不可复制的,它归属于研究者的个人经历。以何种进入田野的方式是正确的、适合的,只有在真正走入田野时才能把握。

田野中的身份视角

在田野地域的选择上,主要视研究者个人的课题内容而定。学者根据研究项目,可以做定点调查,也可以做多点调查。如李城对安徽无为县昂家庐剧戏班的定点调查,从微观的视角揭示出了地方戏曲生存发展的普遍态势。[①] 在当前的学术研究中,大部分的田野工作者倾向于将调查区域限定在某一村落或社区。法国学者劳格文和中国学者杨彦杰对客家传统的研究为学界带来了新理念。他们根据客家传统文化的生态分布脉络进行选点调查,突破了传统的"一村论"模式。"我们的调查以乡镇一级为重点。""以往的历史学家多以府、州、县以上的历史为研究对象,而人类学家则大都在自然村落做参与观察,乡镇这一级则介于两者中间被忽略了。"[②]他们通过分析"乡"的知识找到了一个比"村"大,比"县"小的中介研究单元,也找到了客家传统文化的生长点。

在调查对象的选择上,切莫操之过急。在无人引导的情况下,调查者进入调查点后,与当地的调查对象通常是一种陌生关系。在这种情况下,调查对象时常表现出漠不关心,甚至是半信半疑的态度,但有一些调查对象会表现得过于热心和亲近。以上这些态度都需要引起调查者的谨慎,"过冷"和"过热"的调查关系都不利于田野调查的展开和深入。田野工作不是一蹴而就的,调查者在认定某一调查对象时,不可急躁。美国学者克莱尔·斯特克(Claire E. Sterk)在调查艾滋病患者中的妓女生活方式时,提到第一信息人并不是对方群体中的中心人物,这让她领悟到了一个深刻的教训——自己别当专家。当我们在从事田野调查的过程中,也需要谨慎确定合适的访谈对象。

在某些深度访谈中,可能存在着一些误区或陷阱。一部分学者在选择调查对

---

① 李城《昂家庐剧戏班的田野考察——兼论地方戏曲艺术生存与发展的动力特征》,《沈阳大学学报(社会科学版)》2015年第1期。

② 〔法〕劳格文主编,杨彦杰著《闽西客家宗族社会研究》,国际客家学会、海外华人研究社、法国远东学院1996年版,第3页。

象时，习惯找当地的一些老人或者地方精英，认为他们所掌握的地方民俗资源更为丰富和可靠。这些老人和地方精英构成了地方性文化的垄断者。他们所提供的资料时常被赋予了"唯一性"和"权威性"的色彩。在某些调查者看来，地方知识分子掌握着地方性文化的精髓，他们是纠正其他"错误资料"的重要访谈对象。然而，地方民俗文化并不是由个别地方知识分子塑造的结果，特别是在民俗文化的实践上，它的主体是接近多数的当地民众。如果调查者仅仅将这些地方知识分子作为调查对象，而忽视了可能提供更为深入和多样化的田野资料的"边缘人物"和"其他民众"，很可能会影响到调查结果的客观性和丰富性。因此，我们在选择访谈对象时，不能总是盯着那些阅历深远的"知情人士"，他们虽然在地方的民俗文化上具有"典型性"，但是我们也有可能因此而漏掉了某些重要的信息。

田野中的身份与视角共同建构了田野研究者的视域。参与观察法强调研究者采用当地人的观念来审视当地的文化。这种观察当地文化的视角也被称为"主位"观察法。与之相对的是"客位"观察法。主位观察法和客位观察法的区别主要是在身份视角上。主位观察法是从内部看文化，强调以当地人的眼光审视当地文化，客位观察法则与之相反。在马林诺夫斯基之前，学者大多采用的是客位观察法，这种观察方法弊端极多。从田野作业的本质来看，我们从事田野调查主要是为了理解和阐释调查对象的世界观，因此，现在大多数田野工作者都认为我们的调查、记录和研究应以主位观察法为主。

学者采用主位观察法的主要目的是为了把握研究对象的文化观点。这就要求调查者和调查对象之间既要贴近，又要疏离，一种"若即若离"的田野关系，便于调查者对当地文化进行整体性的审视和反思。只有这样，才能科学地研究他者的文化和观照自我的文化。让研究者完全变成局内人是一种不切实际的想法。但是，这种主位研究存在着不易克服的困难。在法国学者列维—施特劳斯（Claude Lévi-Strauss）看来，我们的思维方式取决于心智结构。所有思维习惯的存在，本质上都是一种结构的存在。个人身上一系列历史关系"沉淀"而形成的结果就是"惯习"。这种"惯习"的形成是无形结构的存在，它在一定程度上决定了田野研究者几乎永远无法真正地成为当地人。调查者并不能在实质上成为当地人，他需要做的是和当地人结合，尊重当地人的意见和观念，从这一立场上去搜集材料、分析问题，从而进一步了解其文化的"真实"。

学者身份也是田野过程模式中需要考虑的因素之一。陈泳超在研究"传说动力学"的过程中，有学者提出他在田野工作中带有学者身份的"优越感"。他认为："我的稍感优越感的身份，不是我故意带进去的，其实是被他们赋予的，我永远没办法改变！我非常想跟他们同吃同住同劳动，然后就穿个拖鞋跟他们在一起。但是没用！永远消除不了这种优越感！我们在观察他们，他们也在观察我们，他们已经赋予我一种身份，我一定在知识上比他们高、权力上比他们优越。""学者的身份既是先天的，也是被调查对象给定的。"户晓辉也认为："其实你再穿大裤衩、再光脚也没用，你仍然是学者而不是当地农民。你说的很对，因为我们的身份不是我们的自我认同，也是别人不断给我们建构的，因为你就是这个身份。"①即便如此，我们仍然需要在田野考察的过程中自觉地意识到我们这种身份对建构田野资料可能带来的影响。

书写田野民俗志

民俗学田野调查的落脚点是书写民俗志，民俗志就是田野调查最终的知识产品。钟敬文指出："民俗是一个民众文化事象，对它的研究，不仅仅是理论考察，它的资料本身也是有价值的。这就关系到民俗志的问题，我把它叫做记录的民俗学。"②他把"民俗志"看成是"记录的民俗学"，认为民俗志的性质是记录的，强调了民俗志作为"记录学"和"资料学"的独特含义，指出了民俗志在学科整体框架中的重要地位。

有关民俗学志的萌芽在先秦文献中已经出现。如司马迁的《史记·货殖列传》、淮南王等人的《淮南子》、宗懔的《荆楚岁时记》等都被看作是古代的民俗志作品。现代民俗志与古代民俗志之间存在着相互衔接的关系。在这一点上，我们可以将民俗志的书写视为我国传统学术的内在理路。高丙中认为我国的民俗志由古典民俗志和现代民俗志构成。"古典民俗志是一种整体的文化生态志；而现代民俗志，则是中国方志的专题版和西方民族志问题格的中国版的结合。"③中国古典民俗志作为一个文化生态志的概念，存在着它本身的独特性和学术理路，如果民俗志在使用上被民族志代替的话，"这是十分可惜的，因为民俗志的概念代表着一种很有潜力的学术传统"。

"民族志"的英文表述为"ethnography"，而"民俗志"一词却没有对应的英文概念表述。钟敬文提出的"民俗志"概念在一定程度上借鉴了西方民族志的理论范式，但是他主要是依据中国民俗学史发展的实际情况提出来的。在钟敬文之后，我

---

① 陈泳超等《陈泳超新书稿〈背过身去的大娘娘〉座谈会纪要》，施爱东、巴莫曲布嫫主编《走向新范式的中国民俗学》，中国社会科学出版社 2015 年版，第 166～196 页。
② 钟敬文《建立中国民俗学派》，黑龙江教育出版社 1999 年版，第 45 页。
③ 高丙中《"民俗志"与"民族志"的使用对于民俗学的当下意义》，《民间文化论坛》2007 年第 1 期。

国的民俗学者对民俗志的概念和理论进行了深入阐释。在钟敬文的表述中,民俗志主要偏重于资料学的性质,而后来的中国民俗学者大多认为,民俗志除了具有资料系统层面的价值以外,它也是一个理论阐释的产品。他们将民俗志视为一种研究方法,它可以对田野调查起到一定的指导作用。而且民俗志本身也是一种复杂研究过程和认识表达方式。

从本质上来看,无论是民俗志,还是民族志,都属于文化志的范畴。但是术语之别也意味着概念上的差异。高丙中认为,民俗志书写的是本土文化,民族志书写的是异文化。郭于华则强调民族志生产的主体间性,它是研究主体和研究对象之间密切互动、共同建构的一个过程。刘宗迪认为,民俗志是在本土性、皇权、移风易俗、教化的背景下展开,主要是记载岁时、庙会、衣食住行、婚丧嫁娶等;民族志展开的背景是殖民主义、全球化和现代性,主要是写一个社区、一个族群的政治关系、亲属关系、族群关系。①"民俗志"无疑包含着建构学科话语权力的意味。两者之间的界限难以泾渭分明,"民俗志"概念的界定是从学科本位立场出发的结果。

董晓萍认为,我们不应该将民俗学者搜集的资料统称为民俗志。"学者工具"是区别田野民俗志和古典民俗学的重要概念。田野民俗志强调对学者自身观念和行为的审视,"田野民俗志的理论核心,正是把学者放到民众中去,让学者在民间社会的原环境中,建立资料系统,考察民众,也反观自己,然后在双方认同的条件下,进行理论提取,指认文化脉络,阐释民俗和保管民俗。"②她从学者和民众两者的关系入手,认为田野作业可以增进双方的理解和互补。但学者在调查的过程中不可与民众过分贴近,民俗志的书写上要兼顾到民众对思维方法、行为方式和成果叙述的反应,这也是提升民俗学理论阐释能力的重要途径之一。

刘铁梁提出了"标志性文化统领式"③民俗志的理论。"标志性文化统领式"民俗志反对民俗志将各类民俗事象均质化呈现的书写传统。"在地方性文化中,某些事象显得特别重要和饶有深意,体现出当地民众生存发展的适应与创造能力,也证实着当地民众与外部世界交往的经历,因而形成群体自我认同,并展示于外人的事象,这就是标志性文化。"他确定标志性文化的目的并不只是为了寻找地域文化的特征,而是从确定的标志性文化入手,将其与之相关的民俗事象连成一个整体来进行阐释和深描,这样就既兼顾了地方文化的整体性,又显示了民俗文化的地域性。他的理念体现了历史性的文化传承和共时性的民俗生活融合统一的原则,表达了

①　蔡磊《"民族志•民俗志的理论与实践学术研讨会"综述》,《民俗研究》2007 年第 1 期。
②　董晓萍《田野民俗志》,北京师范大学出版社 2003 年版,第 11 页。
③　刘铁梁《"标志性文化统领式"民俗志的理论与实践》,《北京师范大学学报》2005 年第 6 期。

地方知识和本土话语的立场。

万建中指出,民俗志的书写不是复制行为,学者需要关注田野中的个体行为,而不是在抽离了个体的基础上进行"无主体"的叙事。他认为,没有叙事主体的"民俗志",只是"相互雷同"的资料集。① 他提出了书写民俗志的理想模式:一是深度描写,把时间、地点、情景纳入其中;二是把"人"纳入审视的视野当中,这里的"人"主要指的是叙述中的个人;三是田野作业的关键是在民俗话语中发现故事,而不是在被书面化的民俗本身之中。民俗志的书写是对田野的理解,而非清除田野。

我国民俗学者对田野作业的认知水平在整体上呈现出逐步深化和稳步提升的趋势。在当代民俗学的研究路径上,田野作业已经成为现代民俗学者职业化的标志。田野场域的动态本质,决定了进入田野方式的多样化和灵活性。对田野中身份、视角的审视,则进一步阐释了田野工作作为一种过程模式的深刻性。民俗学田野工作的主要任务是对民间文化进行事象调查和理论阐释。田野工作的最终目的是将民众社会的"活态文本"转化成田野民俗志的成果。正是通过田野工作,民俗文化的生存体系才在整个过程模式中得以深度解读。然而,田野工作的理论范式不是"模式化"的设定程序,关注田野理论阐释,是为了重返"活态、真实、复杂、深刻"的田野场域本身。

(原载《沈阳大学学报》2016 年第 4 期)

---

① 万建中《民俗志写作的缺陷与应有的追求》,《民间文化论坛》2007 年第 1 期。

附录二　民俗课程教学中的田野调查实践

李　扬　牛　璐(中国海洋大学文学与新闻传播学院)

摘　要:民俗类课程是理论与实践相结合的课程,通过有组织地进行田野调查实践,有助于学生加深对民俗内涵的理解,切身体会民俗、民间文学在真实语境中的传承样态。在有限的学期课时限制条件下,合理安排课内外调查活动,将"田野"与"课堂"有机结合互动,可以激发学生的专业兴趣,在提高自身实践调查能力的同时培养民俗文化保护意识,为进一步的学习研究奠定良好的基础。

关键词:民俗课程;田野调查;教学改革

民俗课程(包括民间文学、民俗学)是本科汉语言文学专业学生学习民间文化的重要课程,内容丰富,涵盖面广。就学科而言,民俗学包括了民间文学,但在我校中文系实际教学体系中,一般将之分成两门课程:民间文学作为核心限选专业课,主要研究民间创作流传的神话、传说、故事、笑话、寓言、歌谣、谚语等口头文学;民俗学则是专业选修课,主要涉及与人们日常生活息息相关的居住交通、饮食服饰、岁时节庆、婚丧嫁娶、农耕劳作、工匠技艺、社交礼仪、信仰宗教、娱乐游戏、竞技杂艺等等。在汉语言文学专业的课程设置体系中,相较其他课程而言,民俗课程具有突出的一个特点,即它是一门理论与实践相结合的学科,与现实社会和日常生活有着紧密的关联度,诚如有的学者所言,是一门需要用双脚走出来的学问;而课堂只是一个相对封闭的教学空间,是主要传播理论知识和方法的场所,纯粹单一的课堂教学,缺乏民俗田野调查的实践环节,显然不能达到使学生真正掌握和体会民俗文化全貌和真谛的教学目的。田野作业(调查)(Fieldwork)是一种直接进入生活文化环境采集调查的方法,学生在田野调查中对民俗语境的直观感受是课堂中体会不到的。如何在教学中合理安排田野调查,将课堂理论知识与实践相结合,让学生切身感受到民俗文化的魅力,是一个需要不断探索的有意义的教研课题。

一、民俗田野调查实践的目的与可行性

民俗类课程的"理想模式"是课堂教学与课外田野调查相结合。正如华中师范大学黄永林教授所言:"根据民俗文化和民间文学的特点,一方面采用教唱民间歌

谣,学讲民间故事,临摹民俗图画,演练民俗游戏,观看民俗音像资料等等形式,让学生在参与中认识、理解、接受民俗文化和民间文学传统。另一方面,由于民俗文化和民间文学产生于民间生活中,因而开展民俗学和民间文学课外教学活动,参与民俗文化和民间文学'田野作业'的实际活动,比课本的讲授更具有生命力和趣味性,而且更为重要。"①

但是在本科课程的教学过程中,将"课堂"与"田野"结合起来尚存一定问题,主要是受到客观条件和学期课时的限制。在有限的条件下,应制定适当可行的田野实践方案,让学生有机会真正走进田野,走向民间,投身社会生活,从而更深刻地感受和认识民俗事象在具体语境中的真实样态。

探索民俗类课程田野调查实践的可行性有以下几方面:

第一,国内外的民俗学者在民俗田野调查方面已经做出了许多突出成就,为本科田野调查提供了理论支持和经验参考。大部分本科学生是第一次接触田野调查,对调查方法不熟悉,调查经验不足,但是民俗学者的田野研究,如江帆的《民俗学田野作业研究》及国外学者的相关著作,在一定程度上为田野调查提供了经验支持和方法指导。

第二,修课的本科学生来自全国各地,拥有丰富的家乡民俗文化资源。除汉族外,还有土家族、白族、壮族、蒙古族、苗族、藏族、布依族、土族、傈僳族等少数民族学生,民俗资源的丰富性和广阔性对田野调查实践提供了可行性支持。

第三,学校认识到实践教学在本科教学中的重要作用,大力支持开展相关实践教学活动,要求在新教学计划中固化相当比例的实践课程,同时设置了多种课外实践的活动项目,在政策、经费上予以支持,为民俗课程的田野实践调查提供了良好的外部条件。

二、民俗田野调查实践的方法实施及效果

在以往的民俗课程教学过程中,限于客观条件,多采用"请进来"的方式,即请民间艺人、故事传承人等到课堂进行展演。这种方式虽然使学生直观地接触到民俗传承人,但毕竟是脱离实际生活语境(decontextualization)的一种片段化的"表演",学生参与度有限,也难以认识、理解民俗事象的完整面貌。

结合新教学计划的制定,我们开始尝试"走出去"的新方式。具体的做法是,在课堂理论教学大半完成、学生已初步了解本课程所涉的基本民俗事象类别及其特征后,进行2课时的田野调查理论讲授,主要介绍田野调查的重要性和基本步骤,

---

① 黄永林《文化传承与文化创新探析》,《黄永林自选集》,华中师范大学出版社2013年版,第253~254页。

用实例说明"参与观察法"等方法,介绍费孝通瑶山调查、马林诺夫斯基海岛调查、顾颉刚妙峰山调查等民族学、人类学、民俗学史上著名的田野调查案例;强调调查的规范和伦理原则,以及介绍摄录设备使用、搜集资料的整理等。同时进行方案设计、分组分工、成果要求等前期布置。在接下来的1~2周内,或者统一组织前往预定的实践基地,或者学生自行确定调查场所地点展开田野调查实践活动。调查结束后,学生需提交相关调研报告以及多媒体记录材料,由教师评定成绩,作为课程考核最终成绩的构成部分。例如,在2015年秋季学期的民俗学课程教学中,我们组织学生赴即墨胶东民俗博物馆进行体验型考察。同学们考察了即墨老酒制作过程,观看了即墨柳腔表演、田横祭海视频,观摩了葫芦雕刻和即墨花边制作,分小组亲自动手制作了脸谱、软陶和即墨樏子花馍,尝试了花边钩绣。同学们与非物质文化遗产的民间传承艺人近距离接触,对青岛的民俗有了较为全面的体验和认知,在欣赏表演、参观展览、参与手工制作的同时,同学们对非遗的保护和传承产生了反思。怎么让古老的艺术在继承的基础上创新,政府和民众应如何做,许多同学在调查报告中提出了自己的想法。又如,2016年春季学期民间文学课程中,全班105名学生自由组合,分成17个小组进行田野调查,小组预先制定合理的调查方案,成员分工合作,完成对某一民间文学讲述人的采访和记录,并录制讲述的音频或视频,最后完成调查报告的写作。同学们的调查涉及多地区多民族的民间故事、民间歌谣、民间传说等。其中张钰娇组调查的民间歌谣涵盖了山东歌谣、常德歌谣、闽南歌谣、湖北歌谣、四川歌谣、湘西童谣、长沙童谣等许多中国传统歌谣。虽然由于时间与地域的限制,他们只能调查到中国民间歌谣的一小部分,但与歌谣的亲身接触加深了同学们对各地区歌谣的认识。卞文馨组对民间故事的调查展现了中国少数民族民间故事的瑰丽多彩。通过对回族、藏族、柯尔克孜族、朝鲜族的同学进行面对面的访谈,搜集到"斑竹姑娘的故事""暴君的故事""穆罕默德的劝告"等多民族民间故事。

　　当然,由于客观条件和时间的限制,上述调查只是非常初步的,比照严格意义的民俗学田野调查标准,还有相当大的差距。对于部分有志于进一步学习、探索民俗文化的学生,我们积极鼓励和指导他们申报参与其他学校设置的调研项目,调研时限扩展到寒暑假或者整年,调查空间也得以拓展。如学校设置的旨在培养本科生的创新精神、提高本科生的创新实践能力的本科生研究发展计划(SRDP)。壮族学生陆慧玲主持了"壮族天琴之仪式与表演研究"项目,在近两年的时间里,她和项目组成员克服了交通、气候、语言、生活等方面的困难,先后三次深入壮族聚居的村寨进行田野调查。他们与当地民众一同生活,取得了村民的信任,拍摄录制了大量第一手音视频资料。他们探讨了天琴作为民族宗教"法器"在当地文化传承中的作用，并以天琴的形制、弹奏方式等为切入点，比较民间宗教仪式中的天琴与作为艺术表演的天琴的异同，以及天琴艺术在现代社会下的转变过程。胡春梅主持了有关青岛剪纸的 SRDP 项目，带领团队在一年半的时间里，在五个田野选点进行相关调查，取得了大量第一手资料。陆慧玲、胡春梅等同学的 SRDP 项目，由于阶段性成果突出，后来都升级为"国创"（国家大学生创新创业训练）项目，并以优异成绩结项。再如学校团委设置的寒暑假"三下乡"项目，奔赴农村地区的大学生，一方面把相关的科技、文化和卫生知识带到当地，一方面可以进行民俗文化的田野实地调查。2012 级中文系学生张可心与她的小组所做的关于"天津杨柳青地区民俗文化的现实意义"的"三下乡"项目取得了良好成果。杨柳青木板年画作为一种历史悠久的传统汉民族民间艺术在全国闻名，但在现代工业社会中却受到了很大冲击。张可心与其他八位小组成员制定了合理的实践计划，从参观杨柳青民俗博物馆，到在博物馆中做义工，再到举行宣传传统民俗文化的宣讲会，一步步加深对天津杨柳青年画的认识，与民俗传承人的交流激发了同学们保护民俗文化的意识和责任感。2014 年，张可心的项目荣获山东省暑期"三下乡"社会实践"优秀服务队"。

在任课教师的重视、鼓励和认真指导下，更多的同学开始积极申报相关项目。2014 年至今，民俗学、民间文学方向共完成 21 项"三下乡"项目，26 项 SRDP 项目（其中 4 项升格为"国创"项目），搜集了大量的多媒体和文本资料，在公开刊物发表学术论文多篇，取得了丰硕的成果。同学们利用寒暑假，纷纷奔赴天南海北、侗乡苗寨、田间地头，深入开展不同课题的民俗文化田野调查。这些项目的调研活动，是教学课时完成后的延伸，大大延展接续了课时内受限的时空，同时也为学生的毕业论文和考研深造打下了良好的基础。在 2015～2016 两年的民俗、民间文学方向的 20 篇本科毕业论文中，至少有 16 篇是在田野实地调查、搜集第一手资料的基础上撰写的。张可心、陆慧玲、牛鲁燕、王玉冰、张瑞娇、孙金童等多名同学，以优异成绩考取了中外名校的民俗学方向硕士生，其中王玉冰、陆慧玲等硕士毕业后，又考取博士生，继续深造学习。

三、成功实施民俗田野调查实践环节的要素

如何在固定的教学计划框架内，在有限的教学课时中，将课堂理论教学与田野调查实践合理分配、有机结合，有针对性地制定可行的调查方案和计划，调动学生的兴趣和积极性，取得有效度的调查结果，是需要认真探索和总结的课题。通过近年的教学实践，笔者认为有以下值得重视的要素：

第一,根据学生的具体情况设计田野调查方案。首先,在教学计划中,民间文学、民俗学分别安排在一年级和三年级开课,学生对大学学习方式的适应和掌握相关学科基础知识的程度有较大差异,与中文系的其他课程相比,民俗类课程有其特殊性。民俗和民间文学根植民间,但是大部分学生对此学科缺乏了解;其次,来自少数民族地区或者农村山区的学生与城市生活的学生,中国学生与外国留学生等,在对相关民俗事象的经历和了解上有显著差异;此外,与汉语言文学专业相近的民间文学和与专业差异较大、具跨学科性质的民俗学在所涉研究对象方面有明显区别,等等。因此,学科基本理论、民俗民间文学基本类型的概念及其特征、民间文学与作家文学的区别等,以及上述田野调查的理论与方法,都是需要在田野调查之前,通过课堂理论讲授,使学生掌握学科基本知识,并将之运用到调查实践中,因此将田野调查实践环节安排在学期后段是合适的。同时,根据学生的年级和来源差异,有针对性地进行方案设计,如大一的学生以团队分组为宜,合作交流,发挥集体智慧,个体优势互补;大三的学生则以独立选题、独立完成为主。选题具开放性,使学生可以根据自身情况自主选择,以便更顺利地完成调查。

第二,激发学生进行田野调查的兴趣和主动性。在课堂理论讲授部分,可以通过多媒体等手段,让学生对丰富多彩的民俗事象有初步感性的认识,同时有意识挑选部分学生,结合应时应景的时间节点(如端午节、中秋节等),在课堂上展示讲述家乡民俗文化,一幅幅鲜活的民俗画卷在同学们眼前打开,讲述者对家乡民俗的依恋和热爱调动了课堂气氛,引发了大家进一步调查了解自己家乡民俗文化的兴趣。在调查方案制定阶段,充分发挥学生的主动性、积极性,锻炼同学们制定计划的能力和团队合作能力。小组成员自行组队,分工合作,起草调查计划。如进行"民间传说、民间故事搜集"的田野调查时,如何确定选题,如何寻找采访对象,小组成员中谁录音、谁记录、谁整理调查报告,都由学生提前制定好调查方案,在调查过程中小组成员各司其职,合作交流,齐心协力完成了调查项目。

第三,注重培养学生的交流能力。在调查过程中,学生必须在有限的时间内搜集到第一手材料,这就需要学生以真诚、平等的心态,取得对方信任,有效进行与信息提供者的沟通交流。如陆慧玲团队三赴壮乡,努力融入当地居民的生活中去,建立起友好信任的感情之后,才慢慢进入田野调查的主题,获得了只有当地才流传的民间故事等珍贵资料,就是比较成功的交流范例。参与田野调查实践,一方面提高了学生人际交往能力,另一方面为学生以后从事学术研究或步入社会工作打下了良好的基础。

第四,建立田野调查成果的评估激励机制。田野调查实践是民俗课程教学的有机构成部分,也是检验学生学科知识掌握与运用程度的途径之一。在调查结束后,应对学生提交的成果报告进行成绩评定,作为平时成绩的重要构成,计入学期末最终成绩。在期末考试时,试卷中亦有与田野调查相关的考题。选择优秀团队在课堂上介绍经验,并将他们的文章推荐到有关报刊和专业网站。2015 年 11 月,青岛高校首届民俗文化青年论坛召开,多名在田野调查中收获颇丰的学生,在会议上汇报了相关论文,获得专家好评。

第五,提供及时有效、多渠道的支持指导方式。除了课堂讲授外,教师与学生课下多方交流,主动提供指导。在学生申报有关调研项目时,认真审改学生申报书,帮助学生确定合适选题,提高立项成功率,为学生提供相关资源。在学生异地田野调查时,及时通过网络等方式提供远程指导。在校报开设了田野采风专栏,刊登各地民俗学者和青年学子的经验心得,供学生参考。另设有专门的课程微信公众号,为学生提供及时的信息和指导。在本地挂牌建立了两处教学实践实习基地,提供了相对固定的民俗事象体验场所,并聘请了著名剪纸艺人苏霞等作为校外实践导师。多种方式的指导支持,为学生顺利开展田野调查活动提供了有力的保障。

徐杰舜指出:"田野调查方法作为人类学基本的研究方法,已经在人文社会科学研究当中发挥了巨大的作用;将它引入高校课堂,作为文科实验教学方法,将得到更广泛的推广和应用,对学生综合素质的提高能起到很好的促进作用。"[①]引导学生在民俗课堂内外开展多种田野调查实践活动,既能让学生真正了解民俗民间文学的传承语境和现实样态,又在实践过程中提升了学生的调研和交流、组织能力,开阔了学生的视野,加深了学生对民族民间传统文化的了解和热爱。

（原载《切问与笃行：中国海洋大学本科教育教学研究文集》，
中国海洋大学出版社 2018 年版，略有改动）

---

① 徐杰舜《田野上的教室》,黑龙江人民出版社 2009 年版,第 57 页。